向海而行 筑梦深蓝

——新时代高校学生工作理论与实践研究

XIANGHAI ER XING
ZHUMENG SHENLAN

——XINSHIDAI GAOXIAO XUESHENG
GONGZUO LILUN YU SHIJIAN YANJIU

主编 ●● 王义波　张军廷

副主编 ●● 龙喜栋　张利成　郑哲

大连海事大学出版社

图书在版编目（CIP）数据

向海而行　筑梦深蓝 ：新时代高校学生工作理论与
实践研究 / 王义波，张军廷主编. — 大连 ：大连海事
大学出版社，2024.12
ISBN 978-7-5632-4517-8

Ⅰ.①向… Ⅱ.①王… ②张… Ⅲ.①大连海事大学
—学生工作—文集 Ⅳ.①G645.5-53

中国国家版本馆 CIP 数据核字（2024）第 023565 号

大连海事大学出版社出版

地址：大连市黄浦路523号 邮编：116026 电话：0411-84729665（营销部） 84729480（总编室）
http://press.dlmu.edu.cn　E-mail：dmupress@dlmu.edu.cn
大连天骄彩色印刷有限公司印装　　　　　　　　　大连海事大学出版社发行
2024 年 12 月第 1 版　　　　　　　　　　　　　2024 年 12 月第 1 次印刷
幅面尺寸：170 mm×240 mm　　　　　　　　　　　印张：24.5
字数：460 千　　　　　　　　　　　　　　　　　印数：1~500 册
出版人：刘明凯
责任编辑：陶月初　　　　　　　　　　　　　　　责任校对：刘若实
封面设计：解瑶瑶　　　　　　　　　　　　　　　版式设计：解瑶瑶

ISBN 978-7-5632-4517-8　　　定价：75.00 元

编委会

序

习近平总书记在全国教育大会上指出,建设教育强国是一项复杂的系统工程,需要我们紧紧围绕立德树人这个根本任务,不断加强和改进新时代学校思想政治教育。党的十八大以来,以习近平同志为核心的党中央高度重视高校思想政治工作,习近平总书记在全国高校思想政治工作会议、学校思想政治理论课教师座谈会等不同场合多次强调思想政治教育的重要意义,为进一步加强和改进新时代高校思想政治工作指明了前进方向,提供了根本遵循。

新时代,高校思想政治工作在教育理念、教育方式、教育场域、教育评价等方面发生着深刻变革,高校思想政治工作也有了新内涵、新使命、新要求、新路径。高校指导员作为高校思政工作队伍的重要组成部分,是开展大学生思想政治工作的骨干力量,是围绕学生最紧密、关照学生最及时、服务学生最有力的一线力量,肩负着立德树人的根本任务。全面提升新时代高校指导员队伍专业化、职业化、专家化建设水平,是高校思想政治工作的重要范畴和应有之义。

在学校党委的坚强领导下,大连海事大学始终将思想政治教育和指导员队伍建设摆在全局工作的首要位置,坚定不移以习近平新时代中国特色社会主义思想为指导,深入学习宣传贯彻党的二十大精神,以全面实施"时代新人铸魂工程"为牵引,扎实推进思政工作"1743"计划,创新建立思政课教师队伍和指导员队伍双向融合工作机制,持续深化"曲建武式"指导员团队培育工作,大力推动学生工作与党的教育方针相融合、与学校事业发展相融合、与专业教育体系相融合、与学生成长需求相融合,在奋力谱写培养学生立报国强国大志向、做挺膺担当奋斗者的海大新篇章进程中,缔结出了兼具理论与实践价值的累累硕果。为进一步促进经验交流与学习,推动学校思想政治工作质量提升,突出指导员育人工作实效,党委学生工作部着眼学生教育和管理工作实际,聚焦学生工作的热点、重点、难点问题,注重研究把握学生工作规律并总结升华工作经验,将学生思想政治工作与学校优秀传统文化相结合、与专业特色相结合、与指导员工作职能相结合,编写了《向海而行 筑梦深蓝——新时代高校学生工作理论与实践研究》。

本论文集汇聚了学生工作的优秀经验,凝聚着指导员的育人智慧,共收录了52篇与学生工作相关的理论研究成果和创新工作案例,涵盖了思想理论教育和价值引领、党团和班级建设、学生日常事务管理、心理健康教育与咨询工作、网络思想政治教育、学业和职业生涯指导等方面的重要内容,为指导员把工作经验上升为科学理论进而用以指导实践提供了有益参考。

道不可坐论,理不能空谈。学习理论研究成果和创新工作案例的目的全在于运用。希望大家能够坚持发扬理论联系实际的马克思主义学风,以研读此书为契机,提升理论知识储备,梳理开展思想政治工作的逻辑,加强分析和解决学生工作实际问题的能力,构建开展学生工作的实践体系,努力当好助推学校学生工作高质量发展的坚定行动派、实干家。

编者

2024 年 10 月

目　录

思想理论教育和价值引领

党团和班级建设

学风建设

学生日常事务管理

心理健康教育与咨询

网络思想政治教育

职业规划与就业创业指导

理论和实践研究

思想理论教育和价值引领

思想政治教育视域下高校网络舆情的现状与应对策略研究

刘贺　谭冰　姜智颖

法学院

摘要：

随着电子信息技术的不断发展,我国的舆情传播渠道也逐步转向网络平台,呈现出传播平台多样化、传播信息多元化、传播速度快捷化、影响范围扩大化的特点,导致舆情事件处理难度逐步增大,传统的舆情应对策略需应时而变。为了加强大学生思想政治教育,维护高校意识形态安全,必须转变传统舆情应对策略,从把好舆情"主体关""传播关""处理关"三个方向着手,强化网络育人阵地建设,构建网络舆情监管机制,优化网络舆情处理模式,在制度健全、队伍建设、文化塑造、机制构建、业务创新等方面多措并举,以实现高校网络舆情的合理预防和有效处置,把握学生思想政治动态的正确导向。

关键词：

网络舆情;思想政治教育;应对策略

引言

高校网络舆情指的是产生在高校网络空间中,具有公众性、传播性、引导性与影响力的言论或综合观点。随着电子信息技术的不断发展,我国的舆情传播生态也逐渐从传统媒体、实体报刊扩展到更加自由化、碎片化的网络新媒体,高校网络舆情也逐步呈现出传播平台多样化、传播信息多元化、传播速度快捷化、影响范围扩大化的特点,导致网络舆情事件管控难度不断加大。深入研究现阶段高校网络舆情现状,提出切实可行可复制的监管措施,对于推动建立现代化高校网络思想政治教育体系,营造风清气正的网络环境有积极作用。

1 高校网络舆情的应对现状

1.1 舆情事件处理难度大

目前,高校网络平台建设已经取得了一定成果,各高校纷纷推出诸如思政大课、党建平台以及多样化互动平台(如树洞、回音壁)等,为学生提供了合理反映个人诉求及意见建议的空间。但因网络信息交互性不断增强,诸如微博、抖音等舆情传播渠道不断扩展,影响范围超出空间限制,同时高校网络舆情参与主体数量庞大、捕捉舆情信息的主体素质较高且主体趋同性强,极易对舆情事件产生"代入感",引起共鸣,因此舆情事件一旦发生极易发酵,处理难度不断提升。

1.2　处理方式简单化

在面对网络突发事件或舆情发展上,受传统思维和维护校园秩序的目的的影响,高校处理舆情事件往往以谈话疏导为主,处理方式较为单一。此举应对传统媒体往往能够起到一定维护秩序的作用,但在新媒体盛行、信息传播迅速的今天,一味疏导的做法不仅不能有效控制事件的发酵,还容易引起学生情绪的"反弹"。

2　高校网络舆情处理的必要性

2.1　加强大学生思想政治教育的必然要求

学生由于生活在"象牙塔"而缺少对外界的社会性认识,加上大部分学生正处于青春期,尚没有形成自己完善的人生观、价值观。在这样的情况下,许多学生在面对网络铺天盖地的信息时往往缺乏自主的判断力而被部分信息的传播者"带节奏""拉偏架",从而陷入狭隘的思想误区中。同时,网络心理障碍的大学生人数也急剧增加。大学生常见的网络心理障碍有迷恋、网络恐惧、网络依赖、网络孤独、人格障碍、网络成瘾综合征、网络自我丧失、自我同一性障碍和网络偏差行为。如此种种,都要求高校不但要在其学业上起到督促、教导的作用,更应当在学生的生活、思想政治教育的培养上充当"监护者"的角色。

因此,如何在网络舆情处理工作中去采用合适、合理的举措来加强学生思政动态导向,引领学生弘扬社会主义主旋律,并让学生真正地在思想政治教育这一大课堂中有所裨益、有所收获,是目前高校教育工作者所要予以重视和关注的重点问题。

2.2　维护高校意识形态安全的必然要求

党的二十大报告指出:"意识形态工作是为国家立心、为民族立魂的工作。"当前,网络已经成为意识形态领域的主战场和主阵地,高校要持续深化思想认识,深刻认识网络意识形态建设的重要性。把握网络生态和舆情治理规律,拓宽舆情处理视野,提升舆情治理水平,对于有效防范和抵制西方国家的意识形态渗透,引导学生树立正确的人生观和价值观有十分重要的作用。

3　高校网络舆情的应对策略

3.1　把好舆情"主体关"——强化网络育人阵地建设

从制度建设、队伍建设和文化建设三个方面强化网络育人阵地建设,围绕大学生这一舆情参与主体,全员、全过程、全方位育人。

第一,健全网络育人制度。建立健全目标管理、议事决策、政治建设、思想建设、组织建设、作风建设、纪律建设、工作机制等八类育人规章制度,夯实制度保障,强化各方责任、净化网络环境,稳固网络思政育人基石。

第二,打造网络育人队伍。打造由高校思政教师、专业课教师、辅导员、师生党员、意识形态网格员、学生干部组成的网络育人队伍,全面负责新闻宣传、网络评论、舆情监管、网络文明志愿服务等多项工作,全方位为学生成长成才护航、助航。尤其要注意打造一批思想素质高、理论功底好、网络技术强、反应速度快、具有影响力和号召力的"意见领袖",就师生关注的重点和热点问题进行正向引导,帮助学生及时摆正"三观"。

第三,创新网络育人文化。强调优秀网络文化作品供给,研究创造多形式接地气的文化作品,将思想政治引领从"高冷范儿"变为"小清新",文化作品内容上有温度、门类上有广度、内涵上有高度、影响力上有深度;注重优秀网络文化作品传播,挖掘多方资源,进一步加强与主流媒体的资源共享、作品共创,扩大师生文化作品在网络上的传播度和影响力。

3.2　把好舆情"传播关"——构建网络舆情监管机制

构建网络舆情监管机制,旨在从源头上把控舆情导向,实现早发现、早引导、快处理。

第一,构建网络舆情监测机制。高校要建立网络舆情监测机制,对网络舆情信息进行定期监测和采集,积极开设高校的百度贴吧账号、微信公众号、微博账号等多种信息收集渠道,及时发现、高度关注网络舆情的苗头、重点内容和发展趋势,及时预警,密切跟踪重大网络舆情,保证第一时间发现网络舆情抢占舆情处理的先机,牢牢把握网络舆论引导的主动权。

第二,建立网络舆情分析与判断机制。组织专人负责网络监测、舆情分析、调研判断工作,定期开展网络调研工作,使调研判断工作正常进行。利用网络舆情监测系统软件,对收集到的信息和捕捉到的网络舆情预警信息的敏感性进行分析,在监测和分析的基础上,对网络舆情产生的原因、发展趋势、对策和方法进行判断。

第三,建立网络舆情预警和应急处置机制。在网络舆情发生之前,高校应当根据以往总结的法律条文和经验,制定应对网络舆情的应急预案,并向有关部门发出紧急信号,报告网络舆情的情况及其可能的发展趋势,并采取相应的对策,避免网络舆情的进一步传播。

3.3 把好舆情"处理关"——优化网络舆情处理模式

高校要优化网络舆情处理模式,多部门协同、精细化处理,因地因时制宜,提高舆情事件治理效果。

第一,多部门协同。高校网络舆情处理并非单独某一部门的责任,舆情处理工作须立足于协同育人视角,建立协同治理机制,构建由高校学生工作部、组织宣传部、网信部门、二级学院以及其他学生管理部门共同参与的协同治理体系,明确牵头单位、一线处理单位及保障单位责任,形成统一指挥、专常兼备、密切联动的舆情处理模式。

第二,多渠道治理。高校要改变传统治理观念,变线下谈心谈话为线上、线下双渠道、高校辖区平台以及多公共平台同步治理。在网络舆情事件发生后,把握好"黄金十二小时",在线下谈心谈话中把握学生观点趋同的"关键点"和"敏感点"并进行有效疏导;在线上平台治理过程中,一是充分发挥校内平台的正向引导作用,二是将舆情阵地从校外公共平台转移至校内平台上,三是与校外公共平台保持良性互动,保证舆情一经发生能快速捕捉并协商处理。

4 总结

高校网络舆情是高校思想政治教育工作的重要内容,也是维护高校意识形态安全的重要任务。为妥善解决网络舆情,须转变传统应对策略,强化网络育人阵地建设,构建网络舆情监管机制,优化网络舆情处理模式,多措并举、多方协同,以实现高校网络舆情的合理预防和有效处置,把握学生思想政治动态的正确导向。这将有助于我们更好地应对网络舆情的挑战,为学生提供一个更健康、更和谐的网络环境。

参考文献：

[1]潘明雪,王江,朱长旭,等.加强高校网络舆情引导机制探究[J].辽宁工业大学学报(社会科学版),2022,24(04):88-90.

[2]白雪源,韩春红,沈晔.全员、全过程、全方位育人的平台和机制建设研究[J].思想政治课研究,2018(03):6-10.

[3]梁伟,梅旭成.新时代高校网络舆情治理的策略探析[J].学校党建与思想教育,2023(08):19-21.

[4]刘丽霞."协同育人"视角下高校网络舆情正向引导策略研究[J].网络安全技术与应用,2023(01):87-89.

运用文博资源开展大学生爱国主义教育路径研究

宋一

人工智能学院

摘要：

大学生爱国主义教育是一项影响深远的艰巨任务。依据中央部署和教育部党组文件精神，新时代大学生爱国主义教育要着力把握核心逻辑、坚持文化滋养、彰显情感活力，以提升教育的深入性、持久性、生动性为基本遵循。运用文博资源开展大学生爱国主义教育具有显著的实践可行性、逻辑契合性和效能增益性。其路径可促进行与思、听与讲、学与做三对关系的转化，引导大学生厚植爱国情、抒发强国志、实践报国行。

关键词：

文博资源；大学生；爱国主义教育；路径

引言

爱国主义是中华民族和中国人民的宝贵精神财富，对于维护民族独立和民族尊严、维系各民族团结统一、激励中华儿女自强不息具有重要的意义。不断加强爱国主义教育，使爱国主义成为全体人民的精神信念和行动自觉，是固本培元、凝心铸魂的战略工程。青年肩负着实现中华民族伟大复兴的历史重任，在以大学生为代表的青年群体中开展好爱国主义教育，抓好"拔节孕穗期"时间窗口，运用贴近大学生接受特点、有时代特征的资源和手段将爱国主义精神培育贯穿于高校教育全过程，是一项面向未来、影响深远的艰巨任务。文博资源具有文化内涵深远、包容性强的特殊属性，是大学生爱国主义教育事业中值得关注的重要资源。

1 新时代大学生爱国主义教育的基本遵循

中共中央、国务院 2019 年印发的《新时代爱国主义教育实施纲要》（以下简称《纲要》）对新时代爱国主义教育做出全面且与时俱进的部署，是全国开展爱国主义教育的纲领性指导文件。为贯彻《纲要》精神，中共教育部党组印发工作方案，提出了"在教育系统扎实开展深入、持久、生动的爱国主义教育"的目标、总体要求和实现路径，为新时代大学生爱国主义教育的基本遵循提供了依据。

1.1 深入：把握爱国主义核心逻辑，注重以理服人

新时代大学生爱国主义教育要体现深入性。自觉运用爱国主义信念生成的

原理,使教育行为在大学生思想中打下坚实的烙印。教育工作不能浅尝辄止,要下"打井功夫",把道理讲深讲实讲透,做到以理服人。把握爱国主义核心逻辑,要从剖析历史逻辑、理论逻辑和实践逻辑入手。

历史长河中,中华民族之所以能历经考验而持久焕发生命力,与深沉厚重的爱国主义传统密不可分。古人的"精忠报国"与今天的"中国梦"本是一脉相承,厘清其中的传承脉络和历史逻辑,才能帮助大学生准确把握爱国主义精神的渊源和情怀。

引导大学生认识新时代爱国主义精神,不仅要帮助他们了解其历史演进,更要指导他们锚定时代内涵。习近平总书记指出:"当代中国,爱国主义的本质就是坚持爱国和爱党、爱社会主义高度统一。"旗帜鲜明地澄清和遵循这个理论逻辑,才能帮助大学生准确把握爱国主义精神的特性和发展。

爱国主义不是一句空洞的口号。在大变局中中国人民更加需要紧密团结、埋头苦干,耕耘第二个百年奋斗目标。明确和秉持新时代爱国主义的实践逻辑,才能帮助大学生准确把握爱国主义精神的价值和担当。

1.2　持久:坚持爱国主义文化滋养,注重以文化人

新时代大学生爱国主义教育要体现持久性。开展教育工作时要绵绵用力、久久为功,使爱国主义内化为与大学生精神世界水乳交融的坚定信念。教育工作不能速成、突击、一曝十寒,要下"水磨功夫",坚持以文化人,感染大学生不断增强国家归属感、民族自豪感、文化认同感。

国家归属感是爱国信念的前提。要持续确认和加强大学生思想中的归属意识和融入意识,激发小我与国家不可割裂、休戚相关的公民责任感,逐渐强化牢固的"中国心"。

民族自豪感是爱国信念的精髓。中国人民的民族自豪感来源于辽阔的疆土、悠久的历史和灿烂的文化。党领导中国人民站起来、富起来、强起来的伟大成就则进一步加强了这种自豪感。"历史是最好的教科书",要不断汲取历史养分、用好红色资源、讲好中国故事,潜移默化地滋养大学生爱国情感。

文化认同感是爱国信念的内核。文化认同感是国家归属感和民族自豪感由表及里的升华,是剥离了国籍、民族等外在属性后最纯粹的精神属性。要引导大学生真正与国家同频共振,做到"要以实现中华民族伟大复兴为己任,增强做中国人的志气、骨气、底气"。

1.3　生动:彰显爱国主义情感活力,注重以情动人

新时代大学生爱国主义教育要体现生动性。基于青年大学生的接受特点,

多采用接地气、有生气、聚人气的年轻态教育手段,借助有温度、有时代感的教育载体,为大学生呈现兼具思想性和艺术性的爱国主义教育。教育工作不能因循守旧、照本宣科,要下"绣花功夫",探索活泼新颖、丰富多彩的教育形式。充分聚焦教育对象的个体情感,着力触发他们的情感共鸣。依托眷恋家园故土、向往美好生活、崇尚英雄榜样等朴素的、共通的情感,彰显以情动人的生机活力。

　　向大学生展示美丽中国的不同维度,充分呈现中国的历史底蕴和时代风貌,使大学生眷恋故土、依恋家园的情感不断加深和升华,由朴素情感升华为民族责任感。

　　向大学生阐明富强中国的来之不易,讲清楚中国共产党为什么"能"、马克思主义为什么"行"、中国特色社会主义为什么"好",梳理清楚党领导中国人民接续奋斗的精神谱系和时代价值,使大学生把珍惜美好生活、向往美好生活的朴素情感转化为历史使命感。

　　为大学生讲好古往今来英雄辈出的中国故事,挖掘英雄成就背后的精神力量,使大学生以崇拜英雄、学习榜样为出发点,实现由思想触动向报国行动的转化。

2　文博资源融入大学生爱国主义教育的价值意蕴

　　深入、持久、生动的爱国主义教育需要依托特定的介质。全国星罗棋布的文博资源是一类富有价值的教育载体,在融入大学生爱国主义教育方面具有显著的实践可行性、逻辑契合性和效能增益性。科学运用文博资源有助于满足新时代大学生爱国主义教育的基本遵循。

2.1　文博资源融入大学生爱国主义教育的实践可行性

　　文博是文物、博物馆的统称。细分之下,又包含可移动文物、典籍、古建、遗址、非物质文化遗产、历史博物馆、自然博物馆、革命博物馆、纪念馆、展览馆等众多样态。将文博资源融入大学生爱国主义教育是切实可行的。

　　习近平总书记 2012 年在国家博物馆参观《复兴之路》展览时提出实现中华民族伟大复兴的中国梦,2019 年在北京展览馆参观"伟大历程　辉煌成就——庆祝中华人民共和国成立 70 周年大型成就展"时强调"只有中国特色社会主义道路才能引领中国走向繁荣富强",2021 年在中国共产党历史展览馆参观"'不忘初心、牢记使命'中国共产党历史展览"时强调"铭记奋斗历程,担当历史使命,从党的奋斗历史中汲取前进力量"。习近平总书记在博物馆、展览馆等场馆参观情境下发表的讲话不胜枚举,其中包含大量鼓舞人们爱国热情、指明报国路径的重要论述。

习近平总书记的垂范给予大学生爱国主义教育实践极大启发,运用文博资源开展爱国主义教育是一种可靠、有效的思路。且文博资源在各地均有分布,大部分文博类场馆免费对公众开放,因此文博资源获取难度低、运用成本小。文博资源融入大学生爱国主义教育具有显著的实践可行性。

2.2 文博资源融入大学生爱国主义教育的逻辑契合性

在教育中运用文博资源,合乎爱国主义教育的规律和情理。文博资源在弘扬中华优秀传统文化、培育社会主义核心价值观方面存在天然优势。将文博资源融入大学生爱国主义教育是恰如其分的。

习近平总书记2015年在陕西考察时强调"一个博物院就是一所大学校",2016年在向国际博物馆高级别论坛致贺信时强调:"中国各类博物馆不仅是中国历史的保存者和记录者,也是当代中国人民为实现中华民族伟大复兴的中国梦而奋斗的见证者和参与者。"可见党和国家在建设和发展文博资源进程中,即把其爱国主义涵育价值纳入考量。

2021年九部门联合印发的《关于推进博物馆改革发展的指导意见》"总体要求"一节中强调:"为坚定文化自信、传承中华文明、推动中国特色社会主义文化繁荣发展、满足人民美好生活需要、建设社会主义文化强国、实现'两个一百年'奋斗目标和中华民族伟大复兴中国梦做出积极贡献。"可见文博资源改革发展的要求与大学生爱国主义教育的诉求基本一致。

基于文博资源发展方向与历史责任的定位,文博资源融入大学生爱国主义教育具有显著的逻辑契合性。

2.3 文博资源融入大学生爱国主义教育的效能增益性

文博资源在爱国主义教育实践中的运用不仅可行、合理,并且具有其他资源不可替代的优势。文博资源以其特有的厚重属性、系统属性、兼容属性,能使教育实践如虎添翼、增益成效。将文博资源融入大学生爱国主义教育是迫切必要的。

习近平总书记2018年在国家博物馆参观"伟大的变革——庆祝改革开放40周年大型展览"时指出:"要通过展览,教育引导广大干部群众更加深刻地认识到中国共产党、中国人民和中国特色社会主义的伟大力量。"这也印证了文博资源对于鼓舞精神斗志、增添思想力量的独特价值。

从央视的《国家宝藏》节目,到人民日报新媒体发布的"文物音乐会",再到敦煌莫高窟使九色鹿从壁画"飞身而下"的 AR 技术,新语境、新媒体、新形式、新技术与文博资源的有机融合,孕育了爱国主义教育实践中的诸多"爆款"产品,受到青年大学生的喜爱。底蕴深厚、兼容并包的文博资源在新时代能够焕发出更加蓬勃的活力。这也印证了文博资源对于感染大学生、打动大学生的独特价值。

文博资源的特有属性决定了它在教育实践中产生实效的独特价值,文博资源融入大学生爱国主义教育具有显著的效能增益性。

3　运用文博资源开展大学生爱国主义教育的实践路径

把文博资源融入大学生爱国主义教育具有丰富的价值意蕴。为充分激发文博资源中蕴含的育人生命力,使教育工作满足深入性、持久性、生动性基本遵循,在运用文博资源时要注意促进行与思、听与讲、学与做三对关系的转化,构建"知、情、意、行"相辅相成的实践育人路径。

3.1　以行促思,引导大学生厚植爱国情

"读万卷书,行万里路"体现了古人重视学习和实践的重要精神。在今天的大学生思想政治教育活动中,同样要兼顾教书育人和实践育人两方面,发挥出实践教育载体的显著优势。全国各地的爱国主义教育示范基地,无疑是开展实践教育、现场教学的重要平台。爱国主义教育示范基地中,博物馆、纪念馆、烈士陵园、革命旧址占据绝大多数,均属于文博资源的范畴。引导大学生走进上述场馆、走近文博资源,在行走中厚植爱国情怀、汲取爱国伟力,是运用文博资源开展大学生爱国主义教育的重要环节。

"纸上得来终觉浅",要引导大学生在观摩过程中入心入脑,感悟文博资源真实、客观的育人力量,实现体验向觉悟的转化。一件件承载历史的展品、一场场排布精心的展览、一片片历经风雨的砖瓦,文博资源如实呈现着真实的历史、真实的中国。在参观和体会文博资源的过程中不能走马观花,而要在"眼见为实"中深入思考、用心感受、瓦解历史虚无主义,把握爱国主义核心逻辑,汲取文

化营养,不断增强国家归属感、民族自豪感、文化认同感。

3.2 由听到讲,引导大学生抒发强国志

运用文博资源的方式是多种多样的,除了实地参观,也可以通过线上参观、交流互通等方式。有的大学生具备实地观摩的条件,有的大学生不具备;有的大学生有条件观摩这些文博资源,有的有条件观摩那些。高校要创设载体、搭建平台,让大学生有机会充分交流、互通有无,表达实地观摩学习的体会,让学生从教育的被动接受者,转变为发出中国声音、讲述中国故事的主动传播者,扩大育人成效的辐射广度。

可以引导大学生"反客为主"参与到文博场馆的志愿服务中,把对文博资源激发爱国情感的理解,用青年人的话语风格再加工、再表达。鼓励大学生充分发掘网络和新媒体的赋能作用,突出年轻态、生动化的表达,将宏大叙事与感人细节相结合,体现理论、历史、实践的纵深感和鲜明的时代感,打造更多"爆款"主题班会、党日、理论宣讲、实践活动。大学生分享感悟再创作的载体不一定是语言,也可以是网络作品、视频、美术、表演等,创作要突出政治性和时代性,反对娱乐化和庸俗化,在守正中创新,发出时代新人洪亮的声音,抒发青年大学生立志报国的宏伟志向。

3.3 因学而做,引导大学生实践报国行

爱国主义的成效归根结底要落实在实际行动上。鼓励大学生运用文博资源接受爱国主义教育,是为了引导大学生实现"知、情、意、行"的统一,把爱国情、强国志转化为奋进、奉献的报国行。检验教育实践是否深入、持久、生动,其关键标准是检验大学生是否能主动地、情愿地把个人成长融入中华民族伟大复兴的历史进程,把满腔热情投入攀登科学高峰,到祖国最需要的地方去,为中国式现代化建设做出贡献。

运用文博资源的过程中,要突出实践和实干导向,引导大学生在接受文化滋养和精神洗礼的同时,从中华民族接续奋斗的精神谱系中找到增强"四个意识"的力量基础,从光辉灿烂的中华文明和新时代党领导人民取得的伟大成就中找到坚定"四个自信"的力量根本,从英雄和楷模的感人事迹中找到做到"两个维护"的力量源泉。高校要给大学生提供充分的干事空间,结合自身专业背景,参与到社会服务、扶贫支教等工作中。为他们做好细致长远的生涯指导,始终与国家同呼吸、共思考,把爱国、强国、报国的生动实践贯穿于大学生的言行始终。

4 结语

　　运用文博资源开展大学生爱国主义教育不仅是在传承历史、弘扬文化,更是开启了一扇窗口,让青年学子能够深入感知国家的发展轨迹和文化精髓。这种教育路径将激发学生对祖国的热爱,培养他们的家国情怀,同时也为他们的成长注入了前进的动力和自信心。通过文博资源的丰富呈现与教育融合,大学生爱国主义教育必将开启更为广阔的前景,助力青年一代在传承中创新、在爱国情怀的滋养中成长为栋梁之材。

参考文献:

习近平.以史为镜、以史明志　知史爱党、知史爱国[J].求是,2021(12):4-12.

新时代大学生总体国家安全观教育的路径研究

张悦悦
交通运输工程学院

摘要：

随着社会的快速发展和国际形势的复杂多变,大学生作为国家未来的栋梁之材,其总体国家安全观的教育变得愈发重要。本文通过分析当前高校大学生总体国家安全观教育存在的问题及不足,探索新时代大学生总体国家安全观教育的有效路径,提出相应的对策和建议,以提高大学生国家安全意识和综合素质。

关键词：

大学生;总体国家安全观教育;路径

引言

2014 年 4 月,习近平总书记首次提出"总体国家安全观",指出"坚持总体国家安全观,必须以人民安全为宗旨,以政治安全为根本,以经济安全为基础,以军事、文化、社会安全为保障,以促进国际安全为依托,走出一条中国特色国家安全道路"。党的十九大报告指出,坚持总体国家安全观,是新时代坚持和发展中国特色社会主义的基本方略之一。党的二十大报告更是首次把国家安全作为独立的一部分进行了系统阐述。

随着我国进入新时代,总体国家安全观已被提升到国家战略高度。作为国家的未来和栋梁之材,大学生的总体国家安全观教育对于实现中华民族伟大复兴的中国梦具有重要意义。

1　总体国家安全观的内涵要义

总体国家安全观是指一个国家对自身安全保障的整体观念和战略思想。总体国家安全观是习近平总书记在国内外多个重要场合对国家安全问题的阐述中提出的。我国的总体国家安全观,其核心思想是以人民为中心,坚持全面安全观,维护国家的政治安全、领土完整、国家制度安全和社会稳定。同时,国家安全也包括军事安全、经济安全、科技安全、文化安全、信息安全、生态环境安全等多个方面。

总体国家安全观的提出和确立,为新时代中国国家安全工作提供了科学指导和行动方向,使国家安全工作更加系统化、整体化和创新化,有力推动了国家安全事业的深入发展,对于确保国家的长期稳定发展、维护国家的核心利益和民族尊严以及保障人民的幸福安康有着重要意义。

2 加强大学生总体国家安全观教育的价值意蕴

当前全球安全形势复杂严峻,恐怖主义、网络攻击、传染病等问题不断涌现,给社会稳定和人民安全带来了巨大威胁。青年是国家发展建设的中坚力量。当代青年生逢其时,需要在接续奋斗中为实现"两个一百年"奋斗目标不断努力。在这种背景下,大学生的总体国家安全观教育显得尤为重要。

2.1 加强大学生总体国家安全观教育是维护国家安全稳定的必然选择

大学生是国家的未来,他们的思想观念和价值观直接影响国家的发展。通过开展总体国家安全观教育,能够强化大学生对国家发展和安全的认知,培养他们对国家的责任感和使命感,能够帮助大学生了解当前国际、国内形势,认识到维护国家安全的重要性。总体国家安全观教育能够引导大学生正确理解国家安全的内涵,帮助他们建立健全的国家安全意识。这有助于大学生在面临各种风险和挑战时保持高度警觉,引导他们主动参与国家安全事务。

青年大学生作为国家未来的建设者,其在学习、生活中形成的国家安全观将直接影响到未来国家的政策方向、社会稳定和国际关系。因此,引导青年大学生形成正确的国家安全观,对于国家长治久安和可持续发展至关重要。总体国家安全观教育可以帮助大学生树立正确的价值观和爱国情操,使其更好地认同国家的核心价值观,这有助于培养大学生的爱国情感,使他们愿意为国家的繁荣稳定做出贡献。

2.2 加强大学生总体国家安全观教育是保证社会和谐发展的迫切需要

青年大学生具有强烈的社会责任感和行动力,他们的国家安全观对于国家社会的安定和发展至关重要,他们的态度和行为对于社会环境和氛围产生了直接的影响。因此,培养青年大学生正确的国家安全观,有助于构建和谐稳定的社会环境,有利于社会的长期稳定和发展。

总体国家安全观教育不仅传达国家安全政策和法律法规,还要引导大学生树立正确的法治观念和法律意识。通过开展总体国家安全观教育,可以增强大学生的社会责任感和社会公德心,引导他们诚信守法、积极参与社会公益事业,为社会稳定和谐发展做出积极贡献。

青年大学生也是信息传播的主要受众和传播者,他们的国家安全观对于社会的舆论和社会风气起着至关重要的作用,因此引导青年大学生形成积极、健康的国家安全观,有利于传播健康的社会价值观,对于社会和谐稳定具有积极的促进作用。

2.3 加强大学生总体国家安全观教育是高校落实立德树人根本任务的育人之要

浇花浇根,育人育心,社会主义国家教育必须坚持立德树人。人无德不立,育人的根本在于立德,"德"不但包括个人品德、社会公德,更包括报效祖国和服务人民的大德。习近平总书记在清华大学考察时指出,广大青年要肩负历史使命,坚定前进信心,立大志、明大德、成大才、担大任。立大德就是要培养大学生具有坚定的理想信念,厚植爱国主义情怀、践行社会主义核心价值观。高校立德树人的根本任务,是要引导青年牢固树立马克思主义信仰、中国特色社会主义信念、实现中华民族伟大复兴中国梦信心,肩负起民族复兴的时代重任。

总体国家安全观教育内容能够丰富高校德育教育体系,能够引导当代大学生了解国情、民情,坚定中国特色社会主义道路自信、理论自信、制度自信、文化自信。通过开展总体国家安全观教育能够帮助大学生坚定"心有大我、至诚报国"的理想信念,守正创新培根铸魂,让每一名大学生都树立起报效祖国、服务人民的"大德"。

2.4 加强大学生总体国家安全观教育是大学生成长成才的价值追求

总体国家安全观教育可以提高大学生的安全防范意识和法律意识。通过学习国家安全法律法规、研究国家安全政策,大学生能够了解哪些行为可能对国家安全构成威胁,学会如何遵守法律法规、规范自己的言行,从而确保自己不成为违法犯罪的工具或受到非法势力的利用,确保在工作、学习、生活中不碰底线、不越红线、不触高压线。

国家安全问题是事关国家安全和发展、事关人民群众生活的重大战略问题,国家安全事业也亟须大量有崇高理想、有坚定信念、有过硬专业本领的大学生参与其中。总体国家安全观教育能够培养大学生的创新精神,能够引导他们参与国家安全相关的科技创新和实践活动。一方面,有助于培养大学生群体创新意识和创造能力,提升个人的专业能力、强化综合素养,为个人成长成才奠定扎实的基础;另一方面,也为大学生个人发展提供了一条高质量、专业化的职业发展路径,可以引导大学生投身国家安全事业,鼓励大学生在推动国家安全事业快速发展的同时实现个人的人生价值。

3 当前大学生总体国家安全观教育存在的问题

近年来,高校对大学生总体国家安全观教育的重视程度不断提升,许多高校根据自身实际情况进行了探索,提出了符合本校特点和学生需求的有效教育措施。比如,北京大学制定了《北京大学总体国家安全教育实施方案》,将总体国家安全观教育融入多个学科和课程中;清华大学开展讲座、研讨会和实践活动,邀请国内外专家学者分享相关案例;复旦大学建立了国家安全研究中心,开展学术研讨会和专题讲座,促进国家安全领域的学术交流和知识分享;上海交通大学设立了总体国家安全观教育基地,与政府部门、军队等建立合作关系,共同参与国家安全教育工作。这些学校的做法积累了一定的经验和成果,为其他高校提供了可借鉴的案例。但总的来看,当前大多数高校的大学生总体国家安全观教育仍然存在较多不足,具体表现在以下几个方面:

3.1 高校重视程度不够

总体国家安全观教育在大学教育中的地位和重要性尚未得到全面认识和重视。在大多数高校,相对于专业知识和技能的培养,国家安全教育往往被边缘化,缺乏系统性和深入性。教育往往满足于完成上级要求的规定动作上,仅停留在举办几次宣讲会或体验活动上。

部分高校在总体国家安全观教育中缺乏长效机制的建设,对教育效果的考核、反馈都缺少科学的评估标准和持续的考核制度,无法对教育效果进行评估和调整,导致大学生总体国家安全观教育流于形式、浮于表面,不能实现良性的可持续发展。

3.2 教育内容不够全面系统

许多高校在总体国家安全观教育中仅注重灌输相关政策法规,而忽视了国家安全的多维度、多层次性质。部分高校总体国家安全观教育的内容设置缺乏针对性,未能充分关注学生的特点和个体需求,导致学生对教育课程和教育内容缺乏兴趣,参与度低。同时,没能结合学校、专业及各年级学生的特点和需求开展教育,缺少引导大学生进行自主思考和行动实践的教育活动,缺少具体案例分析和讨论,教育内容枯燥、艰深、脱离日常生活的实际,很难实现培养大学生的国家意识、法治意识和责任意识的教育目标。

3.3 教育形式单一、缺少创新

现有的总体国家安全观教育多以课堂讲授为主,依靠单纯的灌输式、理论式教育,缺乏多样化的教育形式和手段,传统的教育方式缺乏参与性和互动性,难以激发大学生的兴趣和思考。对教育教学的新的方式方法探索不够,缺少探究式教学、情境式教学、合作式教学等方式方法的使用,不能充分调动大学生的学习热情。缺少学术研讨、实践活动、科技创新竞赛等形式的教育活动,学生们理论学习的成果无法通过实践活动进行验证,导致高校总体国家安全观教育的吸引力不足。

3.4 育人队伍建设亟待加强

大部分学校缺乏专业化的国家安全教育师资队伍,师资队伍的专业知识储备和教学方法都存在一定的不足,对于总体国家安全观教育的理解和研究还不够深入。学校缺少对教师的专业培训,专业教师的专业水平和教育能力比较有限,不能更好地开展总体国家安全观教育。同时,过分依赖专业教师开展总体国家安全观的教育,辅导员、管理人员、教辅人员参与度不高,未能发挥全员育人的积极作用。

此外,大学生的总体国家安全观教育需要得到社会各界的广泛支持和参与。但当前,政府、学校、家庭、社会组织等未能有效地参与到大学生总体国家安全观教育中来,未能构建完善的教育支持体系,协同育人效果不明显。

4 推进大学生总体国家安全观教育的有效路径

4.1 制订系统教育计划,完善相关机制建设

制订系统、全面的总体国家安全观教育计划,明确教育目标、内容和方法,将国家安全观融入高校的课程体系,制定相关教材和教学大纲,确保教育内容全面、科学、系统。结合政治学、国际关系学、法学、军事学、情报学、社会学和心理学等学科的理论和知识,设计综合性的课程,有效涵盖国家安全的各个方面,帮

助大学生全面了解国家安全理论与概念、法律法规和政策文件、安全风险意识与分析、国家安全战略与保障体系、信息安全与网络安全、社会稳定与公共安全以及国际安全与国际合作等方面的内容。

建立健全教育评估和改进机制,定期对总体国家安全观教育的实施效果进行评估和分析。定期对教育效果进行评估,根据评估结果,及时调整教育计划、完善教育内容和方法,不断提高教育质量和效果,确保教育的持续性和有效性。

4.2　强化师资队伍建设,推动学科交叉融合

建立一支专兼结合的国家安全观教师队伍。加强对国家安全观专业教师的培训和引进,提高教师的教育水平和专业能力。建立起跨学科的师资队伍,吸引政治学、法学、历史学、经济学等相关领域的专家、学者参与总体国家安全观教育。鼓励不同学科领域的教师进行跨学科合作,共同设计课程、编写教材,建立联合研究机构、组织学科交流与合作,促进各学科之间的互相渗透和融合。同时,培养一批总体国家安全观教育的兼职教师队伍,引导高校辅导员、教辅人员及管理人员共同参与,形成教育合力,实现全员育人。

总体国家安全观教育需要跨学科融合,与政治学、法学、历史学、经济学等相关学科相结合。建立联合研究机构、开设跨学科课程、组织学科交流与合作,促进各学科之间的互相渗透和融合。

4.3　强化实践教学环节,引导科创能力提升

强化实践教学,设置实习、社会调查等实践教学环节,让大学生更好地了解国家安全工作的实际情况和需求。鼓励大学生积极参与国家安全观的相关活动,提升实践能力和应对复杂问题的能力。引进案例教学和模拟演练的教育方式,通过分析真实的国家安全案例,并让大学生扮演相关角色参与模拟演练,将理论知识应用到实际情境中,培养大学生的分析思考能力、团队合作精神和决策能力。

鼓励大学生参与国家安全领域的科学研究和科技创新竞赛,积极搭建大学生展示和交流的平台。通过让学生主动参与研究和创新活动,培养他们的学术兴趣和实践能力,发挥大学生的智慧,为国家安全领域的发展提供新的思路和方案。鼓励大学生参与国际交流,拓宽他们的国际视野,通过与其他国家的学生、学者和专家进行交流与合作,大学生可以深入了解不同国家的国家安全观念、政策,促进对国际安全合作与挑战的认识。

4.4 引入多媒体技术,创新教育教学方法

利用信息技术手段,如网络教育平台、移动应用程序等,提供更加便捷的学习途径和更加丰富的资源分享,拓宽大学生获取总体国家安全观教育知识的渠道;利用虚拟现实技术等现代科技手段,创造逼真的场景模拟环境,让大学生身临其境地参与国家安全相关的决策和行动,培养他们应对复杂情境的能力;利用社交媒体和在线协作平台,建立国家安全教育的互动交流平台,大学生可以在虚拟空间中分享信息、讨论问题、展示研究成果,并与专家和学者进行即时交流和互动,拓宽学生的视野;借助数据分析和情报评估技术,对国家安全相关的数据和情报进行深入分析和评估,引导大学生利用大数据技术和情报信息,培养他们的分析思维、判断能力和决策精准性,提升其参与国家安全事务的相关能力。

4.5 发挥校园文化作用,打造协同育人格局

利用校园媒体、社交媒体等渠道,进行总体国家安全观教育的宣传和推广,提高大学生的关注度和参与度,唤起大学生对国家安全重要性的认识和责任感。发挥学生社团、学生组织的积极作用,建立学生社团和志愿者服务组织,通过开展社会实践活动、宣传教育和服务社区等活动,培养大学生的责任感和社会意识,增强他们的国家安全观念。

政府、学校、家庭、社会组织等各方应加强合作,形成社会共同参与的格局。政府部门提供政策支持和资源保障,学校提供教育平台和资源支持,家庭积极参与和关注,社会组织开展相关活动和宣传,共同推动总体国家安全观教育的开展。

5 结语

本文通过对新时代大学生总体国家安全观教育现状的研究,提出了一系列相应的对策和建议。但是,大学生总体国家安全观教育仍然存在着许多挑战和难题,需要各方共同努力。高校应进一步加强对大学生总体国家安全观的教育,不断完善教育内容和方法,培养更多具有高度国家安全意识和责任担当精神的大学生,为实现中华民族伟大复兴的中国梦贡献力量。

参考文献：

[1]张丽.总体国家安全观视域下加强高校国家安全教育的多维思考[J].思想理论教育,2021(11):99-104.

[2]曹晓飞.大学生总体国家安全观教育的战略意义及实现路径[J].思想理论教育导刊,2018(02):125-129.

新时代增强大学生入学教育工作引导力的思路探究

陈峥

环境科学与工程学院

摘要：

新生入学教育标志着大学教育的起步，是大学生涯中的首要环节。为确保这一关键时期的顺利进行，必须精心组织新生入学教育工作，这不仅有助于深化大学生思想政治教育内涵，更为帮助新生尽快适应大学学习和生活，成功完成角色转变提供了至关重要的支持。本文通过分析新时代大学生的特征，着重审视了当前高校新生的现状，并有针对性地提出了大学新生的教育重点，以期增强工作的引导力。

关键词：

新时代；大学生；入学教育；引导力

引言

青年是充满朝气和梦想的群体，他们有着巨大的发展潜力，必将在未来展现卓越的成就。大学阶段被视为青年拔节孕穗的关键时期，而大学新生入学教育则是学生管理工作和日常思想政治教育的开端。紧扣新时代"五育并举"的要求，高校需要着力做好新生入学教育，这不仅有助于学生尽早全面提升综合素质，更是引导他们成为担当民族复兴大任的时代新人的重要一步。因此，入学教育的开展效果不仅直接关系到大学生是否能够更好地适应大学生活，也关系到高校人才培养质量的好坏。进一步而言，这影响着落实立德树人这一根本任务的实际效果。因此，我们必须认识到入学教育的关键性，努力提升其质量，以确保大学生们能够全面发展，日后为国家和社会做出更大的贡献。

1 新时代大学生特点调查

本课题对大学新生展开调研，全面掌握新时代大学新生的特点。通过问卷调查的形式全面了解大学新生对大学学习生活的憧憬、对高校入学教育工作的看法等信息，重点梳理当前大学生普遍存在的不良特征。调查工作面向大连海事大学环境科学与工程学院 2023 级本科生展开，共发放问卷 119 份，回收有效问卷 112 份（有效率 94.1%），其中男生 68 人（占比 60.7%），女生 44 人（占比 39.3%），调查结果具有普遍参考性。

1.1　学习态度不端正,执行力较差

一些大学生在踏入大学阶段后,不能正确看待大学的课程学习任务。"读了大学就轻松了"这样的错误引导可能使得他们缺乏奋斗的目标和动力。中学期间繁重的学业任务给学生造成了巨大压力,来到大学没有父母的管教,他们可能会忽视专业学习。这种不端正的学业态度将影响学生的学习质量,严重者将面临挂科、降级甚至退学的风险。此外,容易被外界事物分心,执行力差也是当前大学生群体中普遍存在的问题,只做语言上的巨人,懒于采取实际行动。没有充足的实践经验,当面对实际问题和挑战时,他们可能感到无所适从,缺乏足够的信心和应对能力。

1.2　抗挫能力弱,容易受到打击

"00后"大学生已经成为当前大学校园的主体。个性张扬是这类群体鲜明的时代特征,他们喜欢与众不同,标新立异,敢于冒险,成为学校里一道引人注目的风景。新媒体的涌现使他们能够获取丰富的信息,拓宽了他们的视野。教育民主化程度的提高培养了他们不轻易顺从权威、不盲目跟风,有敢于展示自我和表达个性的自觉。他们追求自由独立,独具个性,然而,在这种独立自信的外表下却隐藏着一个脆弱的心灵。因为他们多数是独生子女,从小生活在相对优越的环境中,成长过程较为平坦顺利,未经历过太多挫折,导致他们普遍抗挫能力较弱。当他们受到质疑、挑战或处在困难境地时,可能会受到很严重的打击。

1.3　缺乏合理规划,自制力不强

大学阶段是一个极为关键的成长时期,大学期间是青年学生世界观、人生观、价值观形成的重要阶段。与此同时,这也是一个充满挑战和困难的时期。一些大学生可能存在缺乏合理规划和自制力不足的问题,这可能导致他们在学习、生活和职业规划方面面临很多困境。对于那些缺乏规划的大学生,他们应该尝试为自己的未来设定明确的目标,并制订具体的计划以实现这些目标。对于自制力不足的大学生,他们应该通过制定有规律的作息时间表,坚持锻炼和培养健康饮食习惯等方面,逐渐增强自制能力。值得注意的是,个人的成长和习惯的形成是一个渐进的过程,需要付出耐心和时间。只有通过不断努力和积极反思,才能最终实现目标,规划出自己未来的道路。

2 导致新时代大学生不良特征的原因分析

就现阶段大学生普遍存在的不良特征,可以从个人、家庭、学校、新媒体四个层面进行分析。

2.1 个人经验不足

大学生正处于青春年少的阶段,他们缺乏丰富的人生经验和充分面对挫折的能力,并且不明确自己作为学生的本职任务,无法自主地、高效地学习。在父母的庇护下,他们可能没有经历过太多坎坷,因此在面对困难和挫折时容易感到沮丧和失望,缺乏应对的能力。这也使他们在学习和生活中显得较为犹豫和不确定。

2.2 家庭观念的不当灌输

家庭教育在大学生目标规划和行动力塑造中发挥着重要作用。一个温暖、给予支持和积极的家庭环境对于大学生的成长和发展至关重要。然而,一些家庭在教育过程中忽视了对学生学习兴趣、学习能力以及情商素质的培养。这也使得大学生在自主面对新环境下的学习和生活时缺乏合理性和成熟性。此外,个别家庭氛围不和谐的学生也会出现遇事激动,缺乏理性思考的问题。家庭应帮助大学生树立积极的心态,培养其坚韧、乐观、自信的品质。

2.3 学校教育未能发挥作用

学校在思想教育方面存在一定的不足。思想政治教育的目的是引导大学生树立正确的世界观、人生观和价值观。然而,一些中学及高校未能将理论与实际相结合,无法真正引导学生形成正确的思维方式和行为举动。缺乏实践性和针对性的教育方式会导致大学生无法形成正确的观念,也难以将其外化于行动。

2.4 新媒体时代信息的快速普及

新媒体时代的信息冲击也对大学生的价值观产生了较大的影响。互联网的普及和新媒体的发展使得大学生容易受到虚假信息和网络不良思想的误导。面对庞大的信息量和复杂的信息源,他们可能缺乏批判性思维和辨别能力,容易受到不同情绪和观点的影响。因此,大学生需要积极主动地培养正确的信息获取和思考能力,以应对新媒体带来的挑战。

3 新时代大学新生的教育重点探究

为更精准地解决新时代大学生存在的不良问题,本项研究结合问卷调查分析结果,基于现状提出教育过程中需引导大学新生正确认识的几项重点。

3.1 打牢学业基础,丰富成长履历

每所高校都会有学生因为学业问题而不能顺利毕业,学习是学生的本职工作,在大学更是这样。要用心上好每一堂课,坚持课前预习、课后复习,在夯实基础的前提下力求更优异的学业成绩。这是一块敲门砖,未来的大学生活中,无论是转专业、大类分流还是评奖评优、推优入党、推免保研等各个环节都离不开学习成绩的重点考量。在此基础上,学生应自主地把握大学生活,主动地丰富个人的成长履历。四年很快就会过去,有的同学一直在成长,一直在全面发展,待到毕业时拥有了强大的综合素质,面对各类工作和活动都可以独当一面。有的同学就真的放松了、停滞了,甚至退步了,差距就是一点点拉开的。求学期间踊跃担任学生干部,积极参加社会实践,主动投身科研竞赛,个人能力才会有所提升。

3.2 敢于挑战自我,不畏艰难险阻

初入大学,第一次远离父母的庇护,完全独立地面对学习生活中遇到的挑战,每个人都会或多或少地遭遇挫折与打击。敢于挑战自我,敢于正视自身的不足,敢于攻克一个个难关,这样才可以有底气地告诉父母、告诉自己:"我长大了!"经历是人生最宝贵的财富,这种经历可能是与同寝室友之间,当作息时间不一致时自觉协调,当产生误会与矛盾时主动去沟通化解;这种经历可能来自某次考试成绩不理想后主动寻求朋辈帮扶,调整学习方法,获取更丰富的学习资源;这种经历可能来自工作任务没有按期完成,或是活动开展没有达到预期效果后的自我反思,不断优化与进步;这种经历更有可能是在升学、就业压力下自身的心态调节,让自己变得更加坚强,一次次突破自己的"上限",这就是成长。多尝试、多探索,让丰富的经历勾勒出青春最美好的印记。

3.3 合理规划生活,加强自我约束

大学阶段是习惯养成的黄金时期,有的同学总是睡懒觉、追剧、网购、打游戏,活动范围最大半径是下楼取外卖,把每一天都过成了同一天;有的同学把规律作息、健身运动当作了受益终身的习惯。这是截然不同的两种生活状态,懂得自律的人总是精益求精,有章法、讲规矩,开展工作事半功倍,每日总能以最饱满的精气神投入课程学习和文化娱乐之中。严格要求自己,加强自我约束,还体现在打理好房间的内务卫生,保证寝室的干净整洁,这代表着一种积极向上的生活态度,更能体现出当代大学生应有的精神风貌。再者,做时间的主人,把手表调至提前 10 分钟,活在时间的前面,会得到更多人的认可,生活也会更加高效,且保有较高的质量。最后,培养自己所热衷的兴趣爱好,人生的色彩需要主动去点缀,以此结交更多志同道合的朋友,大学生活乃至未来的人生旅程也将变得更加绚丽多姿。

4 结 语

新生入学教育是大学教育的起点,在这一关键阶段和青年成长成才的最佳时期,准确认识并剖析新时代大学生群体所存在的普遍问题,有针对性地丰富大学新生入学教育内容,帮助其正确认识现阶段个人的努力方向和发展重点至关重要。本项课题就教育过程中的重点展开探究,希望能进一步增强大学生入学教育工作的引导力。

参考文献:

[1]魏春红,王长远,杨宏志.增强大学生入学教育实效性的对策[J].中外企业家,2013(16):159-160.

[2]李程轶.增强新时代大学生入学教育实效性探析[J].科教导刊,2023(11):1-3.

[3]于晓威.我国高校大学生入学教育模式探析[J].学理论,2011(21):203-204.

[4]苗鑫,樊琳琳.新时代大学生多维度入学教育路径探索[J].中文科技期刊数据库(文摘版)教育,2021(08):67-68.

浅谈美育工作在大学生思想政治教育中的作用
——以高校寝室廊道文化建设为例

陶晨阳

航运经济与管理学院

摘要：

新时代做好大学生以美育人工作，既是国家的时代使命，也是高校育人的迫切需要。本文从坚持立德树人的根本任务作为出发点，将美育作为立德树人的重要载体，在美育工作实践中，探索出高校寝室廊道文化建设与美育工作的关系，利用寝室廊道文化建设扩展美育工作，以此提升高校大学生的审美素养。

关键字：

美育；大学生思想政治教育；寝室廊道文化建设

引言

美育是立德树人教育方针的重要立足点和有力载体，美育使得大学生思想政治教育更加具有感染力，大学生思想政治教育作为说理教育要能打动学生，在很大程度上取决于从其中的形式到内容能否给学生以美的感受，在德育过程中充分发挥美育的特点，给德育教育注入新鲜血液。

寝室廊道文化建设是高校美育工作在空间上的延伸。依托寝室廊道文化建设可以较为直观地展示出高校美育工作成效，持续增强美育工作在高校大学生思想政治教育工作中的作用。将寝室廊道文化建设充分融入高校美育工作的过程可以更好地强化大学生的文化自觉与文化自信。因此，将寝室廊道文化建设引入高校美育工作当中，对于推进高校大学生审美素养具有重要意义。

1　高校美育工作的重要性

2020 年 10 月 15 日，中共中央办公厅、国务院办公厅印发了《关于全面加强和改进新时代学校美育工作的意见》，提出"到 2035 年，基本形成全覆盖、多样化、高质量的具有中国特色的现代化学校美育体系"的主要目标，指出以美育人、以美化人、以美培元，把美育纳入各级各类学校人才培养全过程，贯穿学校教育各学段。

大学生美育工作开展是培养大学生成长成才的关键，对培养全面发展的人才具有重要的作用。大学生全面发展直接拓宽了就业的广度，就社会发展而言，就业率直接影响社会的稳定性。从学校层面来说，美育对于培养具有创新精神、实践能力以及合作能力的人才是非常重要的，重视大学生美育素养的培养既能够促进学生个人能力的全面发展，带来更好的就业去向，又能进一步提升学校声誉，增强学校的社会影响力，同时大学生是社会主义建设过程中的中坚力量，通过美育提升大学生的能力和品行,加强高校思想政治教育工作,坚定其爱国报国的信念,增强其实现中国梦的信心,培养其正向的社会主义核心价值观,使他们形成对民族文化的自豪感和自我满足感。从个人层面来说,加强美育是促进大学生立足社会的根本保证。加强美育有利于促进大学生德智体美劳的全面发展。大学生美育是一项重要的综合性教育,涵盖素质教育和文化教育的多个方面。其旨在通过不同形式的教育和培养,提升大学生的精神涵养和内在丰富性,并发挥认知、教育和激发创新能力等多种作用,促进大学生全面发展。然而,当前许多大学生对"美"的认知存在不足,缺乏敏感度,难以发现、欣赏和分享美。在此背景下,大学生美育工作具有显著的重要性,它可以帮助大学生提升自己的审美能力和陶冶高尚的道德情操,提高对美的认知能力,重视多元化审美,打破单一审美的桎梏,塑造大学生审美价值观。

2 寝室廊道文化建设与美育的关系

美育工作是高校育人工作的重要构成,美育以它独特的艺术性和生动性使传统意义上的思想政治教育更具有冲击力,对于推进学生实现全面发展意义重大。学生寝室是学生在大学期间长期生活的地方,寝室廊道对于学生来说是每天要多次穿梭的空间,寝室廊道文化建设的情况会让学生对美育有更加直观的感受。

寝室廊道文化建设以培养大学生成长成才、增强大学生审美素养和审美自律为出发点和落脚点,以构建和谐融洽的寝室人际关系、营造浓郁的文化氛围、培养健康高雅的审美情趣为目标,逐步提高学生的基本素养和个性品质。学生在参与寝室廊道文化建设的过程中能够用心体会出审美观与自身的人生观和世界观的和谐相处,也能够更好地利用美学的眼光去看待不同的事物、解决学习生活中的复杂问题。可以说寝室廊道文化建设是开展美育工作的有效载体,让美育工作显得更加"走心",而不只局限于教室中,充分利用学生寝室的楼道走廊,尽情发挥"让每面墙都会说话",展现一种浓郁的文化氛围。寝室廊道文化建设将美育直接地注入了学生的个人生活。

将学生寝室廊道文化建设与高校美育工作相结合,则能够有效丰富高校美育内容体系,拓展高校美育工作的空间,提升高校美育工作成效。让高校学生在美的氛围中有更犀利的发现美和欣赏美的眼光,使学生在学习理论专业知识的同时,能用创造性的眼光将学习生活、专业能力与审美素养相互融合。丰富寝室廊道文化建设,学生能够在穿梭廊道的过程中潜移默化地接受文化教育和提升审美素养。

3 寝室廊道文化建设内容

美育与专业课程和文化课程的教育有所不同,尤其是对于非艺术专业的大学生来说,美育工作很难以具象的形式以写入教材的方式开展,因而对大学生审美能力的培养更多的是靠潜移默化的影响和周围环境的熏陶。寝室廊道文化建设作为美育工作在空间上的拓展,形成了浸润式的美育环境。因此重视寝室廊道文化建设、丰富和确立建设的内容就十分必要。

3.1 以美育弘扬中华优秀传统文化

融入中华传统元素是传统文化与美育工作有机结合的重要方式。寝室廊道文化建设的内容中可以设置有主题为中华优秀传统文化的展示墙,以书法作品展示、绘画作品展示、剪纸作品展示、古典及民族舞蹈图片展示、传统节日介绍等为主题的小单元,展现学生风采的同时,既开展了美育又传承、弘扬了中华传统文化。设立作品展示墙更好地提升学生的审美能力,加强了美育工作。学生积极主动参与展示作品的过程便是对中华优秀传统文化的一种学习和弘扬,学生个人文化作品在寝室廊道上的展示也影响了身边的同学,以点带面地将美育工作融入学生的生活之中,观看定期的传统文化作品展示墙也会成为学生忙碌的学业生活之外的放松天地。

弘扬中华优秀传统文化的形式和传统文化元素是多种多样的,将传统文化元素融入寝室廊道文化建设中可在高校美育中碰撞出新的火花,引导大学生坚定文化自信,加强对中华文化的认同感。

3.2 以美育浸润大学生心灵

当前大学生在成长的过程中会产生很多心理问题,经研究,大部分的心理压力来源于学业发展、就业、社交,而这些心理问题在萌芽中发现是可以得到抑制的,因此帮助大学生提升心理自我调适的能力十分必要。寝室廊道文化建设中设立主题为心灵驿站的宣传墙,在宣传墙上可以设置独立的心灵驿站——专栏信箱。同学们可以直接将内心疑惑或苦闷情绪写在信中,定期由管理人员帮忙发出,如给宿管、舍友、指导员、老师、学院领导等,助力同学们进行心理疏导,解决生活、学习上的难题。在宣传墙上还可以介绍常见的心理困境和解决的方式,增加一些励志、感人的小故事,这都将有利于帮助大学生排解不良情绪,形成健康的心理,助力大学生心理素质建设,引导大学生形成积极向上的心态,引导大学生关爱生命、关爱自己,引导大学生自我欣赏和自我接纳,提升大学生的抗挫能力,促使大学生更好地融入集体和服务社会。

3.3　以美育增强校园安全文化教育

大学生正处于自我探索的人生阶段,在不断地自我怀疑、自我否定和自我肯定之间进行转换,这个阶段他们还没有达到自我完全独立的状态却又十分渴望自由,在追求自我发展的过程中存在着很大的安全隐患,因此安全文化教育也是培养大学生综合素养的重要内容,要落实以美育人的理念,促进校园安全文化建设工作的落实。通过在寝室廊道文化墙上设置专栏开展安全文化教育,张贴设计感较强的安全知识海报,增强同学们的防患意识。同时借助廊道文化建设开辟丰富多样的安全文化教育活动形式,如用电安全、消防知识、防诈骗、禁烟禁毒等安全专题宣传,并定期在廊道开展安全知识竞赛,鼓励同学们积极参与,注意安全防范,使得同学们在生活区域更加注重安全,尤其是消防安全,在耳濡目染中让学生懂得防患于未然,将安全文化教育深入学生内心。

寝室廊道空间的特殊性导致了文化建设开展的过程中形式还不够多样化,寝室廊道的实际使用面积也对后续活动的开展造成一定的影响,同时在寝室廊道建设过程中互动环境(空间)也有局限性。为了更好地解决这个问题,在对寝室廊道内容的更新频率上就需加强,注重信息的及时更新,不断变换的廊道宣传主题也会增强学生的兴趣度,同时让学生在艺术廊道的潜移默化的影响下提升个人的审美素养。

综上所述,寝室廊道文化建设更好地提升了美育价值。在依托寝室廊道开展美育工作的过程中,高校需要重视合理规划设计美育空间,围绕大学生思想政治教育工作,强化美育工作中的基础设施建设,挖掘出寝室廊道文化建设所产生的美育价值,深化学生群体对美育的认知与认同,充分发挥出美育工作在大学生思想政治教育中的作用。

参考文献:

[1]方叶惠子.大学生美育工作体系构建研究[J].科教导刊,2022(13):10-12.

[2]荀卓,李鸿.高校美育工作中的实现路径研究:以艺术歌曲的美育教育为例[J].音乐生活,2022(05):69-71.

习近平文化思想视域下高校校园文化活动推进文化育人路径研究

王新婷

法学院

摘要：

习近平文化思想在党的宣传思想文化事业发展史上具有里程碑意义，校园文化活动具有重要的文化育人功能，应贯彻落实习近平文化思想，推进高校学生思想引领、培根铸魂、全面发展、启智润心。通过剖析调查问卷，分析出当前校园文化活动思想引领功能存在重主体、轻客体、设计不足、形式单一、重显性教育、轻隐性教育等问题，认为应该明晰校园文化活动推进文化育人的要素，壮大校园文化活动推进文化育人的因素，注重校园文化活动的思想引领过程。

关键词：

习近平文化思想；校园文化活动；文化育人；实现路径

引言

2023年10月结束的全国宣传思想文化工作会议，首次提出了习近平文化思想。习近平文化思想体现为对马克思主义文化理论的丰富和发展、对新时代中国特色社会主义文化建设规律的全面把握、对中国文化的归纳和推进。高校是培养高素质、高水平人才的场所，具有文化传承创新的高等教育功能，贯彻落实习近平文化思想在高校的各项工作中占据十分重要的位置。高校校园文化活动作为第一课堂的延伸和有效补充，形式新颖、内容活泼更易让学生接受和理解，可以丰富大学生课余生活，为高校落实立德树人根本任务提供了有效平台，已经逐渐成为高校推进文化育人工作的重要载体。因此，研究习近平文化思想视域下高校校园文化活动推进文化育人的路径具有重要的理论和实践意义。

1　习近平文化思想视域下高校校园文化活动的内涵

1.1　校园文化活动内涵

我国著名教育家潘懋元对高校校园文化的基本内涵做出了定义，他认为："高等学校的校园文化，是高等学校师生员工在长期的实践中，逐步形成的价值取向、校园精神、校风、教风、学风、治学传统、行为方式等的高度概括。"在此基础上，国内更多的学者再一次对于高校校园文化的内涵进行了深入的研究。当前关于高校校园文化内涵的界定已经形成了较为统一的认识。本文认为，校园文化是以学生为主体,以校园为空间背景,以学生活动为主要内容,经过长期积淀而形成的特殊的群体文化,校园文化活动是相对课堂教育而言的课外活动,包括课外进行各种有益于学生身心健康和提高学生思想道德和文化素质的一切文化活动。

1.2 习近平文化思想视域下高校校园文化活动推进文化育人的内涵

习近平文化思想是新时代党领导宣传思想文化建设经验的理论总结与思想提升,极大丰富和发展了马克思主义文化理论,在党的文化事业发展史上具有里程碑意义。习近平文化思想具有明确清晰的科学性、系统性、方向性。习近平文化思想中,思想长城的建设和巩固是第一位的,思想建设具有长期性和根本性。在高校校园文化活动的组织实施中可以发挥强大的文化育人作用。一方面是加强学生思想引领、培根铸魂。通过校园文化建设,高校坚持为党育人、为国育才,引导大学生感党恩、听党话、跟党走,培育一批又一批堪当民族复兴重任的时代新人。另一方面是助力学生全面发展、启智润心。高校校园文化活动的组织、参与,能够有助于学生德智体美劳全面发展,对其综合素质能力有较大的提升。

2 当前实现校园文化活动思想引领功能存在的主要问题分析

基于高校校园文化活动的文化育人功能的内涵,结合当前校园文化活动的开展情况,自主制作了调查问卷,以在校大学生为研究对象,面向三所高校学生发放问卷 600 份,回收有效问卷 576 份,有效回收率达 96%。调查显示,有 36.2%的同学认为校园文化活动对世界观、人生观和价值观的影响较强,38.6%的同学认为其对思想道德修养的形成和改变影响较强,而有 41%的同学认为其对自身的行为方式等的影响比较强,其中认为对自身思想产生影响的比例占到了74.8%,这表明校园文化活动具备较强的文化育人功能,理想条件下作用效果明显,且学生对其功能的发挥较为认可。但因外在和内在影响,实现校园文化活动思想引领功能不同程度存在如下问题。

2.1 从主客体角度分析,存在重主体、轻客体的问题

大多数校园文化活动都是自上而下的组织,常见的模式往往是活动的组织

者结合教育主题初步确定活动的组织形式,然后由活动的具体实施者商讨落实方案并进行活动开展。这个过程存在的弊端,一方面在于实施者主体设计活动的目的和初衷有着一定的针对性,希望能够对于学生在思想品质、道德情操、身心健康等方面有帮助和推动作用,但是由于受教育者客体被动参与,出现了只要主体要求参与活动,客体便第一反应会出现抵触,对于活动的效果有着很大的影响;另一方面官方组织的设计过分依赖组织者的个人意志,缺乏对于受教育群体特点的充分把握,时间久了就会有一种固定模式,缺少创意,难免出现活动形式吸引力不够、活动内容贴近性不足的问题。

2.2 从实际结果分析,存在设计不足、形式单一的问题

在对"校园文化活动在思想引领上存在的问题"的调查中发现,学生们普遍认为目前高校校园文化活动存在着活动模式比较老套(占 55.7%)、活动内容比较枯燥(占 47.6%)等问题。在现有的校园文化活动组织模式中,校园文化活动的组织者由于思维不够活跃、眼界不够开阔,缺乏对于大学生个体差异、校园文化活动类别、校园文化活动氛围等不同影响因素的宏观把握,没有针对不同群体、不同类别的活动进行科学的设计,导致在组织活动时过分依赖传统和经验,沿袭既有内容的现象比较突出。这样便导致校园文化活动有时脱离学生的成长需求,失去了其对于广大学生的吸引和凝聚作用。通过数据分析可以发现学生比较倾向的校园活动改进方式,其中,"内容贴近和服务学生需求"是学生比较关注的改进方向(占 56.9%),"活动形式更应该紧贴学生特点"受关注程度也较大(占 54.4%)。

2.3 从教育方式分析,存在重显性教育、轻隐性教育的问题

当前校园文化活动在组织与实施过程中,对学生思想差异与需求、潜意识思维应对力度不够。大多数的校园文化活动组织者在具体实施中对于活动的隐性教育资源把握不清、理解不准,对于利用隐性资源开展思想政治教育的方法掌握不透、运用不当,导致隐性教育资源在校园文化活动中明显失位。同时,大多数校园文化活动组织者往往习惯于运动式地开展工作,过分追求活动的短期效果,强调活动的主题性、覆盖面、爆发力。虽然隐性渗透教育的教育效果更持久,对于思想的内化效果更为明显,但由于教育周期过长,整个过程相对缓慢,未能得到校园文化活动组织者的广泛应用。

3 校园文化活动推进文化育人的实现路径

文化育人指充分发挥文化对人的熏陶和感染作用,使优秀文化以润物细无声的方式对人产生影响,通过文化引导和浸润,推动个人文化水平和思想素养的提高。通过分析校园文化活动思想引领功能存在的问题,结合校园文化活动开展的实际经验,可以看出充分发挥校园文化活动的思想引领功能需要做到明晰要素、平衡因素、注重过程。

3.1 牢记文化使命,明晰校园文化活动推进文化育人的要素

习近平总书记多次强调,要巩固马克思主义在文化建设中的指导地位,坚持中国共产党对文化工作的绝对领导。习近平文化思想以文化使命为统领,强调了要继续推动文化繁荣、建设文化强国、建设中华民族现代文明的使命任务。这也是高校校园文化活动要素构建的使命方向。校园文化活动的要素可以分为活动者(活动主体、活动客体)、活动目标和活动计划执行力度三个要素。

活动主体是指活动的设计者和执行者,对于活动目标的制定、活动组织的好坏、活动效果的大小起到了至关重要的作用。活动客体主要是指大学生,客体的需求情况是设计校园文化活动的主要参考和初衷。活动目标作为力的方向,决定活动是否能够得到客体的积极参与,是活动成败的关键因素。活动计划执行力度是指活动主体是否能够按照前期安排有计划地开展活动,并根据学生的需求适时地调整活动的安排,决定了活动的精彩程度。三要素的共同作用决定着活动的实际效果,此效果也最终会反馈给活动主体和活动客体,决定活动主体是否能够更有积极性地组织活动,影响活动客体参加活动的热情和主动性,而最终影响活动目标和活动计划执行力度(见图1)。

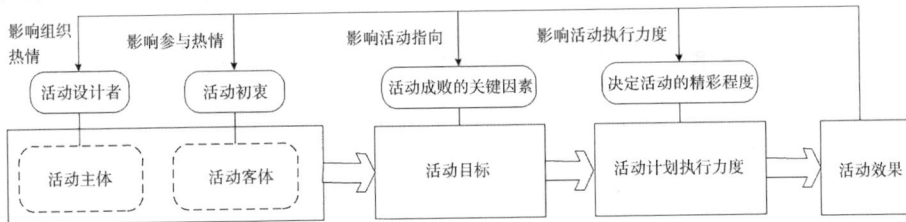

图1 校园文化活动文化育人的三要素间的相互关系

校园文化活动推进文化育人各要素之间相互影响、相互作用,其相互关系直接决定了活动的质量、效果。所以,为了更加充分发挥校园文化活动的文化育人

功能,就应该最大限度地激发各要素的活力。首先,活动主体在设计校园文化活动前要首先明晰自己设计活动的目标群体——活动客体,并通过充分的前期调研,通过系统的分析,准确了解活动客体的特点和需求。其次,找准方向,活动主体在设计活动内容时要根据前期调研,结合活动客体的实际特点和需求,明晰所开展的活动拟解决的主要问题,制订详细的活动计划,采取活动客体喜闻乐见的形式开展活动。再次,最大化执行力度,活动主体在开展活动过程中,要明晰活动目标,遵守活动计划,根据活动情况进行适时调整,用最优化的方式完成活动。最后,进行反思和总结,在活动开展之后,根据活动的现场效果和学生的反馈情况,进行分析、总结和反思,制订整改计划,不断提升活动质量。

3.2 凝聚文化共识,壮大校园文化活动推进文化育人的积极因素

坚持马克思主义在意识形态领域的指导地位,培育和践行社会主义核心价值观,是习近平文化思想生成的文化共识。校园文化活动的影响因素包括:校园文化活动的组织者、大学生个体差异、校园文化活动类别、校园文化活动氛围等。要消除各影响因素的消极影响,就需要充分凝聚各个因素内部的文化共识,求同存异、步入主流。

校园文化活动的组织者要根据活动客体的实际需求适当调整组织频率、组织形式,确保文化活动质量,引导学生明确校园文化活动背后的育人价值和意义,要分析各类大学生的个体差异,针对不同的群体开展不同的活动,引导学生明确百花齐放的文化氛围。不同类别的文化活动,活动客体的喜欢和参与程度不同,可采取不同的形式。为此,针对客体相对喜欢的文体活动可以进一步强化和丰富;针对思想教育类活动,可以转换形式,采取小规模、精英化等方式,进而增强活动的实效性。注重改造校园文化活动软环境,营造良好的校园文化氛围。通过建立奖励制度、加大宣传报道、进行后期跟踪等形式不断改善文化氛围,进而充分调动活动组织主体和客体的积极性,提升活动质量。

3.3 加强文化传承创新,注重校园文化活动的思想引领过程

校园文化活动思想引领功能的发挥是循序渐进的过程(见图2),其中活动主体和活动客体的思想文化差异与需求是前提,校园文化活动是途径,活动客体的潜意识改变是核心,活动客体的思想行为改变是结果,在此过程中文化传承创新必须要贯穿全过程。

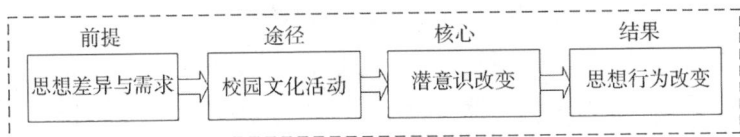

图2 校园文化活动思想引领功能的过程分析

校园文化活动在文化育人过程中,要仔细分析各环节中存在哪些差异,目前的差异达到什么程度,进而尽量通过各种方式减少差异性,增强共通性。明晰活动主体开展活动的目的,分析活动客体对此类活动的需求程度,在制订活动计划时,尽量将活动开展的目标与活动客体的实际需求进行最大限度的匹配,减少二者的差异性;校园文化活动的思想引领功能发挥要充分综合运用精神引领、情感交流、榜样激励等各类手段,尽量创新活动形式,采取活动客体喜闻乐见的形式,最大限度地减少思想引领需求与活动载体间的矛盾。尽可能发挥校园文化活动思想引领功能的实效性,促进活动客体潜意识改变,进而影响其思想和行为。

参考文献:

[1]孟宪平.习近平文化思想的体系结构论析[J].江苏社会科学,2023(06):1-10+241.

[2]赵卯生,陈滢,周芳.习近平文化思想的内涵、特征与核心要义[J].新疆师范大学学报(哲学社会科学版),2024,45(01):34-44.

[3]曾昭晖.文化育人在思政教育中的践行路径[J].中学政治教学参考,2023(38):97.

新时代背景下红色文化融入高校思想政治教育的探索与实践

薛航　邵丽娜　王宏诗　崔学林　管前友

船舶与海洋工程学院

摘要:

红色文化是中国共产党领导人民通过斗争、革命在追求民族独立、国家富强的过程中建立的革命精神和宝贵财富。习近平总书记在党的二十大报告中提出:"用好红色资源,深入开展社会主义核心价值观宣传教育,深化爱国主义、集体主义、社会主义教育,着力培养担当民族复兴大任的时代新人。"红色文化中蕴含了深厚的家国情怀,具有十分鲜明的爱国主义色彩,一代代红色文化的传承和发扬不仅仅是历史的见证,更是培育社会主义现代化时代新人的精神火种,高校思想政治教育工作者肩负着培养堪当民族复兴大任时代新人的责任与使命,将红色文化融入高校思想政治教育工作环节并发挥育人价值意义深远。本文将从红色文化的内涵、红色文化融入高校思想政治教育的重要意义及实现路径等方面展开论述。

关键词:

红色文化;高校思想政治教育;实现路径

引言

红色文化是一种特殊的文化现象,诞生于中国共产党革命斗争的过程中,深深烙印着中国人民为争取民族独立、人民解放英勇斗争的足迹。红色文化可以从广义和狭义两个角度来看,广义的红色文化指的是一种先进的革命精神和人类文明精神;而狭义的红色文化指的是中国共产党在追求民族独立和解放的斗争革命征程中所形成的优秀的革命精神和优秀的文化成果。不同时期的红色文化发挥着不同的育人价值。就高校思想政治教育工作而言,"00后"新生群体已经成为高校思想政治教育工作的主要对象,面对"00后"新生群体力量,红色文化可以被定义为能够让新生群体感受到鼓舞及振奋的优秀文化,一首红歌、一段红色舞蹈、一面红色文化墙、一个红色遗址、一个模范人物讲解等都成了"00后"群体喜闻乐见的传播与发扬红色文化的方式。

1 红色文化融入高校思想政治教育的重要意义

红色文化作为一种见证国家百年沧桑且历久弥新的先进文化,它在推动高校思想政治教育工作"入脑、入心""铸德、铸魂""育人、育才"上发挥着重要作用。红色文化中所蕴藏的伟大精神、社会主义核心价值观、传统文化、家国情怀等有利于推动高校思政工作立德树人根本任务的实现,是培养德智体美劳全面发展的社会主义合格建设者和可靠接班人的有力保障。

1.1 有助于推动立德树人根本任务实现

教育的根本任务是实现立德树人,这也就意味着教育归根到底就是要培养具有高尚品德的人才。而大学作为链接学校与社会的教育场所,在帮助学生培养品德、塑造人格方面有着十分重要的影响,因此,高校教育工作者需要在"德"上下功夫,而红色文化的根植与介入也正是发扬中华民族传统美德的深刻体现。在高校范围内推进红色文化的传播有助于帮助大学生树立正确的核心价值观,坚定理想信念,进一步推动立德树人根本任务的实现。

1.2 有助于推动"三全育人"纵深发展

"三全育人"格局模式即全员、全过程、全方位。红色文化资源融入高校思想政治教育的方式及路径也奠定了其"三全育人"的新格局。红色文化资源打破了时间、空间的限制,通过旧址、遗物、人物事迹、模范讲解、先锋人物、红色理论宣讲团、广播、报刊、新媒体等方式在高校群体内真正实现了全员参与、全过程覆盖、全方位渗透讲解的目标,进而实现了学生的综合素质全面发展。红色文化的渗透不仅能够增强红色故事对学生的感染力和吸引力,更有助于引发学生共鸣,进而推动育人模式纵深发展。

1.3 有助于推动五育并举齐头并进

红色文化中包含的精神资源和道德力量能够全面推动大学生德智体美劳的全面发展。红色文化弘扬了伟大的爱国主义精神和革命英雄主义,可以激发大学生的爱国热情,增强学生的责任感和荣誉感;红色文化中的相关理论知识和战略策略也成了高校教学中的宝贵资源,红色文化正发挥着锻炼并提升智力的功能作用;在大思政课的背景下,课程思政和思政课程的融合发展已经成为不可逆的发展方向,高校体育课程也慢慢融入了更多思政元素,艰苦奋斗、锲而不舍、勇于拼搏的体育精神也成了激励学生增强锻炼、提高身体素质的宝贵财富;红色文化所蕴含的歌曲、诗词、故事等丰富了当代大学生的审美,潜移默化中陶冶了情操;红色文化所弘扬的自力更生、艰苦卓绝等精神也正不断培养着学生们的劳动观念和意识;因此,红色文化融入高校思政工作正在推动五育工作向前发展,红色文化的融入为培养德智体美劳全面发展的大学生奠定了坚实的基础。

2　红色文化融入高校思想政治教育的实现路径

发挥红色文化的育人价值和功能对于高校思想政治教育工作意义重大。作为思政工作者,我们要将红色文化中的家国情怀、爱国主义、民族气概、传统文化等精神潜移默化地融入高校思想政治教育工作中,让红色文化根植于每一个青年心中,内化于心,外化于行。

2.1　思政育人——红色文化课程思政时代化

要想推进红色教育融入高校思想政治教育工作不可忽视课堂的主阵地作用。因此,教育工作者要充分意识到课堂教学的重要性,不仅要充分关注到课堂的广度,更要在充分挖掘教学资源、整合教学资源基础之上重视课堂深度的提升。教师要充分结合现代学生群体的心理特点及接受能力等因素,充分做好备课准备,将思政课程与课程思政有机结合。教师可以选择多元化开展红色文化教育,一方面继续沿用传统的"老师讲,学生学"的授课模式,另一方面可以充分利用现代教学资源和教学手段将教学内容变活,通过视频教学、模拟教学或情景教学等形式让红色文化变活,赋予红色文化鲜活的生命力。学生能够感受到思政课堂的魅力与迷人之处也恰恰反映了课程思政的影响与育人效果。

2.2　网络育人——红色文化宣传普及网络化

互联网高速发展的信息化时代,大学生被贴上了"低头族"标签,复杂多变的网络环境在培育大学生世界观、人生观、价值观层面带来了极大挑战,因此牢牢守住红色文化网络主阵地对于大学生价值观的形成十分重要。红色文化不仅仅可以通过线下方式进行,更是可以通过丰富多彩、形式多样的网络形式传播,高校思政工作者可以借助各学院官方媒体定期发布红色事迹,或在官微开辟红色文化专刊,或结合当下流行音乐将红色文化做成音视频等形式通过视频号、抖音、B站等学生使用较多的平台发布,让学生在玩中学、在学中玩,让红色文化精神不仅仅停留在学生的手尖,更重要的是流进学生的心尖。

2.3　实践育人——红色文化实践参观具体化

近期,文化和旅游部、教育部、共青团中央、全国妇联、中国关工委联合印发

《用好红色资源 培育时代新人 红色旅游助推铸魂育人行动计划(2023—2025年)》(以下简称《行动计划》),《行动计划》坚持以习近平新时代中国特色社会主义思想为指导,以"用好红色资源 培育时代新人"为主题,充分发挥红色资源在育人方面的积极作用。将红色旅游资源融入高校思想政治教育工作环节是推动红色文化入脑入心的集中体现。高校教育工作者可以充分利用并挖掘高校所在地红色资源优势,通过参观学习、走访调研等活动形式带领学生走出去,将红色课堂由室内转到室外;同时可以充分利用寒暑假的超长假期的优势条件组建红色逐梦、红船远舶、红色之旅等实践团奔赴祖国各地开展红色走访调研活动,访谈一位先锋人物、走访一处红色基地、开展一次实践调研等都是继承和发扬红色文化的最好方式。一次次参观学习、走访调研在潜移默化中将红色文化的育人价值融入思政工作全过程。

2.4　文化育人——红色文化内容开展多样化

校园文化对于学生的思想教育具有重要的引导作用,积极向上的校园氛围可以潜移默化地影响大学生价值观的建立。高校应该在校园文化建设上,加强对红色基因的运用,深入挖掘红色基因的精神内核,形成浓厚的红色文化校园氛围。高校可以在校园内学生相对集中的区域打造红色文化宣传长廊或展区,在无形之中让学生感受到红色文化就在身边。同时,高校也可以通过开展"赓续红色血脉,勇担强国使命"主题演讲比赛、红色诗歌会、党的二十大理论知识问答、情景党课、微党课等学生喜闻乐见的活动形式进行红色文化宣传普及。红色文化教育不应该只是停留在课堂层面,更主要的是让学生在丰富多彩的校园文化生活中能够切实感受到红色文化的存在,如影相伴。

3　结语

总而言之,高校思想政治教育工作者需要高度重视当前思想政治教育中存在的客观问题,全面解读新时期红色文化的深刻内涵,充分研究新时代背景下红色精神文化教育的价值,有效发挥高校为党育人、为国育才的使命责任,坚持思想政治教育,改进创新工作理念,坚持立德树人的教育任务,努力培养堪当民族复兴大任的时代新人!

参考文献:

[1]朱小曼. 辽宁"六地"红色文化资源融入大学生思政教育的三重维度[J]. 中

国冶金教育,2023(02):78-80+84.

[2]方晓辉.红色基因融入大学生思想政治教育的路径研究[J].辽宁省交通高等专科学校学报,2019,21(02):85-87.

[3]童飞云.红色文化对高校大学生思政教育的意义及价值[J].活力,2023(05):37-39.

[4]习近平.思政课是落实立德树人根本任务的关键课程[J].新长征(党建版),2021(03):4-13.

新时代视域下辅导员开展思想政治教育实践育人工作创新路径研究

于馨

航运经济与管理学院

摘要：

大学生是未来社会的主要建设者，习近平总书记多次强调，要重视高校大学生的思想政治教育工作，从而为我国教育事业开辟新的发展局面提供有效推动力。新时代背景下，(1995 年—2010 年出生)学生具有鲜明的性格特点，传统的思想政治教育方式不足以与现阶段培养学生综合素质的要求相契合。因此，为全面贯彻党的教育方针，落实立德树人根本任务，高校辅导员应将理论与实践相结合，在自身思想政治教育工作中转变之前的工作思路，以开展思政实践育人为工作重心。本文将以辅导员实际工作为契机，开展新时代实践育人工作创新路径研究，培养德智体美劳全面发展的社会主义建设者和接班人。

关键词：
思想政治教育；实践育人；创新路径研究

引言

习近平总书记在党的二十大报告中明确指出："教育是国之大计、党之大计。培养什么人、怎样培养人、为谁培养人是教育的根本问题。育人的根本在于立德。全面贯彻党的教育方针，落实立德树人根本任务，培养德智体美劳全面发展的社会主义建设者和接班人。"这是以习近平同志为核心的党中央对新时代教育事业的总体战略部署。习近平总书记在学校思想政治理论课教师座谈会上指出，"要坚持理论性和实践性相统一，用科学理论培养人，重视思政课的实践性，把思政小课堂同社会大课堂结合起来，教育引导学生立鸿鹄志，做奋斗者"。《关于全面加强新时代大中小学劳动教育的意见》中指出："劳动教育是中国特色社会主义教育制度的重要内容，直接决定社会主义建设者和接班人的劳动精神面貌、劳动价值取向和劳动技能水平。"

青少年时期是人们价值观形成和塑造的关键时期，在新的起点上，重视实践教育，坚持教育同生产劳动和社会实践相结合，坚持向实践学习、向人民群众学习，是大学生成长成才的必由之路。对于不断增强学生服务国家、服务人民的社会责任感、勇于探索的创新精神、善于解决问题的实践能力，具有不可替代的重要作用。教育工作要深入贯彻习近平总书记关于教育的重要论述，全面落实党的教育方针，坚持为党育人、为国育才。要从学生身心特点和思想实际出发，用习近平新时代中国特色社会主义思想铸魂育人，提高思想政治教育的亲和力和针对性。广泛开展各类实践活动，让学生在亲身参与中认识国情、了解社会，教会学生有能力、有责任、有爱心，令学生全面发展、学有所长，已经成了新时代高校思想政治教育工作的重要内容。

1　因事而化，以学生喜闻乐见的形式开展思想政治教育

实践育人是落实立德树人根本任务的关键环节，是高校思想政治工作体系的有机组成，是培养担当民族复兴大任时代新人的有效途径。实践育人是构建"大思政"格局的重要一环，要在以学生为主体的实践性工作中激发思政育人的创造性，切实推动从"理论知识思政"向"实践工作思政"转化，双向联动构建"大思政"格局。习近平总书记在全国高校思想政治工作会议上提出的因事而化、因时而进、因势而新的"三因"理念，既是搞好思想政治教育的主要指导思想，也是实践育人的主要方向。

"于"你同行思政实践育人系列活动，带领学生团队以聚焦红色基因传承、理论普及宣讲、就业创业实践、基层志愿服务等方式从课堂里走出去，以实践育人的形式宣贯思想政治教育。让学生在实践中应用专业技能，同时在实践活动中培养学生坚定的理想信念、爱国主义精神和正确的世界观、人生观、价值观，让学生明白青年人身上的责任与使命，培养学生看世界和理解世界的能力，提升学生的社会责任感。目前活动已举办十期，深入大连博物馆迎接党的二十大胜利召开主题成就展、大连青泥洼桥区域性党群服务中心、大连第十一离职干部休养所等地进行学习、调研。无论是职业生涯规划、就业创业指导，还是三观的形成，或是同学们在面对挫折、困境时的逆商，又或是基层团组织活力的提升，都希望学生能在多看、多听、多学、多感受后有自己的思考，提升学生们的主观能动性、独立思考和解决问题的能力，这往往就是构建"十大育人"体系，推进"三全育人"格局的"最后一公里"。无论是立德树人还是实践育人，只有真正走出去，思想政治教育才能立体起来，"于"你同行，就是新时代下，辅导员想通过学生喜闻乐见的形式，将思想政治教育在理论与实践层面都能让学生更加直观地理解和感受，让思想政治教育永远在路上。

2 因时而进，结合工作实际多维度引领学生思想新高度

2.1 红色信仰之行，"于"你一同感悟中华文化与中国精神博大精深

文化是一个民族生存和发展的重要力量。中华民族历史悠久，中华文化源远流长、博大精深，在 5 000 多年的文明发展中孕育了中华优秀传统文化。在几千年的历史流变中，中华民族历尽无数艰难困苦，从来都不是一帆风顺的，新时代取得的诸多成就，从来都不是轻而易举的。但如今我们能站在世界舞台中央，其中一个很重要的原因就是世世代代中华儿女培育和传承了独具特色、富有永恒魅力的中华文化。

新时代坚定文化自信，铸就中华文化新辉煌，要在文化传承中立德树人、以文化人、以文育人。习近平总书记指出，青年阶段是人生的"拔节孕穗期"，最需要精心引导和栽培。铸就中华文化新辉煌，必须要从青年身上建立文化自信，将青年教育好、培养好，要通过思想引导、文化浸润、精神指引、榜样引领、实践影响等方式帮助青年扣好人生的第一粒扣子，上好人生第一课；要让青年自觉从中华优秀传统文化、红色革命文化和社会主义先进文化中汲取力量、培根铸魂、启智润心，引导他们坚定信仰、创新思维、开阔视野、自律明德。今天青少年在第一个百年中成长，未来将在第二个百年中奋斗，承上启下、至关重要，牢固树立文化自信，他们必将成为实现中华民族伟大复兴的建设者与接班人，成为中华文化的接力手和传承者。

"我们党之所以历经百年而风华正茂、饱经磨难而生生不息，就是凭着那么一股革命加拼命的强大精神。"回望中华民族的伟大征程，中国共产党的百年历史，既是一部波澜壮阔的奋斗史、创业史，也是一部伟大精神的构筑史、传承史。在百年的接续奋斗中，我们党以伟大建党精神为源头，铸就了一系列伟大精神，即伟大创造精神、伟大奋斗精神、伟大团结精神、伟大梦想精神，构建起了中国共产党人的精神谱系。这些伟大精神一脉相承、代代相传，为实现民族独立、人民解放和国家富强、人民幸福，为实现中华民族站起来、富起来、强起来提供了强大精神动力。

2.2 志愿服务之行，"于"你携手践悟新时代新青年责任使命担当

"一个人发出的光亮是有限的，但是如果我们把光亮不断传递，一定会汇聚成一片星空"，志愿服务是培育和践行社会主义核心价值观的有效途径，志愿实践育人是多数高校进行专业和思想政治教育的重要途径，通过志愿服务活动帮助青年学生提高道德素养和实践能力，促进学生积极参与社会基层治理，实现自身健康可持续发展。新冠疫情期间，"于"你同行学生团队在学生学期初返校、迎新报到等工作中勇于贡献力量，大多数学生都能利用寒暑假等假期做公益，积极用自己的力量发光发热。下一步，"于"你同行思政实践育人活动将继续以志愿服务活动为重点，紧密围绕学雷锋、五四青年节等重要时间节点，教育引导学生主动担当作为，既丰富了校园文化，又提升了学生综合素质，能够让学生在志愿服务中受教育、长才干、做贡献，让学生在志愿服务中贡献青年力量，让青春之花绽放在爱国奉献中。

3 因势而新，紧跟时代脚步做对学生发展有益的事

3.1 时代振兴之行，"于"你一道学悟各行各业精英骨干榜样力量

"功以才成，业由才广"，习近平总书记在党的二十大报告中指出，要"加快建设国家战略人才力量"，国家发展靠人才，民族振兴靠人才。一线辅导员也肩负着学生就业指导任务，要用心、用力、用情为党育人，为国育才，打通就业"最后一公里"，帮助学生打破"毕业即失业"的魔咒；作为大学生，要练就过硬本领，勇担时代使命，把自己提升为社会需要的复合型人才，以实现中华民族伟大复兴为己任。经常会有学生有这样的疑问，我不知道毕业后自己能干什么，也不清楚自己能找到一份什么样的工作，迷茫可能是目前大多数学生面临步入社会的痛点之一，进而会衍生出第二个问题就是，正因为我不知道要干什么和我能干什么，所以我选择走一步看一步，随波逐流，被就业的大潮冲刷，等着被企业选择，这往往是现阶段学生就业的第二个痛点。"知是行的主意，行是知的功夫，知是行之始，行是知之成"，优秀的就业观、择业观的形成除了让学生在专业技能等理论层面得到提升，同样需要学生以实习、实践等的形式走出去，达到知行合一。"于"你同行思政实践育人系列活动同样以实践的形式指导学生在时代背景下

做好自己的职业发展规划,第四期与第五期活动分别带领学生走进了中国外运东北有限公司和惠州港荃湾煤炭码头,以线上直播、线下参观学习、与公司部门经理、校友座谈等形式,让学生以了解企业历史文化为起点,直观感受国家发展与行业兴起的力量,结合专业背景与课程实际,以及在企业中了解到的真正职场人应具备的素质和能力,培养学生提升自身职业素养,形成合理、清晰的就业观与择业观,让学生从"走一步看一步"变为"边走着,边看着",让迷茫与"摆烂"的学生行动起来,让低头只学习的学生开始抬眼看世界,主动去迎合和拥抱来自外界的刺激,观世界才有世界观,让学生以"前瞻性"为驱动力去寻找自己的职业版图。

3.2 梦想启航之行,"于"你并肩思悟涵养品德修为谱写人生华章

在党和人民需要的时候,就要冲锋在前,坚持战斗到底,视祖国和人民的利益高于一切……"于"你同行思政实践育人系列活动第二期与大连第十一干休所开展了特色鲜明的国防教育主题活动,曾参加过解放战争、抗美援朝战争的胡文轩等从炮火硝烟中走来的老干部们,通过视频连线、访谈录像等方式,沿着历史脉络话理想、谈责任,与同学们热情交流互动,回望峥嵘岁月,诠释家国情怀,阐述红色力量,弘扬爱国主义和革命英雄主义精神。在现场,胡文轩结合亲身经历,声情并茂地向师生们讲述了当年在朝鲜战场上艰苦卓绝的战斗生活、担任报话员与敌人斗智斗勇、保障畅通的战斗故事和在战场上加入党组织的感人经历。朴实的话语、感人的场景、真挚的情感,让学生仿佛进入了烽火硝烟的战斗岁月,深切感受革命先辈英勇顽强的牺牲奉献精神、忠诚于党的永恒初心和崇高的革命理想信念。据了解,胡文轩当年在战场上冲锋陷阵、英勇无畏,勇立战功,圆满完成了各项战斗任务,曾荣获中国人民解放军胜利功勋荣誉章、中国人民志愿军抗美援朝出国作战 70 周年纪念章、朝鲜功臣纪念章、光荣在党 50 年纪念章。离休后依然奋斗不止,在关心下一代、参与社会公益实践、开展国防教育等活动中做了大量卓有成效的工作。从"浴血奋战",到情筑长城,再到老骥伏枥……在干休所荣誉室的不同展区,以实物和文字的形式,真实再现了英雄前辈们参加抗日战争、解放战争、抗美援朝战争的历史瞬间及武装剿匪、奉献社会、矢志强军、关心下一代的光辉岁月。这种活动,以学生更加喜闻乐见、生动活泼的形式传承红色基因、筑牢精神高地,让爱党、爱祖国、当先锋的意识在青年一代心里扎根,使强烈的社会责任感和历史使命感迅速升腾。

4　结语

党的二十大报告指出,当代中国青年生逢其时,施展才干的舞台无比广阔,实现梦想的前景无比光明。全党要把青年工作作为战略性工作来抓,用党的科学理论武装青年,用党的初心使命感召青年,做青年朋友的知心人、青年工作的热心人、青年群众的引路人。"空谈误国,实干兴邦",要让学生在实践中发展与提高,真正做到知行合一,既要注重学习专业课知识,也要提高动手能力与实践能力,在社会中肯吃苦,敢锻炼,做到"实践出真知"。综上所述,辅导员在新时代开展思想政治教育实践育人工作具有重要意义,能够提升思想政治教育的有效性,改善传统的教育模式,具有一定的推广价值和应用意义。

参考文献:

[1]王媛,曲智强.浅析高校辅导员在大学生社会实践中发挥的作用[J].才智,2018（20）:27.

[2]杨丽红.高职辅导员开展思政教育实践育人的模式构建研究[J].文化创新比较研究,2021,5(22):58-61.

党团和班级建设

『三全育人』背景下高校学生社团育人困境及优化路径

黄碧珍　王超　官福鹏

船舶电气工程学院

摘要：

学生社团是高校"三全育人"工作的重要阵地，也是落实立德树人根本任务、促进青年学生德智体美劳全面发展的重要载体，在推动校园文化高质量发展、提高学生综合素质的方面发挥着重要的育人作用。基于制约学生社团育人作用有效发挥所面临的现实困境，从完善体制机制建设、加强条件保障、拓展平台阵地、打造品牌项目等方面的优化探索路径，充分发挥学生社团在全员、全过程、全方位三个角度的育人作用。

关键词：

"三全育人"；学生社团；育人困境及优化路径

引言

党的二十大报告提出要全面贯彻党的教育方针，落实立德树人根本任务，培养德智体美劳全面发展的社会主义建设者和接班人，对青年人提出了发展期望，对青年工作明确了任务要求。高校学生社团因其特有的组织特点、活动形式等，在发挥育人作用方面具有独特的优势。新时期，随着社会环境不断变化和高校学生社团的自身发展，学生社团的管理建设工作和育人作用发挥都面临着新的挑战。因此，在"三全育人"背景下，研判制约高校学生社团育人作用有效发挥的现实困境，并探索相应的优化路径，具有一定的理论价值和实际意义。

1　学生社团的内涵

高校学生社团是由一群基于个人追求、兴趣爱好的青年学生自发集结而成的，在学校党委领导及团委指导下，遵从一定管理制度，组织开展社会活动的学生团体组织。根据社团主题及定位的不同，学生社团类型通常可分为思想政治类、学术科技类、创新创业类、文化体育类、公益实践类、自律互助类等。学生社团一般具有成员的自发性与多样性、组织的教育性及非营利性、活动的多元性及松散性等特点。

2　学生社团育人作用分析

2020 年,中共教育部党组、共青团中央印发《高校学生社团建设管理办法》,对高校学生社团提出了明确的基本任务要求:"以习近平新时代中国特色社会主义思想为指导,团结凝聚广大青年学生,坚持思想性、知识性、艺术性、多样性相统一的原则,积极开展方向正确、健康向上、格调高雅、形式多样的社团活动,丰富课余生活,繁荣校园文化,促进青年学生德智体美劳全面发展。"在对青年学生的教育培养过程中,学生社团发挥的育人作用包括但不局限于以下方面:一是政治引领作用。学生社团是坚持党的领导,注重突出政治导向的重要阵地,通过发挥自身组织作用,对青年学生进行理想信念教育,引领青年学生坚定地听党话、跟党走,鼓励青年学生把个人理想追求融入国家和民族的事业中。二是文化建设作用。高校学生社团是承载优秀校园文化、发展先进校园文化的重要载体,学生社团坚持以社会主义先进文化为引领,推动社团建设,发展社团文化内涵,在青年学生中发挥示范引领作用,不断丰富先进校园文化。三是能力培养作用。高校学生社团为青年学生提供了广阔丰富的能力提升平台,学生通过参加社团组织,可丰富自身学识、学习各类技能、激发创新意识、增强沟通能力、提升综合素质。四是精神激励作用。学生社团通过举办内涵丰富、格调高雅的各类活动,将兴趣一致、追求相仿的青年学生汇聚在一起,使学生在社团组织中获得认同感和归属感,在活动实践中得到成就感和收获感,产生持久的精神激励作用,促进学生的成长和发展。

3　学生社团育人作用发挥方面存在的困境

新时期,随着全球化、信息化、网络化的时代发展趋势,青年学生接受着多元文化、复杂信息的冲击,学生的精神世界更容易受到泛娱乐化、亚健康化等消极影响,对学生社团的作用发挥带来外部环境考验。近年来,高校学生社团类型不断丰富、成员规模大幅增加、活动形式日趋多元、管理难度随之增加,学生社团的健康发展面临着内部发展挑战。立足新时代,面对新形势,高校学生社团在规模与质量方面均在蓬勃发展,但在如何有效发挥学生社团的育人作用方面也面临着许多现实困境。

3.1 通过组织育人来引领青年的工作还不够扎实

党的二十大报告中明确"全党要把青年工作作为战略性工作来抓,用党的科学理论武装青年,用党的初心使命感召青年,做青年朋友的知心人、青年工作的热心人、青年群众的引路人",学生社团是高校扎实开展组织育人的有力抓手,可以在价值引领、人格塑造、观念建立等各方面起到积极作用。高校学生思维活跃、自主性强,在通过学生社团落实组织育人的工作中,往往存在着以下困境:一是在学生社团具体活动的开展中,一般只有指导教师的引导,缺乏专业思政课教师的参与,从而无法将思想政治教育的元素更有效、更有机地融合到社团的活动之中,影响了组织育人的效果。二是在当前高校学生社团成员中,中共党员、预备党员的比例较低,学生社团整体的政治素养还有待加强,不能在学生群体中起到率先垂范的作用,影响了社团有效发挥自我教育、自我管理、自我服务、自我监督的作用。三是学生社团思想政治教育类活动的形式单一、方法陈旧,灌输类、学习类的活动偏多,互动类、体验类的活动较少,活动效果容易大打折扣。

3.2 通过管理育人来培育青年的作用还不够明显

要发挥学生社团的管理育人价值,涉及社团日常管理、培训指导、评价考核、指导教师队伍建设等方面。随着《高校学生社团建设管理办法》的印发,许多高校相继制定出台了各自的社团管理办法,已初步建立学生社团的管理机制,但在具体的组织落实工作和发展改革方面,还存在改进空间。一是现阶段高校学生社团主要由团委、机关职能部门、二级学院进行单一的指导,还未形成科学分工、明确职责、融通联动的管理体制。二是学生社团自身管理建设方面,部分社团存在内部管理松散混乱,缺少内部必要的管理制度,或管理制度不落实等现实问题。三是指导培训方面,部分社团还没有建立起适合自身发展、符合社团特点的内部培训体系,无法将社团积累的优秀经验和内部文化进行有效传承,形成良好的内部"传帮带"机制。四是在经费物资方面,存在着部分社团使用经费没有提前规划、具体实施未按规划执行或活动物资浪费等问题。

3.3 通过文化育人来浸润青年的途径还不够多样

社团文化是丰富补充校园文化的重要载体,是发扬宣传校园文化的重要平台。社团通过开展丰富多彩的活动来不断充实校园文化体系,凝聚大学生的思想,浸润大学生的精神。由于现阶段学生社团开展工作的方法还不够多样,因此文化育人的效果还有待进一步加强。一是随着社团活动与网络平台的逐步结合,社团活动呈现出电子化、网络化的趋势。这种变革为活动的组织工作营造了便利,降低了对活动成员的区域限制,但同时减少了成员之间的深度线下融合交流,为继承、弘扬、发展良好的社团文化带来一定挑战。二是当前高校学生社团已经过较长时间的发展,社团规模的高速扩张期已逐渐接近尾声。学生社团规模庞大、人数众多,但在社团建设质量、活动开展成效等方面还需要进一步加强。三是品牌化社团活动建设工作开展得还不够好,学生社团的同质化活动过多,对丰富校园文化建设助力不足。

3.4 通过实践育人来塑造青年的效果还不够突出

学生社团是开展实践教育的重要阵地。学生参加社团,旨在在扩充理论知识、培养兴趣爱好、丰富课余生活、陶冶个人情操等方面获得增益,通过创意策划、组织实施、沟通协作、解决问题等实践环节,全面提升综合素质。然而,学生社团实践育人的效果还不够凸显,主要表现在:一是相对于教学"第一课堂",学生社团是"第二课堂"的重要阵地。而在现实活动的开展中,除理想信念类活动之外,其他社团活动容易混同于课外活动,并未有效重视其实践育人作用的发挥。二是学生社团实践育人的后劲不足。经常存在社团开展活动时热闹非凡,活动结束后即刻五零四散的场景。社团活动没有形成体系化、持久化的实践育人模式。三是部分学生社团的成员内部分工相对固定僵化,往往是安排具有摄影爱好的同学担任宣传工作、文采水平较高的同学负责文案工作、沟通表达能力较强的同学进行组织协调工作等,发挥了成员的长处,但未能通过实践活动有效补其短板,提升成员的综合能力。

4 学生社团育人作用优化路径探析

4.1 加强顶层设计,完善社团育人体制机制

高校立足全局、着眼长远,加强顶层设计,在"三全育人"各角度和整体格局规划中部署学生社团的建设发展工作。首先,要加强党的领导,强化思政引领。聚焦主责主业,探索实施以党建带团建,着力突出学生社团的政治导向,加强学生社团的理想信念教育功能。其次,要加强组织领导,实施推行"学校、院系/部门、教师、学生"的四级管理模式,进一步探索形成多部门上下联动、左右互通的

管理工作格局。最后,要建立配套的管理制度,以制度引导、约束、规范社团的活动,保证社团工作有法可依、有章可循。

4.2 实现全员育人,加强社团育人条件保障

科学完善的条件保障是支持学生社团向好发展的重要基础。要使社团充分发挥出其育人作用,势必离不开充足的人力、物力、财力。在人力配备方面,需要进一步加强社团指导教师队伍的建设。要着力建设更为专业化的社团指导教师队伍,加强对指导教师统筹管理,加大对指导教师的培训、考核和引导工作。在物力保障方面,一方面学校应对社团活动开展提供必要的活动场地和硬件条件的支持;另一方面,应探索建立社团活动资源统筹协调机制,实施桌椅、帐篷、宣传物品、办公用品等社团活动物资的循环再利用办法。在财力支持方面,一方面需要进一步加大对学生社团的经费支持,另一方面需要建立对学生社团经费使用的管理机制,保证对有限活动经费的合理科学分配,做好经费去向和用途的记录,确保每笔投入经费都落到实处、取得实效。

4.3 实现全方位育人,拓展社团育人平台阵地

学生社团是高校思想政治教育工作的“第二课堂”,是对传统“第一课堂”的拓展和延伸。学生社团开展活动的形式、平台、渠道等,是影响着社团能否有效发挥“第二课堂”作用的重要因素。一是要打破活动形式的陈旧性,要在创新和丰富活动形式上下功夫,提升学生的兴趣感和参与度。例如,将思想政治教育与文艺展演相结合的情景党课活动,将导学关系疏导与体育活动相结合的师生运动会等。二是要突破活动阵地的局限性,虽然当前学生社团能够积极利用“两微一端”等新媒体平台,但使用方法往往局限于对活动的宣传报道方面,而不能充分利用网络阵地多方位、多角度地开展活动。学生社团未来还应在进一步搭建“线上与线下”融合育人平台,充分连结网络阵地和实体阵地上下功夫。三是要冲破活动空间的有限性,学生社团应进一步探索搭建“校内与校外”相结合的育人空间,积极联系校外企事业单位、社会机构、街道社区、实践育人基地等,与校外育人基地合力构建育人平台,引领学生在社会实践锻炼中获得提升,达到育人效果。

4.4 实现全程育人,打造社团育人活动品牌

实现全程育人,需要学生社团打造可持续的精品活动,能够使得活动延续多

年。打造精品社团文化,培育品牌化社团活动项目,是把学生社团做大做强,把育人效果做深做实的有效途径。在学校规划层面,要在社团的数量和质量之间做好统筹平衡,减少同质化同类型的学生社团,注重挖掘不同社团的个性化优势和文化闪光点,鼓励学生社团探索特色化发展道路,实现学生社团"百家争鸣、百花齐放"的发展格局。在社团建设层面,要立足自身特色,结合自身亮点,着眼于打造符合自身调性的品牌性活动,有重点、有规划地进行社团发展建设,达到"人无我有、人有我专"的社团形象。在活动组织层面,要紧密围绕社团定位和发展目标,开展立意新、认同强、效果好的社团活动,并对育人作用发挥较好的活动进行反复打磨和发展传承,不断挖掘精品社团活动的育人内涵。

5 结 语

综上所述,学生社团是高校学生学习生活的重要组成部分,应充分发挥其育人功能。本文重点分析了当前学生社团育人功能发挥的困境,并运用"三全育人"思想提出育人作用优化路径,保证在社团活动中充分做好育人工作,旨在为高校学生社团发展提供科学指南,并促进"三全育人"思想深入育人体系各个领域和环节,希望能够为各教育同仁提供帮助。

参考文献:
[1]陈飞,郭兴华.高校学生社团组织育人功能研究[J].学校党建与思想教育,2022(08):74-77.
[2]胡龙宇,徐玉婷.新时期高校学生社团建设路径的理性探析[J].江西电力职业技术学院学报,2022,35(10):119-121+124.
[3]李之团.文化自信视域下高校社团的思想政治教育功能[J].教育观察,2019,8(35):33-35.
[4]贾夕婕.高校学生社团思想政治教育功能研究[J].山师范学院学报,2022,44(04):153-156.

新时代高校学生干部选拔培养路径研究

王婷婷　商非　李健超

环境科学与工程学院

摘要：

高校学生干部是学生事务管理的带领者，是践行"自我教育、自我管理、自我服务"的重要领军人物。通过分析新时代高校学生干部的角色定位与选拔、培养中存在的主要问题，结合对高校学生干部提出的新要求，从细化选拔制度、创新培养模式、优化管理机制等方面入手，针对性地提出解决方案，以期推进学生干部选拔培养工作的高质量发展。

关键词：

新时代；高校学生干部；选拔；培养

引言

高校学生干部的培养与选拔工作是培育人才的重要环节，也是学生工作重要组成部分。在新的时期，国家的发展、民族复兴的重任都对高校育人工作、学生干部的培育提出新的要求。因此，明确新时代高校学生干部定位，正视现阶段选拔培养中存在的问题并积极优化改进，将有利于高校学生干部工作价值最大化的实现。

1　新时代高校学生干部的角色定位

在高校中，按照学生干部所负责事务范围分类，包括校级干部、院级干部、班级干部、寝室干部；根据学生干部负责内容不同分类，包括党团组织学生干部、学生会干部、学生社团干部等。学生干部是学生事务管理的带领者，是践行"自我教育、自我管理、自我服务"的重要领军人物，是开拓创新、发挥凝聚作用的关键因素。

1.1　新时代高校学生干部面临的新挑战

当今世界正处于百年未有之大变局，思想文化发展繁荣而又相互碰撞。对于高校学生干部而言，既要面对文化多样性的碰撞，也面临着新机遇、新挑战。第一，西方文化输出增加，需要有更强的明辨是非能力。新时代的高校大学生个人意愿较强、对新生事物充满好奇心。然而大学阶段恰是其世界观、人生观、价值观形成的关键时期，面对错误观念的渗透，需要其有明辨是非的能力。第二，成长于经济飞速发展、自媒体蓬勃发展的新时期，新时代高校学生对个人利益的追求更加突出。一方面,随着经济发展当今时代为大学生带来了更好的生活条件,却也滋生着利己主义、不劳而获、拜金主义的不良思想;另一方面,随着自媒体发展,高校大学生获取信息的能力变强,获取知识的深度也有所增加,大家更愿意、更擅长去表达自己的想法,对公平公正也更加坚持。但是能否辨认主流思想、是否在传递正能量也是对新时代高校学生干部的考验。第三,承载着中华民族伟大复兴的中国梦,需要持续地成长。新时代高校学生干部需要有更强的学习能力、创新能力,不断发扬中华民族的优秀传统,不畏惧困难,才能成为实现中国梦的中坚力量。

1.2 新时代高校学生干部的角色定位

新时代高校学生面临的文化输出、信息传递、实现中国梦的新挑战,要求学生干部需要更好地发挥带头作用、纽带作用、创新作用,承担起引领者、解决者、开创者的重要角色。

1.2.1 发挥带头作用,做学生的"引领者"

学生干部在思想上、学习上、活动中都属于学生群体中的表率者,需要做到以下几点:一是思想端正。学生干部在思想上要积极向组织靠拢,通过参加培训、自我学习等方式不断提升自己的思想觉悟,成为党的后备力量。二是学习刻苦。学生干部的底色是学生本位,在学习中需带头树立良好的学习态度,培养学习能力。除掌握专业知识外,学生干部应注重管理能力、领导能力的提升,使自身综合素养得到提高。三是积极主动。学生干部在活动中、比赛中,需起到积极表率作用,成为同学们的带头人;在困难中,需勇于担当,甘于奉献,吃苦在前,荣誉在后,成为同学们钦佩的引领者。

1.2.2 发挥纽带作用,做问题的"解决者"

学生干部常常作为学生和老师之间、同学与同学之间的桥梁与纽带,在推进问题解决中发挥着重要的作用。成为优秀的问题解决者,需要具备以下素养:一是全心全意为同学服务的信念。学生干部既是学生,要做好自己的本职工作;同时也是服务同学、自我管理的先锋队。这就需要学生干部发扬奉献精神,深入到同学中去主动交流、主动沟通,在每一次班会中、查寝中、活动中发现问题、解决问题,在锻炼自己的同时积极帮助同学;在满足同学所需时协助老师完成工作,为学院管理提供有力支持。这是十分需要时间、精力、情感付出的工作,因此需要具备坚定的服务、奉献精神。二是发挥纽带作用,妥善处理好两个关系。首先,学生干部需要处理好学习与工作的关系。在与学生干部交流的过程中发现,学生干部不仅要工作做得好,也要注重提升自己的综合素质、全面发展。这就需要学生干部权衡好工作和学习时间,以身作则带领同学们发展优良的班风、学风,良好的学习能力对工作能力的提升至关重要。其次,学生干部要处理好老师与同学之间的关系。在工作中,学生干部需要坚持原则、相互尊重、注意方式方法,充分发挥良好的纽带作用。三是具备思考力和执行力。学生干部一项重要的工作是参与学校学生的日常管理工作。这就需要对政策解读要准确、执行要正确、反馈要明确,特别对于同学们理解不充分的地方要及时掌握、进行解答,共同营造积极向上的氛围。

1.2.3 发挥创新作用,做实践的"开创者"

高校学生干部是党的后备有生力量,是高校中最具创造力、凝聚力的群体。在实践中应充分发挥高校学生干部的主观能动性。一是明确使命,坚定信念。高校学生干部要牢牢掌握带动学生、服务学生的主线,保持自身的创新性与活力,从实际出发感染更多的同学加入学校、学院的建设中来。二是开拓进取,与时俱进。在设计活动、参与活动、日常管理中,高校学生干部应充分发挥敢为人先的意志品质,在制度创新、活动创新、文化氛围营造等方面贡献自己的力量。

2 高校学生干部选拔培养存在的问题

高校学生干部选拔与培养是学生工作的重要环节,决定着学生干部培养工作质量的高低。在实际工作中,通过对中国农业大学、大连理工大学等学校进行调研学生干部培养选拔工作相关内容发现,部分高校在干部选拔培养过程中存在以下问题。

2.1 选拔制度有待细化,选拔体系需系统化

高校学生干部的选拔是学生工作开始的重要环节。目前,各高校、各部门之间设立了不同的学生组织,不同组织中学生干部的工作内容、所需特质也有所不同。但是在选拔中,存在选拔制度不够细化、主观色彩较为浓烈等问题;同时,选拔体系不够科学、系统,在标准的制定、参与人员的选择、岗位特质匹配上仍不够严谨,过度的经验主义影响着学生干部的选拔质量。

2.2 培养方案有待细化,培养模式缺乏可持续性

高校学生干部在工作初期,由于经验不足、思想尚未统一,需要科学系统地培养使其逐步具备优秀学生干部所需的意志品质。在高校中,每年的"青马工程"培训等活动承担起了培养学生干部的重要任务。但仅有这些还不完善,高

校应努力营造党政领导、专职辅导员、专任教师合力培养、全员培养的局面。同时在培养模式上,部分高校仅对低年级干部有集中培训,缺乏针对各层级学生干部定期的培训。在培养形式和培训内容上,部分高校仍热衷于理论上的专题讲座、分享交流,方式较为单一,缺乏实践中的指导与整体素质的提升,学生干部需要可持续性的培养以保证其成长速度满足发展要求。

2.3　测评机制有待完善,激励机制不够丰富

在注重学生干部培养的同时,测评和奖励机制也不容忽视。学生干部在日常生活、学习、工作中的表现应该受到同学们和老师们的共同监督,同时也需要科学的测评机制给予反馈。目前,对学生干部的激励主要集中在综合测评加分、评奖评优荣誉激励上,但是对于精神方面的引领、鼓励较少,容易造成过分关注所得、急功近利现象。同时在实操中,奖励、表扬等正向激励较多,奖惩不够分明,对于不提倡的行为需要进行负强化的鞭策作用,达到奖惩均衡。

3　高校学生干部选拔培养路径创新

针对学生干部选拔、培养中遇到的各类问题,结合工作实际,提出选拔培养学生干部的路径。

3.1　细化选拔制度,提升选拔质量

高校应建立科学灵活的选拔制度将学生干部的选拔标准细化、选拔过程清晰化、问责制度明确化。一是细化选拔标准,根据岗位职责不同,从思想上、学习上、心理上、工作能力上全方位设置选拔标准,通过原则要求的制定使真正符合标准的学生干部脱颖而出。同时注重选拔的灵活性,在设计面试问题时充分考查学生的综合素质,从岗位需求出发,合理构建干部梯队。二是清晰选拔过程,坚持公平、公正、择优的原则,可以让教师、辅导员、院优秀学生干部代表、学生代表共同参与到决策中,进一步提高选拔结果满意度。三是明确问责制度。制定明确的责任清单,消除学生干部对于利益、官僚的不恰当追求,对此实行“一票否决”制度。

3.2　创新培养模式,发挥朋辈力量

一是加强系统培训。注重理论与实践的有效结合,将系统化的培训与思想

引领、实践环节有效结合起来,把干部职能解读、"青马工程"培训与为同学服务有效结合起来,重点培养学生的策划能力、组织协调能力、执行能力、沟通能力和学习能力。二是创新培养多样化人才。因材施教应贯穿于教育的整体环节,对于学生干部而言也是如此。在培养中,应避免将所有干部培养成一致性人才。根据培养对象工作内容、个人特质的不同,应在工作中充分挖掘个人特点,结合长处、短处将学生干部培养成多样化人才,包括精英型、创新型、研究型、特长型、表达型、实干型人才等。三是发挥朋辈力量,创建"导师制"。高年级学生干部团队是一支重要的导师团队,他们既了解本学院的工作特点,也具备一定的工作能力、工作经验。为促进学生干部培养的可持续发展,建立高年级学生干部导师团队,定期与低年级学生干部进行理论培训、实践联系,促使学生干部主动学习、积极思考、共同进步。

3.3　优化管理机制,拓宽激励途径

　　一是健全管理制度。通过管理制度进一步明确学生干部的定位以及职责,保障学生干部主体地位的同时,可以有效畅通自我监督、组织监督、同学监督的渠道。通过每学期干部打分测评,集中征集学生对于学生干部工作、学院管理工作的建议,聚焦主要问题,及时解决所需。二是强化激励机制。激励机制的建立与考核结果息息相关。一方面,要建立明确的、量化的、实效性高的考核体系,对每一位干部每学期的表现进行综合评价。另一方面,通过评价结果、职责规定,明确学生干部哪些可以做,哪些不可以做,哪些必须做,哪些鼓励做,引导学生骨干的行为规范;同时要奖惩分明,德才兼备者要给予肯定与表彰,与标准有差距者要进行淘汰和警示,以此营造公平公正的氛围。三是拓宽激励途径。根据马斯洛需求理论,针对学生干部工作表现,可以实现以下激励方式:其一是考核激励。对于考核成绩优异的学生干部进行物质、荣誉奖励,充分肯定学生干部的良好表现。其二是评价激励。在每次干部例会中,对于具备良好工作能力的干部进行激励,鼓励学生提升思考力、行动力。其三是尊重激励。对于工作中表现优异的学生,对其长处给予肯定与鼓励,表现出信任,从而调动学生工作的积极性和热情。

4　结论

　　当前,为迎接百年未有之大变局的挑战,高校学生干部需要承担更多的角色,发挥带头作用、纽带作用、创新作用,坚持以习近平新时代中国特色社会主义

思想为价值引领,适应中国式现代化发展。为进一步提升高校学生干部的培养实效性,应从细化选拔制度、创新培养模式、优化管理机制着手,从而打造一支有理想、强本领、敢担当的高校学生干部队伍。

参考文献:

[1]康雷.专职辅导员视角下高校学生干部培养路径:以四川省属地方高校 A 学校为例[J].西部素质教育,2023,9(03):182-185.

[2]陆璐.新时代高校学生干部选拔及培养路径探究[J].吉林省教育学院学报,2022,38(10):54-57.

[3]刘聪,陈盼.深化改革背景下高校学生干部选拔培养路径探析[J].办公室业务,2021(22):85-87.

[4]周方思.新时代高校学生干部综合素质提升路径研究[J].办公室业务,2021(22):169-170.

[5]田维飞,夏志丽.新时代高校班干部选拔培养策略探究[J].中北大学学报(社会科学版),2021,37(03):119-124.

[6]余钦.斯金纳强化理论对高校学生干部培养的启示[J].学校党建与思想教育,2020(04):81-83.

高校学生党员理想信念教育制度化、规范化研究

陈佳婧

信息科学技术学院

摘要：

高校学生党员是推动社会发展的主力军,其理想信念状况不仅关涉青年自身成长,也关涉国家和民族的未来。在新的历史条件下,推动高校学生党员理想信念教育制度化、规范化,对于提升学校党建立德树人服务振兴能力有着重要意义。

关键词：

高校学生党员;理想信念;制度化;规范化

引言

习近平总书记在党的二十大报告中指出,青年强,则国家强。全党要把青年工作作为战略性工作来抓,用党的科学理论武装青年,用党的初心使命感召青年,做青年朋友的知心人、青年工作的热心人、青年群众的引路人。高校学生党员不仅是青年学生思想上的先进分子、行动上的活跃分子、时代的先锋与典范,更是中国共产党最重要的后备力量和未来社会建设的中坚力量。面对新的历史环境,这支特殊队伍如何有效地组织与管理,已成为亟待解决的现实问题。而制度化、规范化的理性信念教育研究可以帮助高校学生党员建立起明确的教育目标和行为规范,提供科学有效的教育手段和方法,有助于提升他们的思想政治素养和党性修养,培养他们忠诚于党的信仰、坚定的共产主义远大理想、正确的世界观和价值观。

1 高校学生党员理想信念教育制度化、规范化的重要意义

制度化、规范化,既是一百年来中国共产党思想政治工作发展的重要诉求和趋势,也是新时代进一步加强和改进思想政治工作的基本着力点。制度化、规范化的理想信念教育能促进高校学生党员健康成长和全面发展,培养一代又一代的社会主义事业接班人,为实现中华民族伟大复兴的中国梦做出积极贡献。

1.1 推动民族复兴和社会发展的可靠保障

当今世界正经历百年未有之大变局,经济全球化、政治多极化在曲折中发

展,广大民众特别是青年的理想信念教育仍有待加强。习近平总书记在全国高校思想政治工作会议上强调要坚持把立德树人作为中心环节,因而只有不断加强高校学生党员的理想信念教育,才能从根本上保证中国特色社会主义建设事业拥有合格建设者和可靠接班人。

1.2　提升思想政治教育科学化水平的重要举措

加强党对高校的领导,是办好中国特色社会主义大学的根本保证。开展高校学生党员理想信念教育研究,对于贯彻落实党的十九届六中全会精神,坚定高校学生党员的马克思主义信仰、共产主义信念,纯洁高校学生党员队伍,进一步提高高校理想信念教育的科学化水平具有重要意义。

1.3　促进大学生党员成长成才的中坚力量

高校学生党员正处于"三观"形成的重要时期,理想信念为高校学生党员的成长成才提供了科学的理论指导和价值观支撑。因而对高校学生党员加强理想信念教育,既是不断端正其入党动机的有效举措,更是其持续获得精神力量的关键保证。

2　高校学生党员理想信念教育
制度化、规范化的内涵要义

理想信念教育是一种不同于其他教育体系的教育活动,是为一般经济基础服务的观念上层建筑,具有意识形态的属性。而制度化意味着建立起一套系统、科学、可操作的教育制度和机制;规范化要求教育活动符合科学性、合法性、合理性,注重教育内容的科学性和针对性,确保教育方式方法的科学性和有效性。

2.1　理想信念是党的旗帜灵魂

理想信念作为具有丰富含义的词汇,深刻阐明了党的根本宗旨和本质属性,阐释了党员的崇高信仰和精神支柱,体现了历史和逻辑的统一、远景目标和实践道路的统一。

2.2 制度化的基本内涵

所谓制度化,是指某事物的存在方式从自发、易变的状态向自觉、稳定的状态转化的过程。当某事物处于制度化状态的时候,具有规范化、体系化、稳定化、科学化等特点。改革开放以来理想信念教育的制度化创新见表 1。

表 1　改革开放以来理想信念教育的制度化创新

时间	名称
1979 年	《关于高级干部生活待遇的若干规定》
1980 年	《关于党内政治生活的若干准则》
1985 年	《中共中央关于改革学校思想品德和政治理论课程教学的通知》
1994 年	《中华人民共和国教师法》
1994 年	《关于新形势下加强党校工作的意见》
1995 年	《中国共产党党校工作暂行条例》
1996 年	《中共中央关于加强社会主义精神文明建设若干重要问题的决议》
2004 年	《关于进一步加强和改进大学生思想政治教育的意见》
2005 年	《建立健全教育、制度、监督并重的惩治和预防腐败体系实施纲要》
2006 年	《干部教育培训工作条例(试行)》
2008 年	《中共中央宣传部　教育部关于进一步加强高等学校思想政治理论课教师队伍建设的意见》
2014 年	《关于在干部教育培训中加强理想信念和道德品行教育的通知》
2015 年	《中共中央关于加强和改进新形势下党校工作的意见》
2016 年	《关于深化家庭文明建设的意见》
2017 年	《高等学校马克思主义学院建设标准》
2018 年	《2018—2022 年全国干部教育培训规划》
2019 年	《党校办学质量评估指标体系》

通过查阅资料,本研究将改革开放以来,中共中央、国务院关于理想信念教育方面的制度化创新文件进行梳理(见表 1),各省市、高校也陆续出台了有关规章制度。在开展高校学生党员理想信念教育的过程中,通过制定完善、系统、科学的制度和规范来充分调动各方面力量,协同处理相关矛盾和问题,共同推动高

校学生党员理想信念教育沿着稳定、科学、可持续的方向发展,不断提高教育效果。

3 当前高校学生党员理想信念教育现状分析与面临困境

当前高校学生党员理想信念教育在内容、机制、方法上都存在困境,需要深入分析并制定有效的解决方案。

3.1 教育内容相对单薄,思政主线不够清晰

理想信念教育是党员教育发展工作的核心主线,但部分基层党组织对此认识不足、重视不够,理想信念教育意识比较淡薄,对新时代高校学生党员的思想变化,理想信念教育的实效性、规律性问题把握不透。

3.2 教育机制缺乏联动,思政范畴较为局限

理想信念教育本质上属于思想政治教育,但它的范围又不局限于思想政治领域。社会主义大学的本质属性和根本任务决定了理想信念教育是人才培养体系中的带有终极性意蕴的价值教育,因而理想信念教育须跳出固有视野,加强与其他教育领域的联动与协作。

3.3 教育方法创新不足,思政互动程度较低

长期以来,我们的教育方法存在重灌输轻对话、重理论轻实践、重抽象轻问题的倾向,偏重"独白"式、填鸭式、灌输式教育,对"形而上"的抽象理论关注较多。高校学生党员缺乏社会实践的机会,最终使得理想信念教育工作流于形式,这也是造成教育对象对思想教育认同感下降的重要原因。

4　高校学生党员理想信念教育制度化、规范化的路径探索

随着思想政治教育工作面临的国内外环境的深刻改变和新一代信息技术条件下日益加快的信息传播速度,能否实现制度化、规范化是新时代高校学生党员理想信念教育工作有效开展的关键所在。因而,应充分发挥高校思想政治教育作用,努力建构针对性、特色性、实效性强的制度化、规范化教育机制。

高校学生党员理想信念教育制度建设体系见图 1。

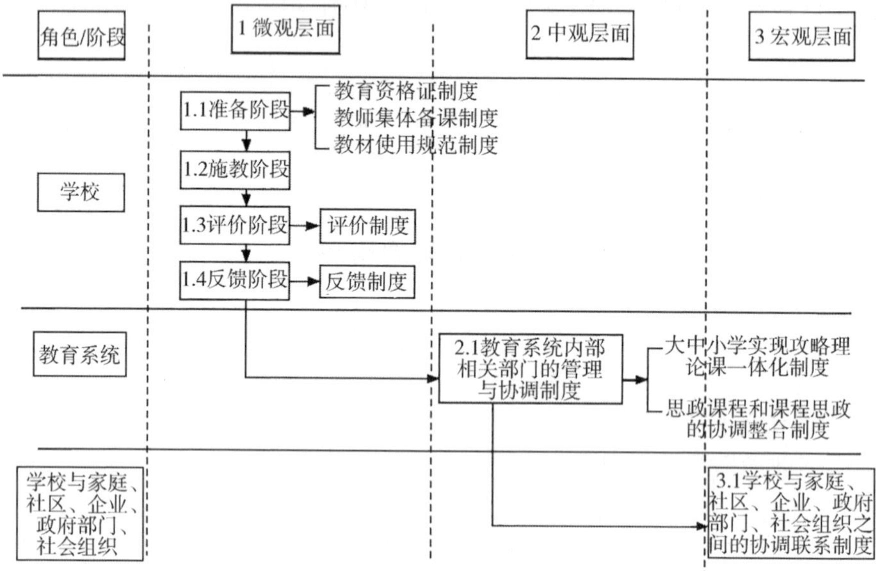

图 1　高校学生党员理想信念教育制度建设体系

根据青年理想信念教育所涉及领域,本研究将高校学生党员理想信念教育制度建设体系分为三个层面(见图 1)。一是微观层面,即教育过程中的制度;二是中观层面,即教育系统内部相关部门的管理与协调制度;三是宏观层面,即学校与家庭、社区、企业、政府部门、社会组织之间的协调联系制度等。具体从内容设置、组织管理、活动程序、环境建设、评估监督等五大方面,为高校学生党员理想信念教育制度化、规范化提供保障条件。

4.1 内容设置制度化

理想信念教育的内容要符合规范要求,以取得教育实效为目标,既有时代彰显,又有差异体现,既与时俱进,又因人而异。

4.1.1 整合学术资源

高校具有丰富的哲学、人文和社会科学学科体系和学术资源,这是开展好理想信念教育的重要资源和学术保障。要进一步整合相关资源,做大做强优势学科,科学合理开设教育课程,形成理想信念教育的学科体系支撑。

4.1.2 推进成果转化

要不断推进高校哲学社会科学学术研究成果的转化,使更多的思想理论成果转化成贴近学生实际的价值观念和学术符号,并使之融入高校学生党员的日常生活,成为他们学习、生活、思考和实践的"中心词"和"流行语"。

4.1.3 丰富教学内容

应坚持以社会主义核心价值观为引领,发掘中华优秀传统文化、革命文化和社会主义先进文化在青年理想信念教育中的价值和作用,引导高校学生党员深入学习党史、新中国史、改革开放史、社会主义发展史,在学思践悟中坚定理想信念。

4.2 活动程序制度化

通过设置活动制度性要求,规范理想信念教育活动流程,保障活动实效,强化活动的可操作性与权威性。

4.2.1 构建规范性教育常态化机制

规范性学习有着相对固定的组织方式、学习内容、考核途径,严谨性、科学性、权威性较强,如组织生活会、专题教育、形势报告会、党日活动等,要进一步创新规范性学习机制,增加理想信念教育内容和相关专题。

4.2.2 构建科学性培训常态化体系

理想信念教育不仅仅是具体化的内容,更是系统化和体系化的教育活动,应从高校学生党员发展和思想实际出发,紧扣高校学生为什么入党、怎么样入党、如何成为合格党员这个主题,根据不同学习培训阶段的特点和具体要求,对入党积极分子、发展对象、预备党员、正式党员等开展有针对性、特色性的教育培训。

4.3 组织管理制度化

对高校学生党员理想信念教育工作组织和分工与责任予以制度化确认,并在制度执行中形成系统组织合力。

4.3.1 加强思政队伍建设

新时代背景下,高校应进一步完善思想政治教育的干部队伍建设,充实思想政治教育和党课师资库建设。通过教学、讲座、报告、谈心等方式对高校学生党员开展专题教育,让思想理论与高校学生党员的实际生活联系起来,为高校学生党员的理想信念精心护航。

4.3.2 激发高校学生党支部活力

应切实增强高校学生党支部的政治核心作用,积极发挥高校学生党员先锋模范带头作用,用党组织和党员自身的先进性和示范性来影响和带动广大学生的政治向心力和思想凝聚力,形成助推高校学生党员理想信念教育的良好思想氛围。

4.3.3 拓展社会实践渠道

应采用体验式、互动式教育方法,深入开展社会实践、国情调研、支部共建、基层服务、党建创新等活动,增强高校学生党员的实践体验和现实感受,提升高校学生党员的社会责任感和使命感。

4.4 环境建设制度化

以制度形式保障高校学生党员理想信念教育工作中的各类组织、主体等的平稳运行,积极营造有序和谐的思想政治工作生态环境。

要高度重视高校学生党员日常生活环境的营造和思想方向的引领,完善校园思政生态,不能任由错误思想和不正思潮泛滥侵袭,也不能对模糊认识和不正确观点听之任之。同时,高校应充分挖掘各自的区域特色,将红色教育融入实践,也要敢于突破常规,利用各种网络平台等积极开辟网络思想政治教育新阵地。

4.5 监督评估制度化

规范评估主体,优化评估方式,使高校学生党员理想信念教育工作的监督、考核、评估、调整规范有序,形成思想政治工作评价的良性循环系统。

有效的监督评估机制是推进思想政治工作科学化、规范化、制度化建设的"利器"。思想政治工作不是静止的,它需要通过评估来实现及时调控发展。为此,要坚持高校学生党员理想信念教育工作的全过程评估与全要素评估相结合,以科学化的监督评估机制及时发现问题、解决问题,以基层学生党组织高质量党建工作引领学校教育事业高质量发展。

5　结语

对于高校学生党员理想信念教育的制度化和规范化研究十分必要,建立健全的教育体系、明确的教育目标和内容,可以更好地引导高校学生党员树立正确的理想信念,坚定党性原则,增强政治敏锐性和道德观念。只有加强制度建设、规范教育内容和形式、强化师资队伍建设、加强监督评估等方面的工作,才能实现高校学生党员理想信念教育的制度化和规范化,以提高其政治素养和道德水平。

参考文献:

[1]常亮,杨春薇,李一鸣.以党史育人为视角,加强高校学生党员理想信念教育载体建设的实践与思考[J].党史文苑,2012(14):72-73+80.

[2]刘凤琪,门薇,刘长利.新时代高校学生党员理想信念教育有效途径实践探索[J].北京教育(德育),2018(11):12-13+18.

[3]陈丽.文化自信视域下高校学生党员理想信念教育研究:基于中山大学新华学院的调查[J].学理论,2020(04):110-112.

[4]覃翠生,庄严.新时代中国共产党推动理想信念教育常态化、制度化的路径研究[J].广西社会主义学院学报,2020,31(03):5-11.

[5]刘怡云.推动理想信念教育常态化、制度化研究[J].农村经济与科技,2021,32(15):306-308.

新时代高校基层学生党支部与教师党支部纵向联合发展机制研究

陈振轩

船舶电气工程学院

摘要：

高校是党领导下的高校，党员群体作为一支有信仰、有追求、综合素质高的群体，在高校工作中可以起到正向的模范带头作用，高校教师与学生之间互相依存，增强党支部活力，促进多元发展。如何以党建引领人才培养和科学研究，充分发挥师生党员联合发展的优势，互补师生党支部工作的弱点和不足，夯实高校基层党支部建设，构建推进新时代高校基层学生党支部与教师党支部联合共建机制，形成能够推广应用的高校师生党支部联合发展方案，是本文研究的目的与意义，也是党建引领人才培养的体现。

关键词：

高校基层党支部；纵向党支部；联合发展

引言

新时代高校的首要职能和本质职能是人才培养，党的二十大报告中明确指出，增强党组织政治功能和组织功能，各级党组织要履行党章赋予的各项职责，把党的路线方针政策和党中央决策部署贯彻落实好。教师和学生党支部作为党在高校最基层的组织，师生党支部共建的目标不应仅仅是创新高校基层党建工作，提高高校基层党组织的创造力、凝聚力和战斗力，更应坚持把立德树人作为出发点和落脚点。

1　高校基层学生党支部与教师党支部联合发展的优势和意义

通过师生党支部的联合发展，突破传统模式的限制，师生党支部间互相监督、互相激励，由学生支部丰富多彩的党日活动带动教师支部，加速党建内容创新和互动，能够让"三会一课""主题党日"等组织生活过得有血有肉、有滋有味、有形式有内容，增强支部活力。通过长效共建机制，师生党员间增强联系，双方发挥优势、弥补不足，落实好支部工作推进和组织生活，充分发挥基层党组织的战斗堡垒作用。

以党支部组织生活作为抓手，大力推进高校育人工作，目前对于高校学生的思想政治教育和专业科学教育是分开的，教师作为专业知识的传授者，要有机地加入学生思想政治工作中，为思想政治教育开拓新思路、新方法。教师党建与学生党建相融合,思想政治、专业学习与日常生活相融合,教师党员参与学生入党积极分子和学生党员的培养与发展工作中,在陪伴学生成长的同时,也起到监督、纠正的作用,使学生不仅在思想上进步,在综合能力等方面也得到提高。

同时,在师生党支部联合发展的过程中,教师可以更好地了解大学生的新思想、新创意,针对学生的需要和特点,与时俱进地更新教育教学内容和方法,实现党建与学习科研的融合发展,相互促进。

2 高校基层学生党支部与教师党支部联合发展的基础条件

2.1 优化党支部组织设置

目前大多数高校的基层学生党支部与教师党支部是分开独立运行的,学生党建工作亟须专业引领,教师党建工作亟须活力,而现有的联合机制不够明确,没有注重共建内容和效果,共建工作开展缺乏有效抓手。由此,可将学生党支部按照专业进行划分,学生辅导员作为支部书记,支部成员包含同一专业的各年级学生党员,并共同承担培养入党积极分子的责任,构成"以老带新""优秀引领"的学生支部新氛围,形成与各教研室的教师党支部一一对应的纵向专业学生党支部,以便于专业学生党支部与教师党支部推进纵向联合发展。

2.2 严格党支部组织生活和党员管理

党的组织生活是党内政治生活的重要内容和载体,是党组织对党员进行教育管理监督的重要形式。习近平总书记高度重视党支部组织生活,提出参加支部生活会,是作为共产党员应尽的义务。要针对教师党支部和学生党支部的不同特点、优势和困难进行取长补短,利用学生党支部活力强、具有创新能力等特点,带领教师党支部活跃支部氛围,由学生党支部组织共建活动,解放教师党支部的精力压力;利用教师党支部专业能力强、经验丰富等特点,帮助学生党员规划学业路径,解决专业问题。

2.3 完善师生党支部纵向联合发展的政策支撑和机制指导

根据查阅的有关资料显示,目前部分高校有鼓励学生党支部与教师党支部联学共建的做法,也有部分文章阐述了师生党支部共建的实际工作案例和措施方法,但对于师生党支部联合发展的相关政策性和指导性文件是非常欠缺的,基本没有能够参考的规范性机制,这也是目前高校基层师生党支部联合发展的困难之一,政策和制度是党建工作开展的重要保障,所以想要长期、稳定、有效地推进师生党支部联合发展,实现联合发展目标,发挥师生党支部共建的作用,必须要完善相关的政策支撑并建立科学、合理、可操作的联合发展指导性机制。

3 构建高校基层学生党支部与教师党支部纵向联合发展机制

3.1 机制总体运行方案

本文结合查阅的文献资料、实际工作经验和专家意见,构建了高校基层学生党支部与教师党支部纵向联合发展机制,机制多以学生党支部为主导,教师党支部为指导配合。

按照专业教研室划分教师党支部,按照学生专业纵向划分学生党支部,搭建起师生党支部的专业联系,选派负责任、有影响力的教师党员担任教师党支部书记,学生党支部书记由学生辅导员担任。

师生党支部的委员会成员要保持紧密的联系,经常沟通党支部的工作计划,根据实际情况和党支部成员的特点、兴趣形成科学、合理、精炼、有意义的师生党支部共建日程,并按照共建日程开展共建活动。

同时,组织教师党员、学生党员和入党积极分子组成联学共建小组,开展小型的学习、团建、交流等活动,不仅有益于增进他们之间的了解,也有益于提高发展和培养党员工作的质量,落实落细师生谈心谈话,切实了解学生近期在思想、学业、科研、工作、生活等方面的情况,做好学生成长的引路人,合力提升高校育人工作效果,在思想、学业、科研、工作、生活等各个领域相互融合促进,共同进步。

3.2 师生党支部纵向联合发展共建日程

高校基层学生党支部与教师党支部纵向联合发展以共建日程为指导,按时、按要求认真开展共建活动,同时在制定共建日程时,要充分考虑高校师生的时间规律和兴趣点,以党支部的组织工作要求为基础,切实履行党的基层组织的职责任务,针对高校师生制定可落实、有意义、不烦琐的共建日程。

党的组织生活制度一般要求支部党员大会每季度召开一次,党支部委员会、党小组会每月召开一次,支部书记讲党课、民主生活会每年至少一次,同时要坚持谈心谈话和民主评议党员制度,要将共建日程与党的组织生活融合起来,根据每月的工作要点和重大节点,基本确定稳定的共建日程。

例如,每年3月要学习全国两会精神和接收入党积极分子,4月开展清明节主题教育活动并推选发展对象,5月开展五四运动相关活动,在寒暑假开展线上交流、学习,等等。同时,除了要将思想政治理论学习放在共建的首要位置,更需要充分发挥师生党支部联合共建的优势,将科技创新、就业规划、学业指导等特色活动加入共建日程,也要在党的组织生活中加入有乐趣的师生互动,使师生党员充分互相了解,形成强大的发展合力,助力高校立德树人根本任务。

3.3　教师与学生结队共建方案

在教师党支部与学生党支部纵向联合发展的基础上,组建教师与学生的结队共建小组是对师生共建的细化和支撑,一个小组应由至少一名教师党员和若干名学生党员以及若干名入党积极分子组成,共建小组的构成按照自愿组建的原则,成员根据自身特点、兴趣、特长等进行选择,共建小组的主要工作内容除了基础理论的学习之外,更多的是组织师生进行其他领域的交流,增加相互了解,与党支部共建合力形成融合发展的师生团体,并形成师生谈心谈话记录。

4　工作实例

依托师生党支部联合发展机制,学院测控技术与仪器专业师生党支部进行了多层次、多维度的联合共建活动,开展学习党的二十大精神主题教育活动、爱国主义主题教育活动、乡村振兴主题教育活动等思想政治理论联学活动;与乡村基层党组织开展共建,组织乡村助农扶贫、劳动教育,前往旅顺留声机博物馆参观、党建长廊参观,到大连市规划展示中心了解东北振兴与城市发展,进行了多样的实践教育活动;开展师生茶话会、走进实验室、就业成长一对一等学业指导与科研引领活动。确定师生党支部共建日程,组建联学共建小组,设置小组谈心谈话制度,以党建引领人才培养和科学研究。

通过紧密的联学共建活动,不仅提升了师生党员的党性修养,学习了知识技能,也增强了专业教师与学生之间的联系,师生经常围绕专业实践课程、职业规划、课堂教学、创新竞赛等方面进行深入交流和个性化探讨。基于纵向党支部设立优势,鼓励专业学生参与科技创新及教学科研,形成"教师—党员学生—学生"的"一带多"模式,学生参与教师科研项目明显增多,党员学生、入党积极分子参与科技创新活动的人数比例超过84%,获得国家级、省部级奖项40余项。同时,教师党员已经参与到学生党员发展的过程中,教师意见作为学生党员发展工作的重要参考依据,为实现其思想、学业、科创、职业规划的全方位成长助力。

党的二十大把教育、科技、人才提升到前所未有的高度,党和国家赋予高校新时代特殊的使命,教师党员要立足岗位职责,践行使命担当,全面贯彻党的教育方针,落实立德树人根本任务,做青年朋友的知心人、青年工作的热心人、青年群众的引路人;学生党员要勇于担当时代使命,与时代合拍,立鸿鹄之志,做有志青年,刻苦学习,全面成长成才,努力成为德智体美劳全面发展的社会主义建设者和接班人。通过师生党支部纵向联合发展机制,助力拓展高校全员、全过程、全方位育人格局,发挥师生联学共建实际效能。

5　总结

本文基于调研结果、文献资料和实际经验,针对新时代高校基层学生党支部和教师党支部联合发展进行了研究,阐述了师生党支部联合发展的优势与意义,以及进行可持续性联合发展的必要条件,构建高校基层学生党支部与教师党支部纵向联合发展机制,制定了共建日程表和师生党员谈心谈话机制,为高校基层师生党支部联合发展提供初步方案。同时,纵向联合发展机制在本单位进行了实践与应用,将本科学生党支部全部设置为以专业划分的纵向党支部,与学院的五个专业教师党支部一一对应,试行教师党支部与学生党支部纵向联合发展,联合开展主题党日活动,学习精神思想,学生党支部和教师党支部取长补短,以党建引领专业学习、学术科研、专业发展和大学生生涯规划,合力推进新时代高校的育人根本任务,取得良好的效果并产生了积极的意义。

参考文献:

[1]吴巧慧,廖琪丽,周志成.论高校教师党员在师生党支部共建中的作用[J].学校党建与思想教育,2021(16):21-23.

[2]覃文进.高校师生党支部联动建设及其措施分析[J].现代交际,2021(15):73-75.

[3]彭婕,胡大鹏.高校师生党支部协同共建的实践探索[J].领导科学论坛,2020(21):71-74.

红色基因融入高校学生党建的价值思考和路径探索

邓春远

信息科学技术学院

摘要:

红色基因是中国共产党人的精神内核,是中华民族的精神桥梁。本文深入挖掘红色基因的内涵及时代意蕴,以红色基因的重要内涵、发展脉络、发展意义为切入点,从高校党建发展、大学生成长、红色基因传承三个角度探讨了红色基因融入高校学生党建的时代价值。最后阐述了红色基因融入高校学生党建存在的困难与挑战,着力寻求破局之法,探索红色基因融入高校学生党建的路径与对策。

关键词:

红色基因;高校学生党建;文化自信;思想政治教育

引言

党的二十大以来,习近平总书记指出,要把红色资源利用好,把红色传统发扬好,把红色基因传承好。红色基因伴随着中国共产党的诞生、成长和发展,在中国共产党人革命、奋斗的历程中得到强化、锤炼和延续。在新时代背景下,红色基因成为中华民族和中华民族儿女的精神动力源泉,在两个一百年奋斗目标的历史交汇期,唯有不忘初心、永葆本色,始终坚持传承和弘扬红色文化,才能不断汲取红色精神力量。将红色基因播撒到高校学生党建工作中,有利于帮助学生坚定理想信念、提高政治觉悟,为中国特色社会主义培养合格的建设者与接班人。

1 红色基因的时代意蕴

1.1 红色基因重要内涵

红色基因是中华民族文化基因中的重要组成部分,是在中华民族危难之际,中国共产党人在上下求索中汲取中华优秀传统文化因子,并在与马克思主义科学因子相融合的基础上,带领中国人民在新民主主义革命的过程中,缔造出的具有中国特色、凝聚中国精神的文化因子。红色基因蕴含了中国共产党人的崇高理想、坚定信念、高尚品格和优良作风,对于在新时代开展爱国主义教育、革命传统教育具有重要意义。

1.2　红色基因发展脉络

中国共产党成立以来,中国人民在长期的革命斗争实践中,逐步形成了一系列革命精神与品质,如:民主革命时期的红船精神、井冈山精神、长征精神、西柏坡精神、红岩精神;社会主义建设探索时期的红旗渠精神、"两弹一星"精神、大庆精神、雷锋精神;社会主义现代化建设时期的载人航天精神、抗震救灾精神、抗"疫"精神等。这一系列难能可贵的精神与文化,都蕴含在红色基因之中,随红色基因在中国共产党人身上代代相传。红色基因是实现中华民族伟大复兴的中国梦、全面建设社会主义现代化国家的力量源泉。

1.3　红色基因发展意义

一是有利于坚持"不忘初心、牢记使命"的伟大信念。在全面建设社会主义现代化国家的当下,红色基因的传承与发展,是党员牢记初心与使命的营养剂,是坚定政治方向与抵御风险的防弹衣;二是有利于坚持"以人民为中心"的发展思想。中国共产党始终坚持着"人民至上"的发展思想,坚持以人民为中心的发展理念,在党探索救国救民的过程中孕育和传承了红色基因,同时红色基因坚定指引着共产党为人民服务的宗旨;三是有利于坚持弘扬"革命精神"的文化传统。习近平总书记在党史学习教育动员大会上谈道,进一步发扬革命精神,始终保持艰苦奋斗的昂扬精神。革命精神在改革开放、现代化建设等时期鼓舞和激励着共产党人为中华民族伟大复兴而不懈奋斗的决心。

2　红色基因融入高校学生党建的时代价值

2.1　对于高校学生党建工作具有指导意义

2.1.1　丰富党建内涵

红色基因可以丰富学生党建内涵。高校学生党建工作需要进一步发掘红色基因中的教育资源,为高校学生教育提供鲜活的教育材料。无论是革命时期的红船精神、长征精神、遵义会议精神、抗战精神,还是改革开放以来的创业精神、"两弹一星"精神、抗震救灾精神、工匠精神、载人航天精神等,都是高校大学生学习党史的优秀教育材料,深度挖掘红色基因有利于增强学生对于红色基因的认同感,将红色基因融入党组织建设,铸牢思想建设,提高学生思想觉悟,实现高校党建工作的育人目标。

2.1.2 坚定党建方向

红色基因对于高校党建有政治引领作用。把红色基因的学习教育与高校学生党员政治能力建设相结合,充分发挥党建的引领作用。在世界格局多样化、国际形势日益复杂的当下,高举红色旗帜,引导红色方向,传承红色基因对于受文化冲击严重的高校校园具有重要的意义。深入发掘红色基因故事,促进高校学生全面深刻理解红色基因中的爱党精神、爱国精神、艰苦奋斗精神等。坚定红色方向,明确时代赋予的责任和使命,以红色基因作为党建、教育工作的引导,为培养担当民族复兴的时代人才指引正确的方向。

2.1.3 创新党建形式

红色基因助力创新完善高校党建形式。深入发掘学校历史中的红色因素,让悠久的校史和革命基因成为推进红色基因传承的重要元素。根据学校的学科特色以及专业特点,结合互联网进行党建红色基因教育。高校可以结合最新科技成果,创造性地利用 AR、VR 等现代前沿技术产物,让高校党员通过现实世界和虚拟网络的有机结合,更加深刻地体验红色人物的时代背景及其时代精神。以高校学生喜闻乐见的形式提高学习党的历史、传承红色基因的积极性,使学生党员坚定信仰信心、坚定政治立场,更好地在学习和工作中宣传、发扬和实践红色精神。

2.2 对于思想政治教育工作具有引领价值

2.2.1 有助于学生树立崇高的理想信念

青年学生的理想信念事关国家前途、民族命运,学习红色文化,传承红色基因,对让崇高的理想信念之光照耀新时代高校青年前行之路具有重大意义。通过学习红色历史,学生党员应树立对马克思主义的信仰,对中国特色社会主义的信念,对实现中华民族伟大复兴的信心。学习党的历史,传承红色基因的过程,也是高校学生将个人理想融入共产主义理想、中国特色社会主义理想之中的过程,是将个人价值的实现融入实现中华民族伟大复兴的中国梦之中。

2.2.2 有助于学生树立健康的价值观念

世界观、人生观、价值观决定着一个人的人生追求和人生道路,决定着一个人的思想境界、道德情操和行为准则,更关系到国家的兴衰,民族的前途和命运。在高校党建中融入红色基因,充分发挥红色资源的教育功能,通过多种形式的课堂教育向学生讲授红色历史、红色故事,为学生构建正确"三观"的理想信念基础。把党组织的红色思想教育渗透于学生的日常学习生活之中,让青年学生建立起为建设中国特色社会主义而努力奋斗的前进目标和坚定信念,从而树立正确的世界观、人生观、价值观。

2.2.3 有助于学生强化正确的意识形态

在红色基因的学习和传承中,深入学习贯彻习近平新时代中国特色社会主义思想等党的理论成果,更加自觉地用党的最新理论成果武装头脑、指导实践、推动工作,以此提高学生的警惕性,强化阵地意识,自觉地抵制历史虚无主义的谬论。通过传承红色基因,正确认识历史,准确把握党的历史发展的主题、主线、主流本质,为发扬斗争精神、旗帜鲜明地反对历史虚无主义提供科学指导,涵育高校大学生养成明辨是非和抵制诱惑的能力。

2.3 对于校园文化工作具有红色文化涵育价值

2.3.1 增进文化认同、坚定文化自信

文化是一个国家、一个民族的灵魂,而红色基因蕴藏在中国人民的伟大革命历史进程中,中国社会变革的进程是在爱国主义精神的激励下推进的,这是中华儿女共同的精神追求与精神特质,是社会主义核心价值观与革命文化的共同思想基础。通过红色基因深入了解革命文化和社会主义先进文化,深刻体会其最深层、最根本、最永恒的爱国主义精神,增强学生党员对中华民族文化的认同和自信,增强学生党员对祖国、对党的热爱。

2.3.2 弘扬时代精神、传承文化动力

每个历史时期都有不同时代特色的红色基因,它们是在革命时期、社会主义建设时期等形成的,符合历史潮流和趋势,符合中国社会发展方向。红色基因中的艰苦奋斗、勤劳勇敢、自强不息、爱国敬业等精神品质在新时代的发展中仍然是不可或缺的,习近平总书记在致新华社建社 85 周年的贺信中指出:"传承红色基因,弘扬优良传统,锐意改革创新。"挖掘和传承好红色基因,弘扬精神财富,是坚定文化自信、推动构建人类命运共同体的动力源泉。

3 红色基因融入高校学生党建存在的路径探索

3.1 红色基因融入高校学生党建存在的困难与挑战

3.1.1 红色基因融入党建方式单一

新时代青年人更加突出个性,信息获取渠道的多样化使他们的思维更加开

阔,他们接收信息的能力与学习能力也逐渐加强;他们善于从事物中发现问题,敢于质疑,敢于批判,敢于表达自己的想法。但部分高校基层党组织的活动方式固化,缺乏创新,把学习红色文化、传承红色基因的方式局限于红色歌曲、红色书籍、红色电影、红色遗迹等方面,忽略了当代大学生的特点,很难激起大学生的兴趣,不仅不能使大学生在精神层面感受红色基因的力量,反而容易导致他们对红色文化的学习产生抵抗情绪,难以传承红色基因。

3.1.2 红色基因宣传缺少学生参与

大学时期部分学生局限于学习专业理论知识,忽略了对红色文化和科学文化的学习;并且部分学校仅注重应试教育,忽视了红色文化等精神层面的引领,导致当前高校大学生对红色文化的认知较弱,对红色基因的理解仅仅停留在字面认识,认为红色基因只是特定历史时期的产物,忽略了红色基因与时俱进的特点。在宣传方面,国家、社会和高校对红色基因的宣传较多,而高校大学生自发参与的红色精神宣传较少;在实践方面,更是缺乏高校大学生参与的红色基因和红色精神的实践活动。

3.1.3 红色基因融合校园文化浅薄

高校是教书育人、培养人才的主阵地。自力更生、艰苦奋斗、自强不息等红色文化是一代又一代中国共产党人奋斗的不竭精神动力,同样也是校园文化建设中所必需的教育资源。如今部分高校尚未把红色基因完全融入校园文化中。一方面,以红色基因为主题的校园文化活动在形式、内容上缺乏创新,不能激起学生的兴趣,积极参与的人数较少,导致教育效果不明显。另一方面,学校在广播、宣传栏、建筑等校园文化建设上,缺乏红色基因的融入与宣传。红色文化教育与校园文化相互割裂,导致两者在党建工作中不能形成有效合力。

3.2 红色基因融入高校学生党建的路径与对策

3.2.1 打造专业红色文化的教育团队

一支教育引导青年学生价值取向、改革创新教育模式的专业化红色文化教育队伍是每个高校不可或缺的。当下,许多高校已经开始开发红色文化资源,但是不能最大限度地挖掘红色基因教育素材,而且缺乏一支强有力的专业化队伍研究红色基因的弘扬和传承。高校应当拓展选拔视野,强化实践锻炼,整体推进高校党政干部和共青团干部、思想政治理论课教师和哲学社会科学课教师、辅导员、班主任和心理咨询教师等的队伍建设,并从中选拔政治素质过硬,红色文化基础好的人才;同时也可以聘请退休干部、老红军、党史专家等对红色文化进行宣传,全员构建一支专业化红色文化宣讲团队,帮助学生深刻理解红色基因的内涵,对学生进行系统化的教育。

3.2.2　开辟弘扬红色精神的网络阵地

习近平总书记指出,要运用新媒体、新技术使工作活起来,推动思想政治工作传统优势同信息技术高度融合,增强时代感和吸引力。随着互联网的普及,通过"互联网+红色基因"传播红色文化,可以有效地扩大红色文化教育的影响力和覆盖面。高校可以将红色教育视频资料和红色经典故事资料,上传到相应网络平台并开设学生党建工作专栏,方便大学生自主学习红色知识;还可以在青年学生活跃的网络论坛等放置红色视频学习课程,发起红色专题讨论等,使学生能够轻松地参与到红色知识的学习中;同时可以利用直播平台,邀请专业讲师、时代楷模、英雄后代、优秀学生代表综合当地红色文化资源,结合时政热点进行直播宣讲,鼓励学生积极参与,加强与学生的交流互动,增强党建的时代感和吸引力。

3.2.3　红色基因与实践教育深度融合

习近平总书记多次强调,青年要成长为国家栋梁之材,既要读万卷书,又要行万里路,既多读有字之书,也多读无字之书,注重学习人生经验和社会知识,在实践中不断增长本领和才干。高校党建要注重实践,不能止步于单纯的理论教育,而应努力开展理论与实践相结合的教育方式。高校要定期开展红色基因实践教育活动,鼓励学生参与实践活动,提高学生的实践能力,为红色基因的传承创造更好的环境。高校应结合本校的实际情况和风格特色,充分利用当地红色文化资源,组织开展红色基因传承活动,促进学生良好品质的形成,激发学生的政治认同感和理论认同感,为党建工作奠定基础。

参考文献:

[1]邢光龙.从红色基因中汲取初心力量[J].群众,2019(14):5-6.

[2]韩卫红,李翠翠.高校传承红色基因路径浅探[J].河南教育(高教),2020(07):21-23.

[3]庄琪,蒋德志,何光明.大学生红色基因认知现状及传承策略分析[J].山西青年,2020(07):54+56.

[4]周长喜,杜茜.试论"大思政"视域下红色文化融入校园文化的必然性及对策[J].产业与科技论坛,2020,19(01):255-256.

新时代大学生统一战线史学习教育体系建设探究

郭艳琪

公共管理与人文艺术学院

摘要：

新时代背景下,大学生统一战线史学习教育体系的构建显得尤为迫切和重要。统一战线作为中国共产党取得革命、建设和改革胜利的重要法宝,其丰富的历史进程与珍贵的理论价值对大学生具有深远的教育意义。此方面学习不仅有助于增强大学生的民族认同感和社会责任感,也是全面培养社会主义建设者和接班人的重要途径。然而,当前大学生统一战线史学习教育面临着体系不完善、内容缺乏系统性等挑战。基于此,本文提出构建"知、情、意、行"四维一体的学习教育体系。通过强化积极认知、涵养积极情感、培育积极意志、引导积极行为四个维度,将理论学习与实践相结合,打造多元系统化的培育体系载体、把握新时代教育特征、优化培养生态环境、创新话语体系。旨在符合时代需求,共同促进大学生对统一战线史的深刻理解与内化。

关键词：

统一战线史;四维一体;学习教育体系;协同创新

引言

统一战线作为党的事业取得胜利的重要法宝,与中国共产党共同走过百年波澜壮阔的发展历程。中国特色社会主义进入新时代,爱国统一战线在新形势下产生了新任务。作为社会主义建设者和接班人的高校大学生,系统学习统一战线史,不断加强统一战线理论教育,更成为全面发展的必然选择。目前对于大学生统一战线史的学习和教育并不完善,多集中在"大思政"视角,尤其在大学生统一战线史的学习教育实践路径上,没有形成全面、系统、可持续的育人模式与体系。

1 大学生统一战线史学习教育的时代价值与现实挑战

1.1 时代价值

1.1.1 历史必然:统一战线史学习教育的"代际传承"属性与大学生群体的示范功能

统一战线是中国共产党领导的新民主主义革命取得胜利的三大法宝之一,"因党而生、伴党而行、随党而兴",为中国共产党的发展壮大发挥了重要作用。

中国共产党领导的统一战线已有近百年历史,积累了丰富的经验,凝练了一套适合中国国情的统一战线理论、政策。

深刻学习自中国共产党诞生以来,党的统一战线的历史进程,善于分析其中思想内涵与历史规律,做出实事求是的分析;学习马克思列宁主义、毛泽东思想关于统一战线问题的基本理论,将中国实际与之深刻结合,推动统一战线史学习走深走实具有深刻的时代价值。

高校作为生产、传授和创新知识与科学技术的重要基地,有着自身独特的师资、学生和教育氛围的优势,是培养各类人才的主要阵地。高校统战工作历来都是统一战线法宝作用发挥的重要窗口,要深入贯彻落实中央统战部、教育部《关于加强高校统一战线工作的意见》。另外,大学生群体是新时代人才强国的重要储备力量且大学生群体复杂化、多样化、多元化特点明显。推进我国社会主义现代化建设,实现全面建成小康社会的目标,关键在于人才。新时代加强大学生统一战线理论知识学习教育,是激发大学生爱国主义情感,加强民族认同感、归属感的有效途径。

1.1.2 时代应然:大学生统一战线史的“价值传承”特性与大学生群体的时代使命

2006 年中共中央下发《中共中央关于巩固和壮大新世纪新阶段统一战线的意见》指出:“把多党合作、人民政协、一国两制、民族、宗教理论政策等统一战线知识列入国民教育内容。把统一战线理论研究纳入马克思主义理论研究和建设工程。”2015 年颁布的《中国共产党统一战线工作条例(试行)》再次指出:“组织开展统一战线理论、政策的研究、宣传和教育”“把统一战线知识纳入国民教育内容。”

回顾中国共产党团结奋进的辉煌历程,统一战线作为克敌制胜的重要法宝取得了重要成就。大学生作为民族的未来、国家的希望和社会发展的重要力量,我们应引导学生深入学习研究中国共产党领导下的统一战线发挥重要作用的历史,使其深刻认识百年统战取得的辉煌成就;毫不动摇地坚持党的领导,确保统一战线沿着正确方向前进。

从战略高度深刻认识其最大政治方位;从战略定位角度深刻认识其重要法宝作用;从振兴发展角度深刻认识其力量来源效能。不断坚持党的领导、创新开拓、人才培养、成果转化,不断沿着正确的方向,探索创新研究机制、开创创新研究方法、探索解决问题的新路径、新举措,为丰富统战理论工作创造良好条件,努力形成有水平、高质量的育人体系与教育成果,并推进其向应用与实践转化。

1.1.3 实践实然:社会工作专业的独特实践属性与大学生全方位教育与认同的共同旨归

研究者以社会工作专业为例,促进专业学习与统一战线史教育体系建设的融合。社会工作作为一种专业助人活动,是指非营利的、服务于他人和社会的专业化、职业化的活动。"助人自助"是社会工作的最基本原则,指社会工作者在为服务对象开展工作时,注重服务对象个人能力的提升,以促进其在今后面临类似处境、困难时能够应对、解决。目前,社会工作专业方法与大学生思想政治引领的结合不紧密,社会工作专业的定性、定量及行动研究等专业实务方法能够对统一战线史教育提供实证支持,此类实务研究能够从实证角度阐明统一战线的实际效应,促使学生在实践中加深对统一战线史教育的理解,因此,在社会工作专业融入统一战线史的学习教育体系建设的设置与选择,能更好地呼应学生成长诉求、回应时代变迁和社会转型时期高校实践育人发展困境,为全员、全过程、全方位育人提供借鉴。

1.2 现实挑战

1.2.1 新时代大学生思想变化的动态特点掌握不完善

习近平总书记在全国高校思想政治工作会议上指出,"思想政治工作从根本上说是做人的工作,必须围绕学生、关照学生、服务学生"。大学生群体作为国家发展的希望,其思想状况关系着国家的稳定和发展。新时代大学生成长在世界经济形势飞速发展的大环境下,随着信息化、数字化等传播媒介的飞速发展,其思想动态变化特征明显。了解、掌握、分析新时代大学生思想变化动态特点与规律,将合适的思想教育模式与大学生思想变化紧密结合,丰富其政治认同、社会责任意识、独立精神、自我管理能力等十分重要。

随着全球经济的飞速发展、科技的进步,世界格局发生着深刻的变化,新时代背景下信息更新速度更加便捷、透明,对新时代大学生的思想方式和行为方式在不断产生新的影响。真正走进学生、关爱学生,了解学生内心深处的行为方式和思想方式少之又少。传统的日常管理和教育模式已经不能满足学生思想变化的动态特点与优势。要紧紧围绕习近平总书记所指出的,遵循思想政治工作规律、教书育人规律、学生成长规律。时刻关注学生当下所思所想,在新事物、新环境、新背景下如何思考、解决问题十分重要。

尤其要关注大学生对于时政热点、敏感话题等的反映程度;且随着教育阶段的变化,不同学生随着碎片化信息的获取影响,对问题的判断和辨别容易出现反复;新时代大学生对许多事物在一定程度上存在着个人倾向,对个人利益的关注比较重视,自我保护意识普遍较强,并具有较为强大的综合思维能力,渴望被关注。

1.2.2 社会工作专业培育方法所需专业人才能力的系统化、可持续性提升

社会工作专业作为应用型育人学科,秉承以人为本的原则,依托人性化、专业化的管理方法可以有效调动、激发大学生的内生动力。在构建新时代中国特

色社会主义和谐社会、促进人民幸福生活方面发挥了重要作用,特别是面向基层群体,其在专业性、覆盖面、深入度等方面有着不可替代的重要力量。面对现有条件下应用型培养方式所需人才与人才培养质量之间的不匹配,提升专业技能、增强专业内生资源,完善教学、科研一体化平台建设是需要持续解决的重要问题。

2 统一战线史 "知、情、意、行" 学习教育体系释义及具体方法

2.1 "知"的释义:强化积极认知,提升自我认同

"知"指的是认知、观念。认知包括感知觉、记忆、意识和思维等。心理学把认知定义为:"人对于客观事物的感觉、知觉和表象";即对某一真实、普遍事物的感觉、认识、觉察以及在脑海中形成的该事物的各种形象。认知是个体通过心理活动认识客观事物的过程,而积极的自我认知是与外界联系并且开展行为活动的基础。

1922 年 7 月中共二大通过《关于"民主的联合战线"的议决案》,其作为党的总路线总政策的重要组成部分,是夺取胜利的重要法宝之一。新民主主义革命时期有民主主义的联合战线、国民革命的联合战线、工农民主统一战线、抗日民族统一战线、人民民主统一战线。社会主义时期的人民民主统一战线,有着曲折的转变过程。社会主义现代化建设新时期,人民民主统一战线逐渐发展为爱国统一战线。统一战线工作贯穿于中国革命、建设和改革、发展的各项伟大历程中,梳理、明晰统一战线的历史发展过程就十分重要。

所以,促进大学生正确认知中国共产党领导下的统一战线发展历程是其健康成长、获得正向成长体验的起点。在实践过程中,注重通过主题学习、专题讲座、考察实践等知识研讨及主题教育类服务活动,引导大学生建构正确的价值观念,促使其在理论与实践的结合中深刻感受在中国共产党的领导下统战工作的发展历程。

2.2 "情"的释义:涵养积极情感,培育健康心态

"情"指的是情感、情绪。情感是心理过程的重要部分,是人们在认识世界、改造世界的时候,基于客观事物与主体需要之间的关系而在人的主体所产生的

一种态度和体验,而情绪是指对行为过程的生理评价反应。积极的情绪和情感能够满足爱与归属的需要,从而发展出高尚的情操,做出积极正向的行为。

统一战线史的学习,要注重贯穿中国共产党领导的统战成功经验。首先,要明确马克思主义的理论指导地位。作为我们认识、改造世界的思想,其辩证唯物主义和历史唯物主义揭示了资本主义与社会的发展规律,要明确无产阶级及其政党统一战线行动指南的重要地位。其次,要明确中国共产党的领导地位。中国共产党领导各民族实现从久经磨难到站起来、富起来再到强起来的伟大飞跃。要重视思想工作的落实、政策法规的学习、统战活动的组织。最后,要明确协商方式实现领导的独特性,这种集民主、理性、真诚、和谐于一体的协商方式,能够最大限度保证决策的正确性。

因而在大学生统战史学习教育过程中,要突出学生的主体地位,注意学生的情绪积累与现实感悟,将理论学习与实践感受紧密结合。将史实、人物、背景与学生学习、理解、应用紧密结合。

2.3 "意"的释义:培育积极意志,突破思维定式

"意"指的是意志、意愿。意志是决策心理活动过程的重要因素,是人的意识能动性的集中表现。在复杂和充满挑战的社会环境里生存和发展,要求当代大学生必须具备坚定的意志以面对风险、应对困难。坚定、积极的意志不仅是情感的进一步升华,也是持久行动的保障。

习近平总书记指出:"人心向背、力量对比是决定党和人民事业成败的关键,是最大的政治。统战工作的本质要求是大团结大联合,解决的就是人心和力量问题。"新时代,更要深刻理解统一战线的重要位置,将最大公约数、最大同心圆"为何画、怎样画、画得好"深入学生心中,努力培育拥护社会主义和祖国统一的时代青年,将党领导的统一战线工作、中国共产党不断创造美好生活、促进国家全面发展、带领人民实现共同富裕的团结奋进历程深入学生心中。

另外,中国共产党领导的统一战线工作发展历程中,始终坚持着统一性与多样性,十分重视求同存异。这是中国共产党坚持统一战线与发扬民主与包容精神的重要内容。在统一战线史学习教育过程中,对于我国香港、澳门、台湾同胞和海外侨胞要坚持祖国统一和中华民族伟大复兴历史使命,进一步团结一切爱国力量,将其统一到国家富强、民族复兴上,增强向心力,使学生充分了解国家对于坚持和领导各阶级社会力量,实现中华民族伟大复兴的重要立场,使学生充分认识中华民族风雨同舟、团结前进的伟大力量。注重在意志教育层面,开展知识竞赛、情景剧展示、主题观影等感悟式活动,从而激励大学生在正心修身中提升意志品质,时刻自重自警自励,自觉做到内化于心、外化于行。

2.4 "行"的释义：引导积极行为，增强适应能力

"行"指的是行为、表现。在不同环境中的适应性行为是积极认知、积极情感、积极意志融合和发展的外部表现；其作为心理活动过程的体现，也是衡量个人综合素质和心理健康的重要标准，知易行难，行胜于言。

统一战线作为中国共产党领导下的政治联盟，在社会不断发展变化的过程中，始终秉承"求同存异、体谅包容"的价值追求，在长期的革命实践中，有着凝聚人心的重要作用。在大学生统一战线史学习教育中，要注重发挥统一战线整合社会力量的理论与实践优势，搭建理论与实践交流、学习平台的优势。充分发挥政协、人大、基层社会组织、人民团体等的积极作用，从理论学习、实习经验等多方面增强学生对于统战工作的理解与认识。

引导学生关注基层政协在统一战线制度化组织平台中的重要阵地作用，尤其是新时代中国特色社会主义民主政协的发展，政治组织摆脱了单一的限制，统一战线中的各政治团体与社会人士，包含社会主义劳动者、建设者、拥护祖国统一的爱国者在内的所有社会力量，有着齐心齐力的凝聚力量、众志成城的责任担当。在中华民族命运共同体的构建中、在大学生统战史的学习培养中，都是宝贵的资源。

在日常学习过程中，可以通过环境适应、学习培训等实践类活动，引导大学生正确认识现实环境，积极提升自理自立、社会交往、明辨是非等能力，与社会广泛接触，以积极的处事心态顺应社会进步的趋势，增强社会适应性，从而达到自我实现与对社会奉献的协调统一，更好地理解中国共产党领导下的统一战线史的辉煌历程与来之不易。

现代历史学习教育不再是强调单向的给予，而是着重于"授人以渔"，最终促使学生做到知行合一。"知、情、意、行"作为心理学中的四要素，是心育和德育工作中时常遵循的规律。"知、情、意"是人类心理活动的三个步骤，而"行"是对前三者的实施过程。其中，认知是情感的基础，情感影响认知的提高，而意志的支持更是情感的巩固和行动的保障。"知、情、意、行"四维一体、递进整合，其发展逻辑贯穿于学习教育全过程，促使学生实现从了解到触动，再到思考与行动的转变。

3 大学生统一战线史学习教育体系建设对策分析

统一战线史学习教育体系的建设是一个深度和广度并重，理论和实践并进

的系统工程,这个工程坚实的理论基础是理解统一战线的前提,将理论知识运用到实践中,不断丰富理论的内涵。同时对统一战线史的研究和理解须具备多角度、多维度的视野,在历史和社会等各个视角和层面展开,这是一个多方参与的过程,教师、学生、研究者和社会各界人士应当共同参与,以期通过各路人才的联合努力,构建一个完整、深入、广泛并具有现实指导意义的统一战线史学习教育体系。

3.1　打造统一战线史培育体系载体,实现理论育人与实践育人协同共进

统一战线史学习教育要注重理论与实践育人相结合,系统培育统一战线工作。注重从宏观、微观两个角度系统加强统战史学习教育育人的空间与载体。在宏观层面,要开发以实践为主体的课程,围绕"统一战线"这一主题建立课程群,并通过设置不同理论维度的课程辅助实践。在微观层面,构建艺术鉴赏辅助统战史学习教育探索的方案,进一步发挥社会文化层面的影响力。另外,要注重将统战史学习教育深入社区街道、政府企业等社会组织层面,不断通过亲身参与、感悟与体验等方式,加强育人实效,完善"知、情、意、行"学习教育体系案例分析与借鉴,涉及入学适应成长小组、学业帮扶小组、宿舍班级的社区化管理等方面,并通过理论与实现创新载体建设,为大学生统一战线史的培养丰富新渠道。

3.2　把握传承实践育人的时代特征,弥合传统教育方式及其传播场域

由于传统的课堂教学方式以书本为载体,以教师为中心,但随着互联网信息化的发展、学生思想多样化变化,单一课堂教学无法满足多样化统战史学习教育需求。且从管理方式角度来看,新时代背景下单纯依靠传统或者是单一信息化手段不足以满足统战学习教育的需要。充分探索、利用互联网信息化下广阔的平台,结合高校普遍实施的大课堂教学模式,充分调动学生学习兴趣的差异,利用课堂提问或者课堂讨论,注重学生学习效果反馈。提高学生参与课堂管理的积极性与主动性,避免"低头族"、玩手机、睡觉等现象,合理提升信息化时代学生生活和学习方式,完成"学习跟进、认识跟进、行动跟进",将"知、情、意、行"学习教育实践路径嵌入大学生统战史培养运行方案。

3.3　优化培养生态体系,构建良性互动的力量格局

课堂作为思想政治教育的重要渠道,其良好的教育教学生态环境对于学习

教育有着重要影响。在课堂管理效果方面，良好的课堂人际关系、群体规范、和谐同伴关系都影响着班级管理基本规范确立效果。其一，要注重提升课堂管理效果，建立和谐氛围。可以建立班级管理的基本制度，借助信息化教学平台，通过各种形式与途径建立学生情感桥梁；通过云互动，建立师生思想碰撞联系，引导学生自主学习，充分利用多样化教学平台，促进良性互动有效开展。其二，课堂环境不仅包括教育教学的物理环境，更应包括社会心理环境的营造。根据不同学生专业特点开展针对性学习、交流活动，结合头脑风暴、小组研讨、答题讨论等学习形式，将学生充分融入现代课堂生态体系建设。

3.4　创新培养路径话语体系，实现时代化、品质化、协同化

　　统一战线教育过程中，要针对学生出现的问题进行科学跟踪与规范管理。一方面，要注重教学行为规范的制定与学生问题反馈机制的执行。通过传统管理方式，将学习人员分班定期进行协助管理，将教学任务布置、学习问题留存及时布置与分析，评选优秀学习标兵、先进集体等并进行表彰，在一定程度上量化考核，作为学生综合成绩的参考指标。加强日常培养纪律管理。另一方面，要注重学生主体地位，丰富多样化课堂教学形式。要发挥教师引领作用，把握统战史学习教育的总体方向和核心，发挥价值引领作用，注重运用现代化信息手段，全方位、多角度、定时推送线上学习资源，以线上、线下结合的形式，提升学生表达能力、参与性与积极性。尤其注意要定期掌握学生学习检测效果，将课堂提问、随堂检测等情况及时反馈，及时讲解知识盲点和混淆区，帮助学生巩固史实、内化吸收理解。

3.5　激活统一战线史培养实践方式，优化嵌入大学生思想政治教育过程

　　中国共产党领导下的统一战线史是一部生动丰富的教科书，加强统战史学习教育，可引导学生在实践中反思，不断整合教育资源、改进教育方法，充分调动、增强学生学习、吸收的实用性，激发学生主观能动性，不断开阔学生视野。注重运用好各类历史文化资源，将特色鲜明、分布广泛且具有深厚底蕴的统战历史在新时代充分表达，通过理论与实践相结合的方式充分表达，进一步引导教育学生坚定理想信念，不断传承好、发扬好、讲述好统一战线历史，提高学生学深悟透的能力。另外，注重利用统一战线史中的重要事件与人物拓宽学习教育的深度，针对重要历史事件与重要人物的纪念活动开展集中、专题学习教育，开展专题报告、研讨会、读书会等，深入分析其主要经验，深入学习其优秀品质。另外，要主

动关注新媒体方式在推进统战史学习教育过程中的应用。充分运用"统战史+互联网"的方式,将网络传播范围广、参与人数多、覆盖范围大的优势与统战史学习教育深入融合,努力讲好故事、弘扬精神,推动提升学生统战史学习教育成效。

高校作为生产、传授和创新知识与科学技术的重要基地,有着自身独特的师资、学生和教育氛围的优势,是培养各类人才的主要阵地。将社会工作的专业理念、方法、技巧应用于新时代大学生统一战线史"知、情、意、行"学习教育路径培育中为学生提供满足现有学习及未来发展的服务,不仅仅关注学生个人,更注重学生教育的生态系统,协同学校、社会、家庭的育人资源,使学生更好地适应社会。也能使社会工作中的专业知识、技能与方法,更好地呼应学生成长诉求,回应时代变迁和社会转型时期高校实践育人的发展困境,为高校实践育人工作提供借鉴。有助于进一步整合教育资源、解决学生成长难题、拓展学生优势,为学生提供更具科学性、系统性的服务,促进学生全面发展。建立一套科学的学生统一战线史培养体系,是保证提高大学生思政工作可持续发展的重中之重。

参考文献:

[1]张献生.统一战线史与党的百年历史的联系、交汇与启示[J].山东省社会主义学院学报,2021(06):13-22.

[2]黄铸.关于中国统一战线史的若干问题[J].中央社会主义学院学报,2003(02):30-36.

[3]李青.近年来统一战线史研究评述[J].中国统一战线,1994(03):4.

[4]鄢烈洲,杨少飞.新时代高校统一战线工作四重导向[J].湖北师范大学学报(哲学社会科学版),2021,41(06):20-24.

[5]胡艳华,司可大.基于统战视域下高校大学生思想政治教育工作创新路径思考[J].遵义师范学院学报,2019,21(05):112-115.

[6]王亚煦,谭磊.学校社会工作介入高校实践育人的路径研究[J].社会工作与管理,2020,20(05):79-84.

[7]廖希凯."把关人"视角下做好高校大学生统战工作的思考[J].吉林工程技术师范学院学报,2019,35(08):15-18.

[8]杨瑛,吕敬.社会工作视角下高校学生干部培养机制研究:以学生会干部成长小组为例[J].中共山西省直机关党校学报,2016(05):54-56.

[9]闫闯.何以进学生头脑:党史学习教育的发生类型与实践突破[J].河南科技学院学报,2022,42(08):50-56.

[10]赵海林,徐璐."校、社、府"协同创新的社会工作专业人才培养模式探索与实践[J].黑龙江教育(理论与实践),2022(04):8-10.

寝室长培训体系和队伍建设实践探索
——以某某学院某中队为例

孔繁实

船舶电气工程学院

摘要：

国内陆续有学者、专家关注高校寝室管理问题,现有研究从不同的角度对寝室长培养的必要性、重要意义、考评标准和培训体系、队伍建设和管理模式等方面进行了有益的探索。本文以某某学院某中队寝室长管理为例,从寝室长的选拔、培养、监督、考核等几个方面进行实践探索,得到一套可实际推广开来的寝室长队伍培训建设理论体系和实践做法。

关键词：

寝室长;实践探索;学生管理

引言

在对现有寝室长培训体系和队伍建设现状分析的基础上,结合实际调研情况,以某某学院某中队为实践对象,结合中队现有情况并广泛征求同学们意见之后,制定了《某某学院某中队寝室长管理办法》,建立寝室长日常管理工作办法及培训工作办法,制定寝室长职责条款,将寝室长纳入学生综合测评管理办法及评奖评优体系,改变过去寝室长队伍建设一直落后于其他学生干部队伍建设状况,让寝室长这一职务得到同学们的认可,让寝室长的作用得到良好发挥。

1 重要意义

寝室作为学生管理工作的基层抓手,对于辅导员将学生管理工作做深、做细、做实起着至关重要的作用。寝室长与室友朝夕相处,能把学生工作细化到每个学生身上,在习惯养成、学风建设、信息沟通、安全稳定等方面有着其他班委无可比拟的优势。因此,培育出一批好的寝室长、使其成为辅导员开展学生工作的得力助手便显得尤为重要。

2 实践做法

2.1 科学选配干部,切实发挥作用

通过选拔制度的设立,精准科学选人用人,注重准确识人、注重因事择人、注

重专业素养,确保把班级和同学需要的好寝室长选出来、用起来。

在参选要求上,要做到模范遵守校规校纪,不违反相关规章制度;能够积极配合参与学院、中队的寝室相关工作和寝室文化活动;有责任感,对待工作认真负责,有服务意识;与同学关系融洽,擅长与人沟通,具有一定的语言表达能力,能协调处理同学间的矛盾;生活、工作作风良好,有正能量,能在各方面起到良好的带头作用。

在选拔过程中,每个寝室只能有 1 名寝室长,寝室长负责本寝室各项事务;由学生寝室成员选举产生,报中队公示;所选寝室长须满足参选要求。

在职责确定上,寝室长要模范遵守并督促寝室其他成员遵守学生寝室管理的各项规章制度;组织好寝室活动,开展丰富健康的寝室文化生活,调动本寝室同学争文明、创先进的积极性;负责本寝室的内务管理工作,排出值日生表,检查、督促值日生工作,维持室内清洁;负责统筹每周一次集体大清扫工作;经常检查督促本寝室做好安全防范工作,做到人离寝室,能关门闭窗、关灯断电,做好防火、防盗工作,确保寝室安全;维护本寝室同学的生活秩序,每晚就寝前能及时有效地将本寝室实到人数报给班长;时刻关注寝室内同学们的思想动态、学习状况、心理问题,及时发现问题、解决问题或报告给辅导员,消除隐患;做好本寝室各类设施的报修工作,如:门、窗、玻璃、照明灯、桌、椅、床等损坏报修;积极参加寝室长会议,做好记录,及时向本寝室同学传达会议内容;配合班长的工作,做好寝室管理员、指导员交办的其他工作。

2.2 落实培养模式,做好教育工作

寝室长要实现从普通同学到核心骨干的身份转变,需要系统专门的培训体系,否则赋予其的管理权不仅很难发挥实效,还容易被滥用。因此,特制定了如下培训和教育制度:

第一,每月第二周组织寝室长培训活动。培训形式包括但不限于讲座、视频和考试。培训内容包括管理、沟通技巧和方法、寝室长职责、寝室内务标准、寝室安全用电等。寝室长须全程按时参加培训活动,如有特殊情况,需指导员批准。给顺利完成培训活动的寝室长,发放合格证书。

第二,寝室长每学期末须撰写述职报告,总结本学期寝室管理的经验与教训。寝室成员如有违反学校寝室管理条例的行为,寝室长负有次要责任,须撰写检查反思报告。

2.3 制定监督办法,完善考核制度

"有权必有责,用权受监督"。对寝室长工作情况进行监督和考核,是管理

制度和班级自主管理体系有效运转的重要支撑。

监督方面,首先明确监督的主体。寝室长的监督由班长直接负责,重点考察寝室整体风气是否积极向上,是否存在安全隐患等现象。如存在,班长需及时督促整改。若多次提醒仍无效,报中队进行批评整改。班长应对寝室长的工作、生活作风进行监督。如发现寝室风气低下、凝聚力不强,特别是存在寝室矛盾的,需及时向指导员反映。除班长之外,寝室成员如对寝室长工作不满意,可随时向班长或指导员反映。如对其他寝室有意见,也可向班长或指导员反映。此外,通过召开寝室长联席会议、聆听群众心声等方式,指导员及时了解寝室长的工作情况。

考核方面,每个月以楼层为单位,各楼层学生对本楼层各个寝室进行满意度调查,对于满意度不足80%的寝室,寝室长需及时向指导员汇报情况、说明原因。同时,各楼层需组织查寝小组,每天对本楼层寝室内务等进行检查打分,作为寝室长考核的依据之一。每学期末,各楼层对本楼层寝室长进行量化考核,考核依据包括但不限于寝室内务评分、楼层满意度、班长打分、寝室成员打分、中队打分、述职报告等。此外,在中队层面,也会组织查寝小组,协助指导员不定期对各楼层进行抽查。虽然原则上寝室长的任期为一学期,但阶段考核特别差的、寝室内部存在问题的,辅导员也会视情况进行人员调整。

2.4 建立激励体系,强化危机意识

唯有树立鲜明的正向激励导向,才能进一步激发寝室长的工作热情。同时,必须聚焦重点工作领域,既要有纠错容错改错的机会,给学生以成长空间,又要对不实的作风予以惩戒,激励寝室长担当作为。

首先在制度上认可寝室长的学生干部身份,确定其是班级学生干部的一员,并要在学生综合测评中按照班委标准给予加分。同时,对于表现突出在学期末综合考评中获评优秀的寝室长,还要给予额外奖励,如所在寝室一学期内没有出现任何事故,如果出现,能及时有效地制止、汇报和化解矛盾;所在寝室无内务差记录,在内务评比中排名靠前;在日常管理中尽职尽责,及时汇报有效信息,并能协助指导员较好地解决实际问题;得到寝室成员的认可;在突发事件中表现突出等。除了对寝室长个人予以嘉奖,亦要设定群体嘉奖条件,从而让寝室长更好地发挥在寝室中的模范带头作用,如在内务评比、学霸寝室评选等活动中获得集体荣誉的寝室,全寝成员均可获得额外奖励。

相对地,对于不端行为的寝室长,要给予处罚,如虚构、编造寝室成员情况或包庇寝室违纪行为者;不能按要求配合反馈寝室情况,对工作不认真、不负责任者;寝室出现突发情况未及时上报,并造成严重后果者;无故缺席培养教育、各类

考核长期较差者;由于其他工作失误或懈怠而造成了损失和责任等。寝室长须严格履行职责,保证所在寝室达到学校寝室管理要求。所在寝室不满足要求的,寝室长将受到口头批评、责令整改、书面检讨、停职等处罚。违反校规校纪的,可视其情节轻重给予处分。

3　经验启示

在试运行一个学期之后,收获了较为良好的实际效果。

首先,在寝室长认可度、工作能力提升方面。寝室长被真正纳入学生干部管理体系,纳入综合测评管理办法及评奖评优体系,其作为学生干部的身份得以被更多同学认可。此外,经过培训考核,寝室长的工作能力得以提升,进而拉动整个学生干部队伍的综合能力提升。

其次,在学生管理工作方面。辅导员与学生之间信息沟通传达更为及时、高效、准确,使得学生管理工作变得更无死角。同时,在学生思想动态、学习状况、心理问题等方面,发现问题更为及时,更有利于辅导员及早解决问题、消除隐患。

最后,在寝室风气、寝室文化等寝室整体评价方面。寝室长的榜样作用发挥明显,优秀的寝室长无形中会对寝室成员造成影响,带动寝室风气向好的方向发展,寝室内务卫生、人际关系、学习风气明显得到改善,进而推动整个班级班风、学风的形成。

4　结束语

寝室长选拔、培养、监督、考核制度的建立,整体提高了寝室长队伍素质,增强了其学生干部工作的水平和质量,改变了过去寝室长队伍建设一直落后于其他学生干部队伍建设的状况,让寝室长这一职务得到了同学们的认可,让寝室长的作用发挥得更加突出。同时,一些如寝室长工作动机不纯、工作责任心不强和工作能力不强的问题也得以解决。

参考文献:

[1]李秋艳.用好寝室长队伍建强高校思想政治教育工作主阵地[J].黑龙江教育(理论与实践),2022(11):24-26.

[2]庞小波.大思政格局下发挥高校学生公寓育人功能研究[J].无锡商业职业技术学院学报,2022,22(03):88-91+112.

[3]杨真宝.以寝室为载体开展大学生思政教育的探索与实践思考[J].现代职业教育,2021(20):206-207.

大学生宿舍管理队伍建设

李若诗

船舶电气工程学院

摘要：

学生宿舍是大学生交流学习、沟通思想及休闲娱乐的重要场所，也是学生成长成才的育人重地。发挥高校宿舍管理队伍效用，加强管理队伍建设，提高精细化教育水平，有利于深入开展立德树人工程。本文通过总结工作中遇到的实际问题，努力探究立德树人视域下高校管理队伍建设途径。

关键词：

学生宿舍；四级队伍建设；立德树人

引言

高校学生宿舍是学校提供给大学生进行日常生活、思想沟通、学习交流的重要空间，是学生成长成才的育人重地，这就决定了高校学生宿舍的功能与作用是不可替代的。然而，近年来在校园中发生的很多问题，甚至是恶性事件，源起于宿舍的占有相当一部分比例。面对这些事实，我们不仅要对其工作进行反思，更应该对如何进一步强化高校宿舍管理深入思考。笔者作为高校一线工作人员，在日常工作开展中领悟到，高校学生宿舍管理队伍在宿舍管理中有着举足轻重的地位。高校学生宿舍管理队伍因其作为一线学生干部的身份，充当着向老师整理汇报学生日常生活情况、监督促进学生努力认真完成学习任务、引导带领学生群体提升思想觉悟、协助调节学生生活节奏、安抚建设学生心理健康、守护保卫学生日常生活安全和构建营造轻松快乐的日常氛围的角色。因此，探究如何构建一支成功的高校学生宿舍管理队伍，培养高效、精干、有执行力的大学生宿舍管理人员，对推进学生管理工作有至关重要的现实意义。本文通过总结工作中发现的问题，结合管理学理论知识和研究报告，探究立德树人视域下的高校学生宿舍管理队伍建设思路。

1 宿舍管理现状及存在问题

1.1 宿舍管理模式陈旧

学生宿舍的管理过程中，主要以学校管理为主，以以学生为中心和为学生服务的观念为辅。要求学生要严格按照学校的规章制度执行，但是没有考虑到这些规章制度是否符合当代大学生的时代特点，无法实现规范化，给管理的工作带来了很多实际的困难。学校的日常管理以检查、抽查为主要形式,定期对学生的宿舍进行安全纪律、环境卫生、夜不归宿等检查,在这样的形式下,学生存在应付检查,从行动上被动应付学校管理,在思想上没有形成主动自我管理的思维模式。

1.2 受传统观念影响,对宿舍功能认识片面

受传统观念的影响,大多数人认为学生宿舍只是提供宿舍服务的场所。学生宿舍管理工作的核心是后勤和安全保障,大多停留在环境卫生检查等较低层次,忽视了"育人"这一重要功能,未认识到宿舍是大学生思想政治教育的重要场所。大多数学生也都只重视课堂知识的教育,忽视在宿舍的管理和教育,影响了宿舍功能的有效发挥。

1.3 宿舍管理人员文化素质良莠不齐

随着高校的不断进步,思想政治教育的不断深入,高校的思想政治教育又有了新的要求,学生宿舍已经不是单一的休息、娱乐的地方,现在已经成为开展思想政治教育、文化育人、服务育人的前沿阵地。但是,在管理人员结构上,高校的宿舍管理人员普遍使用外聘员工或临时员工,年龄偏大、文化程度较低的人员,这就导致了宿舍管理人员的文化素质良莠不齐,无法辅助学校开展学生宿舍成为思想政治教育的主要阵地。

1.4 管理沟通渠道不畅,未形成系统的管理体制

宿舍管理工作中存在沟通渠道不畅的情况,学生反映的宿舍问题时常得不到及时、有效的解决。有的宿舍管理人员对工作内容不够明确,且不及时反馈问题给相关部门,导致很多问题堆积下来,很长时间没有得到解决。在实际工作中,多头管理的体制造成各部门沟通不畅、互相脱节。高校必须健全宿舍管理制度,尤其要落实宿舍管理的考核制度和奖惩制度,提高管理的有效性。

2 管理队伍建设路径探究

2.1 强化队伍建设,完善宿舍管理制度体系

2.1.1 组建一支专业知识水平高、能力强的思政队伍

宿舍管理工作既复杂又细致,问题层出不穷,特别是在学生思想教育、心理

疏导、危机应对等方面,需要管理人员具备专业的知识、灵活处理问题的能力。作为学生管理的主要力量,辅导员在学生宿舍管理工作中承担主要责任,因此,各高校应选拔、组建一支专业知识水平高、工作能力强的思政队伍,并经常组织他们参加培训和学习,提高工作能力。

2.1.2　成立四级管理机制

传统的宿舍管理模式往往采用的是两级队伍的模式,即宿舍管理队伍由辅导员和宿舍长组成,这是由于长期的实践形成的模式,但是这种传统的管理模式存在很多弊端。

一是缺少统筹性管理。在传统二级模式中辅导员往往需要与宿舍长直接对接工作,这就导致辅导员的工作量增大,尤其对于负责学生人数较多的辅导员来说,工作量更加巨大。部分辅导员无法顾及所有宿舍的具体情况。这就导致宿舍建设的实际效果与预期效果相差较远,甚至出现一些恶性事件后才能关注到个别宿舍存在的问题,大大降低了宿舍育人的效果。

二是容易使宿舍长陷入两难的境地。大部分宿舍长都要面临同样的问题:如何处理与宿舍同学的关系。宿舍长承担着督促室友整理内务、贯彻落实宿舍文化建设的责任,这就意味着宿舍长承担着管理宿舍的责任。宿舍长与其他学生骨干不同,宿舍长首先要与室友朝夕相处,出于这种特殊关系,宿舍长在管理上很难做到严格要求。这就必然导致宿舍建设成果大打折扣,无法完成工作。因此让宿舍长陷入两难的境地。

中国高等教育体制改革和后勤改革的社会化,高校宿舍区教育、管理、服务工作比以往任何时候都要突出学生的主体地位。针对以上两点,笔者认为应当建立以辅导员为引领,以学生自身为主体的宿舍管理队伍的四级联动管理方式,即"楼长、层长、宿舍长、辅导员"。高校社区工作任务重、难度大,光靠学校教师来管理无法做到万全,应重点调动学生参与社区管理的积极性和主动性,真正实现"三自教育":自我教育、自我管理、自我服务。其核心内容是突出"自我",强调受教育者的主体性在教育、管理、服务中的发挥,并通过教育实践来达到完善自我,提高自我综合素质的教育目标。特别是当今社会学生个性鲜明,呈现出多元化趋势,更需要充分发挥学生自我的积极作用,在学生公寓中建立一支以学生为主体的自我教育、自我管理、自我服务体系。每栋学生公寓设置一名楼长,每层楼设置层长,每间宿舍设置宿舍长,最终形成"楼长—层长—宿舍长"一套完整的学生宿舍自我教育、自我管理、自我服务体系。要建立一支高素质的高校学生宿舍管理队伍,使他们不仅要懂管理,还要懂教育,更要懂经营,这样才能管好学生宿舍,带好学生,适应社会化的要求。

2.2　明确管理思路，夯实宿舍育人重要基地

2.2.1　将宿舍管理与思想政治教育相结合

习近平总书记在全国高校思想政治工作会议上强调，要坚持把立德树人作为中心环节，把思想政治工作贯穿教育教学全过程，实现全程育人、全方位育人，努力开创我国高等教育事业发展新局面。宿舍是大学生思想政治教育的重要基地。以宿舍为单位，将学生党员或积极分子发展、培养和教育等党建工作嵌入日常宿舍管理活动中，将心理教育、人际关系教育等内容与宿舍管理相结合，能充分发挥宿舍的思政作用，营造和谐、文明的宿舍氛围。

2.2.2　将宿舍管理与学生服务相结合

传统的宿舍管理方式较死板、行政化。新时期的宿舍管理工作要求宿管工作人员树立对学生的服务意识，能够力所能及地站在学生的角度思考问题，考虑学生的利益和需求，完善学生宿舍的服务内容，避免出现追求经济利益而忽视学生合理需求的现象。

3　结语

管理是一个动态且充满变数的过程，它本身是没有万能模板的，只能通过不断地尝试找到最为合适的方式。宿舍是与学生联系最为紧密的思政阵地，也是每一位高校辅导员最应当坚守的思政阵地。牢牢抓住立德树人这个立身之本，要求高校辅导员不断反思和总结工作中遇到的问题，追根溯源，积极探索，勇敢创新，在实践中践行精细化教育理念，针对每个学生的特质，进行个体管理和引导，运用辩证的思想对待大学生的问题，帮助每一名学生成长。

参考文献：

[1]王之石,费超.立德树人视域下高校宿舍长队伍建设思考[J].品位经典,2021(01):118-119+142.

[2]谢春艳,李泊村,朱素梅,等.高校心理健康教育走进学生宿舍的研究:以广西中医药大学为例[J].大众科技,2019,21(09):106-108.

高校学生党员教育管理工作的思考与探究

林润心

轮机工程学院

摘要：

高校党建工作在党的建设整体部署中是不可或缺的重要组成部分。高校学生党员的教育管理是高校学生管理工作中的重要工作之一。随着时代发展，各高校的学生数量增加，学生党员队伍也逐步壮大，因此高校党建也逐渐成为基础党建的热点和重点。新时代以来，高校学生工作不只是指导学生学习知识和技能，更重要的是对其思想上的引导。本文拟从注重培养学生党员在思想上入党；引导学生党员起到先锋模范作用；发现在学生党建工作中面临的问题，并分析原因和提出对策，为培养新时代的优秀学生党员提供参考价值。

关键词：

高校党建；学生党员；学生工作

引言

教育是国之大计、党之大计。培养什么人、怎样培养人、为谁培养人是教育的根本问题。习近平总书记在党的二十大报告中强调：全面贯彻党的教育方针，落实立德树人根本任务，培养德智体美劳全面发展的社会主义建设者和接班人。在新的时代形势下，高校党建工作的难度提升到了前所未有的高度，而高校高质量的党建工作是为全面建成社会主义现代化强国提供优秀人才的根本保障，因此需要高校广大党务工作者对高校党建进行一些有益的探索和思考，开创高校党建工作新局面。

1　当前学生党员教育管理存在的问题

1.1　学生入党的动机不同

伴随着时代的进步，大部分学生在新的环境以及多元化因素的影响下，入党动机并不纯粹，存在一定的盲目从众心理、虚荣攀比心理和趋名逐利心理。其中盲目从众心理体现在学生们认为入党是一种"潮流"，部分学生刚入校时不理解党员身份代表什么，有的是受到身边同学的影响，有的是迫于家庭或其他社会成员的压力，将个人认识或行动与多数人保持一致；虚荣攀比心理体现在部分学生认为共产党员是一种身份和荣誉，比别人更早成为党员以满足虚荣心，而没有认识到党员所需要肩负的责任；趋名逐利心理体现在部分学生将党员身份作为工作和升学的加分项,并未真正树立起为共产主义事业而奋斗终身的理想信念。

1.2 学生党员的先锋模范作用未充分发挥

学生党员大部分都是学生中的优秀群体,应充分发挥学生党员的先锋模范作用。学生党员的先锋模范作用未充分发挥,主要表现在:

部分学生在入党之后,并不能以党员的标准要求自己,尤其在参与党组织活动时,常以不同理由请假,在团队中产生消极影响;一些学生入党后对党的理论学习时间减少,并不注意提升自己的思想水平,与其入党前所承诺的表现不一致;还有部分党员很少主动揽活担责,不能积极主动地向党组织汇报自己的思想状况。

2 学生党员教育管理的问题分析

2.1 受身边环境影响,入党动机不纯粹

对于刚踏入大学校园的学生来说,他们的信仰认知有限,如果没有及时得到正确积极的思想引导,极易受到周围社会环境中错误思想的影响。大部分学生在入学前,对党的了解并不多,政治意识并不成熟,对共产主义的认识还处于感性阶段,尚未形成坚定的信念,只是认为"小学加入少先队、中学加入共青团、大学加入共产党"是自然而然的过程。对于他们来说,没有接受过系统全面的入党启蒙教育,所以对党的初心使命和宗旨理解不够深刻,但他们对共产党感情真挚,具有良好的思想基础。

2.2 思想认识不到位,理论学习不积极

教育从来都不是一件容易的事情,这是由教育事业的特殊性所决定的。育人工作从不是简单地教授知识、理论输送就可以达到目的的;而是实践性、长期性的工程建设,需要高校教师尤其是思想政治教育工作者不断摸索、提出一套成熟育人体系,并全面推进。对于学生党员的培养,不仅仅要靠学校老师的引导,更需要学生自己做到严于律己、踏实肯干、虚心好学。对于学生党员来说,党的理论学习,应该是一个需要长期坚持的学习过程。比如学生在成为入党积极分子后,学习党课并顺利结业不是党史党章学习的终点,而是应该坚持更加深入的理论学习研究。

2.3 约束力不强,先锋模范作用不突出

学生党员都是高校中的优秀学生群体,应将学生党员的引领和带头作用发挥出来。但目前,学生支部中普遍存在着"重入党前的发展,轻入党后的再教育"的现象。在发展前,对发展对象进行重重考察和层层教育,参加党章学习小组、党校培训考核、积极分子培训教育等,但发展后就认为任务完成了,忽略了对党员的再教育工作,导致部分党员在入党之后思想松懈,不能以高标准、严要求来约束自己的行为;部分高校学生党员在入党之后,对于党的理论知识学习减少;部分学生党员不能积极主动地汇报自己的思想学习情况,很少主动承担一些活动工作。"入党之前拼命干,入党之后松一半",党员先锋模范作用不再成为其追求。以上都是学生党员的先锋模范作用不突出的表现。

3 完善学生党员教育管理的对策

随着时代的发展,在高校学生党员教育管理的工作上,应当做出相应的调整,对于不符合党组织建设基本要求的要加以改进,从而实现高校立德树人的教育目标。因此,在进行对学生教育管理的过程中,要主动转变思维,探索创新路径。具体来说,可以从这几方面进行。

3.1 注重学生思想上入党,入党培养关口前移

习近平总书记曾指出,高校肩负着学习研究宣传马克思主义、培养中国特色社会主义事业建设者和接班人的重大任务。因此,应时刻关注学生的思想动态,要减少不良的社会环境和不好的风气对学生入党动机的影响。对于学生入党,可从学生的入党动机抓起,注重让学生在思想上入党,将党的理论知识教育融入大学生入学教育系列培训中,将入党启蒙教育设置在大学生提交入党申请书之前,从而实现培养优秀大学生党员端口前移,使学生们能够切身感受到中国共产党的创立初心和其坚定的理想信念。在学生日常管理工作中,要注重学生课程教育、主题实践教育、谈心谈话等,要潜移默化地将思想教育融入学生的日常学习与生活当中。不仅要确保学生在入党时重视党的理论知识的学习,而且要在学生入党之后保证学生党员对于党的理论知识学习的主动性、持续性和长效性。

3.2 引导学生行动上入党,以身作则,树立榜样

高校要将学生党员的培养作为一项长期任务,抓深入、重实效,时刻把握好学生的思想动态,实现学生到学生党员的身份转换,树立好学生党员的形象。要将入党动机、品行道德、综合素质、学习成绩结合到一起,综合地对学生进行评价,不能只看学习成绩,要将团组织推优、党员发展与老师和同学们的评价综合起来,全方面评价学生表现。培养学生要使其在思想和行动上保持高度统一,使其在校内和校外都能展现出党员应具备的良好精神风貌。培养学生要运用理论知识与实践活动相结合,线上和线下双渠道相结合的方式开展学习实践活动。高校基层党组织应当贯彻落实"三会一课"制度,健全党的组织生活,带领学生党员丰富实践活动经历,鼓励学生党员参与研讨学习、社会实践等活动,消化学生理论学习过程中的疑问。

3.3 推动教育管理长效化,构建评价监督机制

第一,高校要完善学生党员考核机制。当前高校学生党员的考核方式依然停留在对党的理论知识的考核上,并且考核标准偏低,导致理论知识学习的激励方式不够,不利于党建工作的进步和创新。新时期,高校应当根据时代发展和学生管理的情况对于学生党员考核机制进行完善,制定更多更全面的考核制度并对各项考核指标进行完善,实现对学生党员全方位监督,从根本上提升学生党员的培养水平和党建工作的质量。

第二,建立学生党员的评价档案。为记录学生党员的工作表现,高校应当以学生党员个人贡献多少作为基础改进与创新评奖评优计划,为高校学生党员建立相应的评价档案。通过评价档案可以记录学生党员平时生活中的行为表现,为学生党员评奖评优计划提供全面的评价依据。

4 总结

高校学生党建是一个长期性、持续性、实践性的工作。随着科技的进步和市场经济的发展,一方面大学生思想价值观念发生了一定的变化,另一方面学生党建工作仍然存在诸多问题,只有及时解决问题,才能不断完善学生党员教育管理工作体系,激发高校党建工作的活力,从而促进高校的发展。高校在开展学生党员教育管理工作的过程中,要时刻把握学生成长规律,把学生党员培养和新时代发展所需人才的培养有机结合起来,充分发挥党建工作培养德智体美劳全面发展的社会主义建设者和接班人的作用。

高校学生学习型党支部建设工作研究

——以外国语学院本科生第一党支部『自述考促评』学习型党支部建设为例

曲乐

外国语学院

摘要：

在学习贯彻习近平新时代中国特色社会主义思想主题教育工作会议上，习近平总书记提出要牢牢把握"学思想、强党性、重实践、建新功"的总要求，要做到以学铸魂、以学增智、以学正风、以学促干，作为党建工作的基石，高校基层党组织必须坚实稳固，才能发挥坚强战斗堡垒的作用。因此，针对高校学生党员群体的教育管理工作的重要程度不言而喻，学生党员的教育管理已经成为我国高校党的建设乃至整个高等教育工作的重要组成部分。本文以大连海事大学外国语学院本科生第一党支部"自述考促评"学习型党支部建设为例，探讨学习型党组织建设方法。

关键词：

高校党建；学生党员；党员教育；学习型党组织

引言

外国语学院本科生第一党支部（以下简称"支部"）坚持把开展学习教育作为坚定理想信念、统一思想认识的有力抓手，作为激发党员学生活力、提高服务本领的有效方法，作为加强支部建设、打造组织强有力基层党组织的重要举措，探索形成了一套"自学、述学、考学、促学、评学"的工作机制，抓严、抓细、抓实党员学习教育，打造一支政治素质过硬、思维方式创新、学习能力突出的团队。

1 研究背景及研究意义

1.1 研究背景

在学习贯彻习近平新时代中国特色社会主义思想主题教育工作会议上，习近平总书记提出要牢牢把握"学思想、强党性、重实践、建新功"的总要求，在全国教育大会上发表重要讲话中，他强调"加强党对教育工作的全面领导"，作为党建工作的基石，高校基层党组织必须坚实稳固，才能发挥坚强战斗堡垒的作用。中共中央办公厅印发《关于推进学习型党组织建设的意见》中指出建设马克思主义学习型政党，是一项重大战略任务，明确要求要使党员的学习能力不断提升、知识素养不断提高、先锋模范作用充分发挥，使党组织的创造力、凝聚力、战斗力不断增强。

1.2 研究意义

高校学生党支部发挥政治作用的前提是加强政治建设、提高政治站位。为了实现这一目标,最主要的方法是在全面从严治党的基础上,切实强化学生党员政治理论学习。这包括学习党的创新理论、坚持理论武装,以及将学习党的创新理论融入日常生活中,真正让青年学生理解、掌握和运用这些理论。通过这些努力,学生党支部可以发挥自身的政治作用,引领和服务广大学生,促进党的事业和国家的发展。

2 当前高校学生党支部在政治理论学习方面存在的问题

在学习型党组织建设中,高校党支部存在的问题包括部分党员学习理念陈旧、学习内容狭隘、学习效果重"数量"轻"质量"、重"理论"轻"实践"等。这些问题导致学生党支部政治理论学习的效果不够明显,无法真正指导和支持学生党员的实践活动。

2.1 学习内容不够系统和深入

有些学生党支部可能只停留在表面学习政治理论的阶段,没有深入学习和理解。这可能导致政治理论学习的效果不够明显,无法真正指导和支持学生党员的实践活动。

2.2 缺乏创新和个性化学习方法

政治理论学习应该注重与学生的实际情况和兴趣结合,采用多元化、创新的学习方法,激发学生的学习兴趣和积极性。但有些学生党支部在教学方法上还存在单一、机械的问题。

2.3 学习成果应用不够充分

政治理论学习的目的是指导和推动学生党员参与实践活动,服务于学校、服务于同学。然而,一些学生党支部在政治理论学习后,将学习成果和实践活动脱节,无法充分应用所学知识。

2.4　宣讲形式单一

有些学生党支部的政治理论学习以宣讲或讲座的形式为主,忽视了学生的参与性和互动性,难以激发学生的主动学习和思考能力。

解决以上问题的关键是加强高校学生党支部的教学管理和师资力量建设,提供更优质的政治理论学习环境和方法,为此支部创建"自述考促评"学习方法,鼓励学生积极参与,将理论学习与实践活动紧密结合,培养学生党员的理论素养和实践能力。

3　"自述考促评"五维路径

3.1　突出学习重点,规范引导"自学"

着重抓好党章党规、习近平新时代中国特色社会主义思想、习近平总书记系列重要讲话、习近平谈治国理政、党风廉政、法律法规等内容的学习。党支部制订每月学习计划,落实每月"三张表"工作制度。为落实落细"三会一课"制度,每月初支部发布电子版"三张表",包括:一张党员大会表、一张主题党日活动表、一张支委会表,"三张表"均有明确的会议主题,在完成"三张表"过程中,要有每名党员亲笔撰写的活动心得体会,同时做好会议照片的留存。党小组跟进落实措施,党员按计划、有步骤地做好精读、研习和学习笔记。

3.2　促进学用结合,激励党员"述学"

支委委员讲党课。支部书记、副书记每年带头讲党课。支部近几年来以"入党那些事儿""坚决打赢疫情防控阻击战""学习重要论述,坚定制度优势,做合格党员"等时政热点为主题,为支部全体党员及入党积极分子讲授主题教育专题党课。支委委员带头以自身口吻讲述党课,使得学习效果显著提升。

支部成员讲党课。为形成党员自我教育和相互教育结合的"教学相长"模式,支部组织学生党员开展"信仰的力量"系列主题微党课二十余期。在活动中,学生党员既是理论学习的受益人,又是理论知识的传播者,有效地坚定了学生的理想信念。

3.3　强化入脑入心，适时开展"考学"

围绕党章党规、习近平总书记系列重要讲话、法律法规、党史、新中国史、改革开放史、社会主义发展史等应知应会知识，结合时事热点、疫情防控的相关知识，把培养学生党员党的知识传播广度与组织师生有机结合，单月一次进行"以赛促学"活动。按照党小组、党支部、党委选拔，以知识竞赛、演讲、辩论赛等形式让学生党员在群众中形成较好的舆论氛围。

以党史知识竞赛为标杆旗帜，通过"党史杯"知识竞赛，帮助学生党员通过测试进一步掌握理论知识、了解学习不足之处，进而及时查漏补缺。促进学生党员牢记党员身份，增强党员意识，深刻领会习近平总书记系列重要讲话的丰富内涵和核心要义。

3.4　加强平台建设，严格日常"促学"

支部通过搭建党建学习分享专项微信交流群及党支部专项学习公众号"蓝梦红心"，及时传达上级党组织决策部署精神，宣传优秀党员、专业学霸、竞赛达人等具有正能量、影响力的身边榜样人物，在学生们之间形成学做先进、争当先进的良好氛围。

为加强支部成员党史、新中国史的学习，同时带动广大青年学生了解我党历史、培养爱党爱国情怀，自2020年起，支部依托"蓝梦红心"公众号每日发布《历史上的今天》，截至目前已发布推文近500篇。

支部积极响应上级党组织号召，及时组织支部成员集中学习《榜样6》、高校党组织示范微党课等内容，学生党员提交心得体会400余篇，发送推文6篇，集中学习的开展让学生坚定了"四个自信"。

支部积极组织开展习近平新时代中国特色社会主义思想学习教育，发布《习近平新时代中国特色社会主义思想学习纲要》专题推送21篇。为更好地帮助学生党员理解相关文件精神，发布《文件精神解读》等推送14篇。

3.5　提升实践转化，公开组织"评学"

抓党员教育，不仅要善于动员，也要有激励约束手段。2022年8月30日，外国语学院本科生第一党支部开展8月"评学"会，针对8月份学生党员们理论学习成果和"沿着总书记的足迹学党史 探访红色革命圣地传精神"暑期社会实践活动成果进行汇报评比。通过此次"评学",对党员学习教育进行量化考核评价,提高了支部党员主动学习党的理论知识、参加社会实践活动的主动性,落实了党员教育"积分制"的长效机制,确保党员教育工作扎实开展。

分层细化,实施积分管理,设立积分测评小组,制定《党员教育"积分制"实施细则》,以填写党员教育"积分制"全程纪实表的形式,按照"每月一审定、季度一评星、半年一评议、年终一总评"的程序,指导本支部严格按照"积分制"管理程序为每名党员定期做好积分记录,对党员学习教育、社会实践、志愿服务等情况进行量化积分。

4　总结

加强学生党员教育的学风建设是永葆新时代党员教育先进性和纯洁性的需要,是提升新时代学生党员思政理论水平的需要,更是确保未来党员干部综合素质能力的需要。

学习的目的在于应用。"自述考促评"的做法能够长期坚持下来,并在学生党员教育中取得良好的效果,说明抓好学生党员经常性教育,一定要从党员最关心的问题入手、从正在做的事情入手、从人才培养理念入手,增强学习教育的"代入感",激发党员学习的自觉性。

"自述考促评"五维路径将继续探索完善党员教育管理模式,建立严格的制度,完善组织结构。由二级学院党委书记牵头成立党员教育学风研讨小组,各支部书记成为组员,以提纲挈领的方式负责统筹高校党员教育管理工作,让高校的党员教育工作开展具备整体性和一致性。

参考文献:
[1]徐宁.新时代党建融入高校思想政治教育策略探究:评《高校党建与思想政治教育研究》[J].领导科学,2023(02):2.
[2]常雪.红色资源融入高校学生党建的三维向度探索:评《高校学生党建工作实务》[J].科技管理研究,2023,43(02):228.
[3]韩金佐,代阳.基于学习型组织理论构建高校党建引领新范式[J].学校党建与思想教育,2022(22):34-36.
[4]邹恒,郑婷婷.新时代高校学习型党支部创建实践探索:以全国党建工作样板支部建设为例[J].经济师,2022(06):197-198.
[5]苏英志.党史学习教育探索与实践:基于"双带头人"教师党支部书记工作室建设[J].石家庄职业技术学院学报,2022,34(05):6-9.
[6]国家发展改革委人事司党支部.精心打造学习品牌 探索建设学习型党支部[J].机关党建研究,2020(06):54-56.

浅谈高校党建全面质量管理体系构建

张蓬予

轮机工程学院

摘要：

首先，为提升高校党建工作的科学性、规范性和实效性，以构建完善的高校党建全面质量管理体系为出发点，分析高校党建实施全面质量管理的意义，明确高校党建全面质量管理体系发挥的重要作用。其次，从高校党建全面质量管理体系的构建路径和运行效果两方面进行梳理和预测，保障高校质量管理体系的落实，推动高校党建工作质量的提升。

关键词：

高校；党建工作；全面质量管理体系

引言

全面质量管理（Total Quality Management，TQM），是指组织全体人员对影响质量的全过程和各种因素进行全面、系统的管理，以保证产品质量的持续改进，生产出消费者满意产品的一种质量管理方法。将全面质量管理体系应用于高校党组织建设，促进构建高校党建工作目标，并将高校党建工作目标进一步转化为方便衡量的指标体系，可以促进高校党建的工作职责落到实处、资源配置合情合理、人员管理更加科学，进而为高校党建工作质量的全面提升提供强有力的保障。

1 高校党建实施全面质量管理的意义

1.1 有利于增强高校党建质量管理的科学性

全面质量管理体系是一套涵盖总体目标、过程控制和具体操作要求于一体的管理系统。通过运用全面质量管理体系整合高校党建工作的目标和标准，并梳理细化形成评价标准体系，有助于简化党建考核流程，明确党建考核思路。同时，通过全面质量管理体系加强全员管理，提出参与成员的各项工作要求，建立自下而上的管理体系，有利于提升高校党建质量管理的科学化水平。

1.2 有利于提升高校党建质量管理的规范性

在高校党建工作中实施全面质量管理，可以集中整合高校党组织的建设要求,并将其细化为明确的参数因子,通过全员管理,明确高校中每个党组织应该做什么、怎么做,保障高校党建工作有章可循、有据可依;通过全过程管理,优化工作流程,推动高校党建工作各环节、各步骤有依据、有目标;通过科学划定党建工作的"定性"与"定量"检查考核比例权重,做到"实—虚—实"有机转化结合,促进高校党建工作有计划、可跟踪、好检查。

1.3 有利于保障高校党建质量管理的实效性

高校党建实施全面质量管理,核心是将全面质量管理四阶段的循环方式和八个步骤引入高校党的基层组织建设。在实施过程中,高校所有党务部门、基层组织和党员干部都以党建质量为核心,把建立目标、设立规则和加强过程把控反馈整改等集合在一起,探索全面质量管理与党建工作的相通性,建立一套科学严密的高校党建工作质量保证体系,可以有效增强高校基层组织建设的实效性。

2 高校党建全面质量管理体系的构建路径

2.1 建立质量管理意识

高校党建全面质量管理体系的首要任务是建立质量管理意识,强化思想引领。建立质量管理意识的关键在于以下三点:一是率先垂范,切实发挥高校党员领导干部的关键作用。高校各级党组织书记须强化党建第一责任人意识,按照党建工作全面质量管理体系的标准要求制定年度高校党建工作要点,细化目标任务,切实将全面质量管理下的高校党建目标任务落实落细。二是双向融合,按照全面质量管理要义界定质量语言。"党建工作的客户"是指高校党建工作的服务对象,包括上级党组织、党员、管理系统、群团组织、教师、学生等。"党建工作成果"是指高校党组织为服务对象提供的服务,即党建工作的物质和精神成果。三是问题导向,依照学校的办学特色和规章制度因地制宜地建立起高校党建全面质量管理体系。一系列核心观念的界定,使学校各受控部门和教职工逐渐转变自身意识,从模糊的党建工作对象意识转变为具体的"顾客"意识,最终形成为"顾客"提供优质服务的质量意识。

2.2 建设质量目标体系

高校党建实施全面质量管理的前提是明确全面质量管理体系建设的目标任

务,建设党建工作质量目标体系。质量目标体系的逐步建立可以分三个阶段:第一阶段化繁为简,建立相对较为基础的评价目标,让基层党务工作者不论是在思想上还是在实际工作中都有逐步适应的过程;第二阶段双向沟通,充分征求党务工作者意见,让其充分地理解党建质量目标体系的内涵,同时保证质量目标体系的可行性;第三阶段化简为繁,逐步降低形式上的标准要求,追求党建发展的隐性目标。

2.3　健全质量管理体系

为保证党建工作质量目标完成的有效性,必须不断健全质量管理体系。健全质量管理系统,首先要完善高校各级党组织工作制度,特别是完善党委领导下的校长负责制和院系党组织和部门的工作制度。高校党委需积极探索并制定适用于高校党建工作实际情况的实施细则,并将这一指导制度有效地融入高校其他各项事业的改革和发展中。其次要完善高校党建工作评价体系。高校党委需摒弃基于绩效的评价体系,并充分考虑高校党建工作实际,采用全员评价、全过程评价、全方位评价的方式,不断完善和改进高校党建工作评价体系,并将该评价体系引入高校党建工作的各项环节。最后要完善高校党建工作指导性文件。为确保高校党建工作质量目标完成的有效性,高校党委应不断完善《质量手册》《程序文件》等指导性文件,并根据学校党建工作的实际进展进行及时修订。

2.4　监督质量管理运行

为保障高校党建全面质量管理体系的长效运营,必须抓好监督检查工作。一是要加强日常监督。在高校党建全面质量管理运行过程中,党委、各层级部门及党员个体要不断发现问题、分析问题和解决问题,可以采用互评的方式相互监督,进而促进高校党建队伍的建设工作。二是要引入外审机制。把高校党务日常工作中的阶段、过程和取得的成果作为审计对象进行人员测评,让高校党务工作制度更加具体和规范。三是要掌握工作方法。注重日常检查与抽查、审核与专项审核、内审与外审、过程监督与结果监督相结合,不断改进高校党建工作的方式方法,逐步提升高校党建工作质量。四是要构建奖惩制度。将日常考核和道德品质等纳入评选干部和评奖评优的考核范围,实施全方位综合评价考核,保障高校党建全面质量管理体系的持续改进。

2.5　强化质量管理保障

强化质量管理保障是推动高校党建工作任务扎实开展的关键所在。加强质量管理保障工作可以从两个方面展开:第一个方面是加强高校党员干部队伍建设。选优配强高校二级党组织书记和支部书记,保障党务工作者的教育、管理、培训工作顺利开展。第二个方面是在落实工作的过程中通过五个步骤来考核党员干部。一是写所需。在交代任务之后,党员干部需要明确工作任务的要求和制度,并以文字的形式写出来。二是做所写。对制度和工作文件中所要求的内容,严格执行,不能弄虚作假。三是记所做。在任务实施过程中,认真记录下所有的工作细节,务必保证工作细节的完整可靠,做到思路清晰,过程清晰,结果清晰,反思清晰。四是审所记。允许不同部门或者不同工作任务的人互相审查,一旦发现问题须及时整改,保障整体工作进度。五是改所审。在审查的过程中发现问题,必须严格分析问题根源并进行整改,避免同样的问题再次发生,形成闭环管理,确保党建工作质量的不断完善和提升。

3 高校党建全面质量管理体系的运行效果预测

3.1 强化党对高校的政治领导

通过将全面质量管理体系引入高校党建工作,党建工作体系和责任体系得到进一步完善,党委管党治党主体责任得到不断强化。高校党建实施全面质量管理,一是进一步明确党委领导学校工作的地位和职责,确保了党委在坚持社会主义办学方向、决定学校改革发展重大事项中的领导职责和任务;二是进一步健全和完善党委各项议事决策制度,确保了常委会、党委会、党员大会按照规程有序有效开展,推动了学校党委和二级党组织领导班子议事决策制度和程序更加完善、议事决策能力显著提升;三是进一步加强和优化校级党委对党务部门和院系党委的领导,通过测评体系的完善和实施,校党委对党务部门的直接领导和指导得到强化,各党务部门职责也进一步明确,并且在大党建工作格局下,高校各级党务部门联动协调,可以统筹推动各项工作落实到位。

3.2 发挥高校立德树人的主阵地作用

通过明确高校党建工作质量方针,形成质量目标,从而科学设岗定责,整合各项管理活动,将高校党建工作与思政工作紧密结合,与高校教育、科研、社会服务、文化传承和创新紧密结合,可以促成高校人力资源开发的引领作用,发挥高校立德树人的主阵地作用。通过建立高校党建全面质量管理体系,一方面,高校党组织的政治引领作用得到进一步强化。以党支部建设带动团支部建设,通过党团联动扩大支部活动辐射面,可以进一步发挥好组织学生、引导学生、服务学生和维护学生的作用。另一方面,高校党建与业务工作得到进一步融合。各基层党组织结合工作实际,明确党建工作目标,对党支部和党员岗位进行分解,形成"自上而下确定、自下而上保证"的党建目标管理体系,实行党建工作与学生管理、教育科研、学风建设等各个层面相互支撑、相互融合,从而进一步优化高校各项工作流程,全面提升高校人才培养能力。

3.3 建立党支部组织力提升的长效机制

全面质量管理体系的透明性能够使高校基层党组织职责更加明确,同时全面质量管理系统科学的考核机制、激励措施能够不断增强高校各基层党支部工作的创造性和完成工作的荣誉感,从而确保各基层党支部始终保持稳定向好的凝聚力、组织力和战斗力。此外,高校党建全面质量管理体系充分尊重二级党组织的首创精神,鼓励和激发二级党组织在落实校党委工作部署要求的同时,结合自身特色统筹推进各基层党支部工作,从而使得党支部工作活力得到进一步激发。为实现党建工作质量体系总目标,各层级单位部门及党员个体需要将其具体分解为多个小目标,规范化的管理体系使得各种学习机制、党员教育机制、党员管理机制、党内民主评议机制不断标准化,与此同时基层党支部的工作内容、目标也变得更加具体,对于工作的指导也变得更加科学完善,从而建立起高校党支部组织力提升的长效机制。

4 结语

将全面质量管理体系引入高校党建工作,是提升高校党建工作质量的一种有效方法。通过建立质量管理意识、建设质量目标体系、健全质量管理体系等方式构建高校党建全面质量管理体系,能够进一步完善党建工作体系和责任体系、发挥高校人力资源开发的引领作用、建立党支部组织力提升的长效机制,进而促进高校党建工作质量的全方位提升。

参考文献:
[1]张彩霞.全面质量管理体系的研究与应用探讨[J].中国石油和化工标准与质量,2022,42(05):17-19.
[2]齐勇.新时代高校院(系)基层党建工作质量评价体系构建探析[J].北京教育

（高教），2021（01）：92-95.

［3］周洁，范君晖，孟翠翠，等.基于全面质量管理提升高校基层党建质量研究［J］.学理论，2019（06）：101-102.

［4］张玉晗，李云，赵金娃.高校基层党建工作质量管理体系研究［J］.大连民族大学学报，2022，24（03）：285-288.

［5］苏文锦.高校党建工作建立质量管理体系的实践探索［J］.学校党建与思想教育（上半月），2008（11）：25-27.

［6］张自强，杨卓如.全面质量管理体系应用于高校基层党建工作的理论与实践［J］.继续教育，2015，29（02）：6-7.

［7］周双丽.高校党建工作质量评价体系研究［J］.高教学刊，2021（08）：156-159.

［8］李翠云.构建高校党建工作质量管理体系的探讨［J］.科技视界，2013（11）：106.

［9］王斌，瓦庆为，肖蕾.基于现代质量管理的高校党建质量评价体系研究［J］.黑龙江教育（理论与实践），2022（05）：5-8.

［10］林休休，魏影，胡宾，等.全面质量管理在高职院校基层党建工作中的应用研究［J］.湖北开放职业学院学报，2021，34（13）：103-105.

［11］田乃清.高校党建工作导入ISO9000质量管理体系的可行性分析［J］.黑龙江高教研究，2012，30（12）：50-52.

培养航海类专业学生党员的志气、骨气、底气实践探寻

赵晟博

船舶电气工程学院

摘要：

培养青年学生的志气、骨气、底气是高等学校开展思想政治教育的重要方向。在对航海类专业学生党员的教育过程中，基层党组织应积极探索实践路径，发掘航海类专业中蕴含的思想政治教育元素，引导青年学生党员深刻理解志气、骨气、底气的内涵，主动利用习近平新时代中国特色社会主义思想凝心铸魂，用实际行动练就自身本领，自觉担当起民族复兴大任。

关键词：

志气；骨气；底气；航海类学生

引言

青年是整个社会力量中最积极、最有生气的力量。在庆祝中国共产党成立100周年大会上，习近平总书记在重要讲话中指出："新时代的中国青年要以实现中华民族伟大复兴为己任，增强做中国人的志气、骨气、底气，不负时代，不负韶华，不负党和人民的殷切期望！"这是对新时代中国青年的时代号召和殷殷期盼。

船舶电子电气工程专业学生党支部是大连海事大学首批党建工作样板支部、辽宁省第三批新时代党建工作样板支部，支部坚持将构建丰富的育人体系和健全的育人机制作为重点，不断创新工作方法，增强学生党员的志气、骨气、底气三重向度。

1　以深度的红色教育长思想志气

"志，气之帅也；气，体之充也。"志引导气，气引导力，心志所向，气力所趋。志气，是一个人一生的奋斗之基和力量之源，是青年学生人生奋斗的方向和道路，是青年学生的理想信念。一代人有一代人的使命，一代人有一代人的担当，实现中华民族伟大复兴是一场接力赛，在这场接力赛中，青年大学生是生力军，更是未来的主力军，因此青年大学生的志气强大与否，是关系着民族复兴大局成败的重要因素。

"中华民族是一个有志气的民族，为了探求救亡图存的正确道路，中国的先进分子带领中国人民始终坚持在苦难和挫折中求索、在风雨飘摇中前进，敢于挽狂澜于既倒、扶大厦之将倾。"以史鉴今，资政育人，历史是最生动的教材，重视从党的历史中汲取智慧和力量是中国共产党的优良传统，这既是加强党的思想理论建设的重要任务,也是增强高等学校思想政治工作能力和做好高等学校立德树人工作的有效途径,持续做好基层党组织的"四史"等红色教育既非常重要,又非常迫切。党的二十大擘画了新时代新征程党和国家事业发展的蓝图,在此历史方位下,常态化开展新时代高校红色教育,必须以党的教育方针为基础,以立德树人为中心任务,教育引导学生树立崇高理想,培养充满志气的新时代青年。

为了增强学生党员的志气,支部深化红色教育,搭建"理论+实践"两个课堂,创办了"火炬自习室""红色观影厅""党史茶话会"等理论学习载体持续推进"四史"学习教育常态化、长效化,不断巩固"四史"学习教育取得的成果;在此基础上,充分利用大连、旅顺及周边地区丰富的党建基地资源,依托爱国教育重要时间节点,带领学生走出校园,开展爱国主义实践教育,以沉浸式学习方式更加深刻地学习、理解中国共产党走过的百年道路,让爱国主义教育更加深入人心。以重要纪念日、节日为契机,举办"学党史""习思想""强信念"等主题特色活动,深入落实"两学一做""党史学习教育"等红色教育,提升学生思想意识和政治觉悟。通过线上、线下相结合的形式,以学为基,促进学生全面发展;校内校外"理论+实践"联动,引导学生知行合一,借助党史实践教育基地的广阔平台,增长学生志气。

2 以丰富的半军事管理内涵硬精神骨气

"人不可有傲气,但不可无傲骨。"骨气是做人的立场、良心和价值的集中体现,一个有骨气的人,才是真正顶天立地的人。骨气体现着青年学生人生奋斗的意志、毅力和责任担当;体现着时代新人砥砺前行,勇于奉献、坚守所为的气节。人无精神不立,国无精神不兴,新时代中国青年要增强做中国人的骨气,首先就要弘扬中国精神、敢于斗争、勇担大任、磨炼意志品质;面对矛盾冲突敢于迎难而上,面对危机困难敢于挺身而出,面对失误过错敢于承担责任。新时代的中国青年要有更硬的精神骨气,更多的傲骨、硬骨、铁骨,真正担负起建设者和接班人的重任。

大连海事大学是学生半军事管理体制的原创者,更是探索者和示范者,学校航海技术、轮机工程、船舶电子电气工程三个航海类专业的学生全部接受学校半军事管理教育。半军事管理核心的"五育"相互融合的有机育人体系,形成"铸形、铸德、铸魂"特色鲜明的育人理念,养成了学生良好的精神面貌,增强了学生的责任意识,提升了学生的就业竞争力,加深了学生之间的感情,培养学生互帮互助的良好习惯。在学生党员培养过程中将"骨气"教育融入半军事管理教育中,针对不同阶段的学生开展不同的思想教育工作,硬学生党员精神骨气行之有效。

在半军事管理的教育引导下,学生在完成求真学问、练真本领的基础上普遍具有凝聚性高、责任意识强、自律性好的特点,为硬青年精神骨气创造了良好的培养条件。在对学生党员的培养上,党支部持续强化感恩和奉献理念教育,创建了"访初心圣地忆峥嵘岁月""论党员信仰挺青春脊梁"等特色活动,让学生党员在乡间田野、基层一线去触摸时代的脉搏、感悟社会的发展。党支部致力于组织志愿服务活动,鼓励青年学生积极投身志愿服务工作,充分发挥党员先锋模范作用,引导学生党员冲在各个战场的最前线,在"疫情防控""志愿服务""重大纪念日"等活动中充分发挥螺丝钉精神,勇于奉献,以此不断加强对自我、对社会、对国家的认知与认可。党支部重视劳动教育与体育锻炼,借助相关时机开展"定向越野""短途拉练"等活动,培养学生劳动意识与锻炼意识,使学生德智体美劳得到全面发展,充分发挥了半军事管理下学生党员的优良传统,硬学生党员的精神骨气。

3 以赓续专业精神蓄心中底气

心里有底,眼中有光,脚下有力。底气,是源自内心的自信,是根植强大的力量,一个有底气的人,才是真正无所畏惧的人。底气是青年学生人生奋斗的信心和力量,是青年学生的积极态度,是时代新人成竹于胸、善于担当、大有作为的气概。如果说志气和骨气是历久弥新的要求,那么底气则是时代新人应当具备的特有品质,有底气的新时代中国青年,将怀有强大的历史文化自信,充满对国家、民族的归属感、认同感、尊严感、荣誉感。

船舶电子电气工程专业学生党支部是以专业为主体的纵向党支部,党支部成员由同一专业不同年级的学生组成,党支部多年运行逐步使"校友+专业老师+指导员+学生"四种不同身份的人形成了强有力的联系纽带,构建了强大的社会资源网络,为在校学生提供了更加全面的教育引导以及更具有针对性的支持与帮助。党支部利用"四位一体"的联系纽带,传承赓续专业文化,以丰富的资源为保障,铸就了专业学生的向心力、凝聚力、团结力,让学生更加自信,养成了其从容应对惊涛骇浪的深厚底气。

船舶电子电气工程专业学生党支部经过代代传承逐步形成了"专业协同,朋辈互促"的专业精神,在此精神支持和鼓励下,专业充分利用"校友+专业老师+指导员+学生"资源,着力于素质培养、学风建设、资助育人、实习实践、志愿服务等方面的提升。党支部充分发挥纵向党支部优势,在朋辈互助、就业指导等方面形成系列品牌活动,充分发挥校友的优势,将校友教育引入学生职业生涯规划、学校招生、学生就业等具体工作中来,进一步强化学生与校友的联系,增强学生信心、硬实力。强大的文化传承力量,使学生心中充满底气。

4　结语

新时代青年生逢盛世,是国家发展的见证者和受益者,但也肩负着实现中华民族伟大复兴的历史重任。结合学校特点培养航海类专业学生党员的志气、骨气、底气,将更加激励学生在时代中练就本领,在斗争中彰显担当,立志成为有使命、有作为、敢担当的时代新人。

参考文献:

[1]习近平.在庆祝中国共产党成立一百周年大会上的讲话[J].求知,2021(07):4-9.

[2]靳诺.围绕立德树人加强"四史"教育[J].思想政治工作研究,2020(05):22-24.

[3]冯刚,陈倩.培育时代新人志气、骨气、底气的文化向度[J].国家教育行政学院学报,2022(02):63-70.

[4]贲浩然,刘国权,李滨娜.论新时代青年的志气、骨气、底气[J].福州党校学报,2022(04):24-28.

学风建设

高校教风与学风良性互动创新探究

安宁

轮机工程学院

摘要：

教风与学风对于维系高校正常教学秩序，保证教育教学质量和人才培养质量起着至关重要的作用。近年来主客观环境变化给高校教风和学风带来了新的影响和挑战，一个重要原因是教风与学风互动相对不足。本文立足"三个实际"，系统阐释了加强教风与学风良性互动的必要性，围绕"三个坚持"，找准教风与学风良性互动的着力点，从模式创新、机制创新、实践创新"三个维度"，为高校教风与学风良性互动提出具体的实践路径。

关键词：

高校；教风与学风；互动

引言

教风与学风是大学文化的重要组成部分，是一所大学治学精神、治学态度和治学原则的集中体现，直接反映着一所大学的底蕴和办学水平。近年来，伴随着高校外部办学环境变化和高校内部办学治校理念变化，高校在教风和学风建设上积极探索，取得了一定的成绩，也由此引发了一些新的问题。鉴于高校教风与学风具有同源性和共生性、传承性和稳定性等特征，为了应对新情况、解决新问题，提高教风与学风建设成效，必须把二者作为一个整体进行互动研究。

1　立足"三个实际"，必须强化教风与学风良性互动

1.1　高校立德树人工作实效不强的实际

立德树人是高校人才培养的根本任务。习近平总书记在全国高校思想政治工作会议上强调："要坚持不懈培育优良校风和学风，使高校发展做到治理有方、管理到位、风清气正。"在党的二十大报告中，习近平总书记强调，加强师德师风建设，培养高素质教师队伍。这为高校教风与学风建设指明了方向。加强高校教风与学风建设，必须严守立德树人的价值导向。当前，部分高校在教与学的过程中未能紧紧抓住立德树人的核心标准，教与学关系协调的方向感不明，内涵建设的主动性不强，创新改革机制建设不及时，立德树人未能取得真正的实效。

1.2 高校教育治理科学性不足的实际

教风与学风是高校教育治理能力的集中体现。提升高校教育治理能力和水平,最根本的是要围绕学生成长成才重要链条和重点环节,优化配置学校办学资源,完善组织构架、运行机制和制度体系,培育优良的教风与学风,以优良的教风与学风培养拔尖创新人才。当前,面对党和国家对高等教育提出的新任务、新要求,高校教育管理过程的优化、教育评价方式的转变、教育管理主体的参与等面临着新问题和新挑战,这些问题亟须从加强教风与学风统筹建设的视角出发,推进教育治理体系改革,为高校教育教学工作质量提高提供良好的现实环境和实践路径。

1.3 高校教风与学风建设协同性不够的实际

高校教风与学风共生于大学场域中,相伴而生、同向同行。教风具有前置性,有什么样的教风,就会涵养什么样的学风;学风具有能动性,既是教风的能动反映,也会反过来促进良好教风的形成。加强教风与学风协同互动,培育和谐的教与学共同体,有利于二者相互影响、互促互进。然而,部分高校在教风与学风建设过程中,未能从整体角度进行顶层设计、系统发力,二者的协同联动不够,甚至出现相互割裂的现象,使二者建设成效大打折扣。虽然一些高校都针对相关现实情况进行了一些探索与实践,但大都局限于"浅层性"和"碎片化",教与学单向发力难问题并没有得到有效的解决。

2 围绕"三个坚持",找准教风与学风良性互动的着力点

2.1 坚持精准化思维,在找准学校及人才培养目标的定位上着力

高校的办学定位和人才培养目标定位,是高校建设、改革和发展的前提性问题。党的二十大报告明确提出我国到 2035 年要建成教育强国。当前正值国家大力推进高等教育高质量发展时期,高校的办学定位和人才培养目标决定着其政策导向和制度安排,关系到如何处理教学与其他方面的关系,关系到教学质量及人才培养质量的标准。每一所高校都在重视教学工作,但自身的办学定位是

否科学、准确,无疑会影响其对教学的投入程度。如果没有科学的定位和机制来保障推动教学,教风与学风的良性互动也将成为空话。

2.2 坚持互联化方法,在建立教与学科学、有效沟通机制上着力

高校教风与学风建设出现问题的主要原因是社会大环境和学校内部环境剧烈变化、教与学主客体共同作用的结果,无法也不能仅仅通过某一个方面的工作调整达到改观的目的。因此,必须通过建立沟通机制,找到两者互动的发力点。在这个过程中,教与学双方需要持续关注彼此的诉求、需求,辅以多种信息技术路径,建立符合实际,更加科学、高效、客观、理性的价值审视和评价机制。与此同时,要注重内外环境、主客体环境对于教风与学风建设过程中的现实压力,积极创造宽松、公平的教育教学环境,加强对教学结构和评价机制的优化。以上举措可以有效构建起教与学的良性互动机制,进一步提升教风与学风建设质量。

2.3 坚持制度化路径,在"教—管—学"三位一体融合支撑上着力

高校教风与学风建设的重点在于强化教学、促进学生成长成才。制度建设是推动教风与学风良性互动的基石,教风与学风良性互动的基础是有相应的制度保障的。教风与学风建设良性互动模式构建涉及教务、学工、人事等一系列问题,必须突出制度在串联这些部门有效发挥作用的主导功能,加强教务部门、学工部门、人事部门与各二级院系的有效联动,建立起系统、科学、完整,具有过程性和互动性的协作配合与责任承担机制,通过教与学数据定期统计、分析、发布、反馈制度,在教师、学生与高校管理保障人员中建立起相互支撑的渠道,形成点线面或矩阵式的教风与学风管理网格。

3 围绕"三个创新",在教风与学风良性互动的实践探索上出实效

3.1 模式创新:构建教与学深度互促的文化融合模式

一是营造良好的教与学文化氛围。围绕教师和学生的主客体要素,加强道德修养和行为规范。要通过开展师德师风专题教育、教育教学方法培训交流研讨等方式,充分发挥教师在教风建设中的主导作用,引导教师在线上课堂积极准

备、热情投入,帮助教师熟练掌握线上平台使用功能,提升准确把握线上、线下课程切换各环节的能力,带动学生端正学习态度,营造良好的学习氛围。要切实强化并形成服务和支持教与学的环境,营造教师愿意教、学生愿意学的氛围。

二是培育和谐的教与学共同体。一方面应积极引导教师转变教育观念,改变传统教学模式,从重知识传授向重学生发展转变,从重教师教向重学生学转变,充分尊重学生的主人翁地位,通过线上"点对点"、线下"面对面"的方式,加强与学生互动,并结合学生在课堂上提出的问题和建议,虚心接受并积极改进;另一方面高校也应积极引导学生勇于打破权威,加强与教师沟通,主动向教师提出自己的疑惑。让学生对教与学形成新的认识,在教师和学生中建立起共同发展、协同进步的友好关系。在以上两个过程中,要激发教与学双方主动参与其中的自觉性,注意避免形式主义。

3.2 机制创新:建立教风与学风良性互动系统化工作机制

一是建立教学管理新机制。高校应充分立足自身办学定位和人才培养目标,结合当前教育教学特点,强化人才培养顶层设计,一方面从有利于营造良好的人才培养环境氛围出发,制定或修订教学研究、学生科创、教学奖励、实践实习、教考分离、实验室管理等规章制度,建立健全教风与学风协同建设制度体系,为推进新时代教育教学改革提供制度保障;另一方面要强化制度执行、贯彻与落实,提升制度的执行力。要重点抓好制度的督导检查,通过对制度执行情况进行跟踪、反馈和分析,及时发现制度制定和执行过程中存在的偏差,切实构建起"时时抓、层层抓、日常抓、抓到底"的常态化闭环管理机制,促进制度不断完善。

二是建立师生常态化沟通互动循环机制。一方面应以优化师生教学互动为出发点,建立改进教风学风提升教学质量办法、教师教学效果评价办法、教师教学能力优化提升办法、教师优化教学研讨办法、学生课程学习评价指导办法、学生学业情况反馈办法等;另一方面建立师生恳谈会、教风学风交流研讨会、师生代表座谈会、学院教风学风大会等形式和内容的会议机制,或借助"两微一端"平台开辟教学互动交流板块,组织"师说""青年说"等主题讲座研讨,收集、掌握教与学双方的意见和建议,推进教与学双方双向互动交流常态化。

3.3 实践创新:实现"教—学—管"全方位联动体系齐步推进

一要完善教师课堂教学质量监测评价体系。结合当前高校不同教学模式创新转变的实际,进一步完善不同形式课堂教学质量监测评价体系,精细化操作、标准化评价、可量化考核,逐步建立起适用于基础课、专业课、实践课、体验课等不同课程的评价办法,提高教学质量评价的科学性、合理性和针对性。二要健全学生学业成绩考核评价体系。积极正视学生学业成绩评价面临的问题和困难,推进学业考核方式改革,探索建立过程性评价体系,进一步推进教考分离,充分挖掘学生的学习潜力。要加强学生"课内+课外"各个环节的统筹考核,合理制定考核指标,加强对学生学习过程的跟踪管理,及时发现问题并进行处理。三要健全协同联动育人管理体系。要充分发挥专业课教师、思政课教师、辅导员、管理人员、家长等不同育人主体在学校育人工作中的作用,明确其职责、分工,建立其参与教风与学风建设的工作体系制度,加强工作互动,及时发现教风与学风建设中存在的问题,推进各方互联互通,协调共进,同向而行。

总之,加强高校教风与学风良性互动,既要克服传统教风与学风建设中存在的困难与问题,又要立足实际,大力加强新形势下教风与学风互融共促的氛围营造、文化创新、制度建设,最终构建起由顶层设计到具体落实、"从教到学"和"从学到教"双向奔赴的系统化教风学风良性互动新格局。

参考文献:

[1] 王焰新.严字当头:新时代高校教风学风建设的探索实践[J].中国大学教学,2021(03):4-9.

[2] 孙越.构建高校教风与学风互动机制的研究[J].科教导刊,2019(23):1-2.

高校学风建设精细化管理研究

路浩

轮机工程学院

摘要：

学风是一所大学的灵魂所在，是立德树人根本任务的中心环节，是人才培养的重要基础。学生管理工作服务于立德树人根本任务，在学风建设中起到导向和保障作用。本文从精细化管理的角度对学生群体进行分类，进而提出有针对性的教育管理服务措施，以达到因材施教、对症下药的目的。

关键词：

高等学校；学风建设；群体分类；精细化管理

引言

学风是大学精神的集中体现，是在长期的办学实践中不断积淀和升华而形成的文化传统，体现着学校的办学质量和管理水平，关系到学校的社会形象和社会地位，是学校生存与发展的基石。学风建设是高等学校自身建设的重要内容，是全面提高教育教学质量的重要条件，同时也是全面推进素质教育，培养高质量人才的关键。优良学风的熏陶和感染，有助于学生养成正确的学习态度和良好的学习习惯，有助于学生提升自我教育、自我管理、自我服务能力，有助于学生树立正确的世界观、人生观、价值观。因此，不论是对于一流大学的建设还是高素质人才的培养，学风建设都具有十分重要的意义。

新形势下，随着社会的发展、高校的扩招和国际国内形势的深刻变化，当代大学生呈现出诸多新的思维方式和行为特点，生活水平的提高和父母亲人的宠溺，使得学生的自我意识强、自理能力差；网络信息化和多媒体工具的发展，使得学生思想的选择性、多变性和差异性日益增强，容易受到不良思潮和价值观念的冲击，产生懒惰散漫、放纵享乐的不良风气。总体来说，新时期的大学生群体中普遍存在着专业思想不稳定、目标不明确、主动性不足、方法不正确等状况，导致学习出现困难甚至产生留（降）级、退学等严重问题，对于整体学风建设工作提出了很大的挑战。针对学生学习当中普遍存在的主要问题，如何在日常思想政治教育和管理工作中加强和改进学风建设，培养引领学生成长成才，是高校学生管理工作中需要面对和解决的重要课题。

1　学风建设精细化管理的内涵

高校学生管理工作服务于立德树人根本任务，通过细致入微的思想政治教育和科学有效的管理服务，教育引导学生做人、做事、做学问，培养引领学生成长、成才,在学风建设工作中起到导向和保障作用。学风建设的精细化管理,即按照学生的外在表现和内在成因对学生进行分类,而后针对不同的学生群体采取特定的、与之状态相适应的、着眼于群体差异的教育、管理、服务方法,因时制宜,因材施教,对症下药,培植学生的内生动力,提升学生的学习能力,帮助学生解决为什么学、学什么、怎么学的问题。在具体工作中,按照学习的过程和规律,在外在表现维度上,可设定学习状态、学习成绩两个评价指标;在内在成因维度上,设定学习基础、学习动机动力、学生心理三个评价指标,而后在各个指标之下对相应的学生群体进行分类,对于不同的学生群体探究分析其产生问题的原因,进而采取相应的策略和措施,以增强教育管理工作的针对性和实效性。

2　按照外在表现维度的分类

2.1　按照学习状态分类

正常的学习生活开始以后,学生逐渐形成自己的学习习惯,此时可按照学生的学习状态和日常表现对学生进行分类,结果可分为五类:一类是积极向上型学生,该类学生学习成绩优秀,把学习作为第一要务,遵守校规校纪,积极主动参加活动。一类是独立思想型学生,他们的学习成绩一般但较为稳定,明确知道自己想要什么,能够根据自己的既定目标稳步前进。一类是只学习型学生,学习刻苦,成绩优良,能够较好地遵守规章制度,但"两耳不闻窗外事",不愿意参加集体活动。一类是随波逐流型学生,该类学生缺乏主见,受其所处环境和周围学生影响较大,成绩时好时坏。一类是沉溺玩乐型学生,不在乎成绩好坏,沉溺于游戏玩乐,习惯于旷课、逃课等,每逢考试常有不及格状况发生。

2.2　按照学习成绩分类

考试结束后,可按照学生的学习成绩进行分类,结果分为四类,具体见表1。

表1 按照学习成绩分类

类别	平均绩点(J)	成绩表现
优秀生	$J \geq 4.0$	成绩居于上游,名列前茅
良好生	$3.0 \leq J < 4.0$	成绩居于中游以上,部分课程成绩突出
一般生	$1.0 \leq J \leq 3.0$	成绩居于中下游,较少出现不及格的情况
学困生	$J < 1.0$	成绩差,多门课程不及格,存在留(降)级危险

3 按照内在成因维度的分类

3.1 按照学习基础分类

在新生入学之初,由于对学生的日常表现情况还不甚了解,教师可以根据学生的学习基础进行分类,具体参照因素可以定为生源地、家庭环境、高考成绩等,通常情况下,可按照以下标准进行初步分类,结果分为基础好、基础一般和基础差三类:

基础好:生源地教育教学质量好,学生学习认识、学习能力和综合素质较好,高中期间经历和所获荣誉较多,高考成绩较好。

基础一般:生源地教育教学条件一般,学生学习认识、学习能力和综合素质一般,高中期间经历和所获荣誉不多,高考成绩居于中间水平。

基础差:生源地经济欠发达,教育教学资源不足,学习认知和学习本领薄弱,高中期间经历和所获荣誉较少或没有,高考成绩较差。

3.2 按照动机动力分类

"动机"是一种内在的心理倾向,"动力"是一种外在的行为活动,学生理想的学习状态应是由学习动机"推动"所激发的内动力和外在刺激"拉动"所诱发的外动力相互作用而形成的,但现实中常有二者不一致的情况。正常的教育教学过程开始以后,可采用谈心谈话结合专用问卷调查的方式进行,依据结果的不同可将学生分为五类:学习勤勉型(动机和动力水平均较高),学习懒散型(动机较高,动力较低),学习强迫型(动机较低,动力较高),学习厌弃型(动机和动力水平均较低),学习中庸型(动机和动力均处于中等水平)。

3.3 按照学生心理分类

学习过程中,学生的心理状况也会影响学生的学习状态,学校会借助 SCL-90 量表或 MMPI 等测评工具对学生开展心理测评,测评分析结果将作为评判学生心理状态的重要参考,与此同时,学生工作干部也可通过日常观察和谈心谈话等了解学生的心理状况。

以此作为基础,可以把学生分为心理素质良好和心理素质较差两类,心理健康的学生可以积极且正确地面对学习中遇到的困难和挫折,及时调整心态,迎难而上;心理素质欠佳的学生则通常会缺乏自信,习惯屈服于眼前的困难,知难而退。

4 精细化管理的具体举措

4.1 按照学习状态分类

对于积极向上型学生,要为其提供更多更广阔的锻炼平台,鼓励其积极参与科创比赛、学术活动、社会实践、志愿服务等,在实践中经受锻炼、提升能力,不断提升个人综合素质;同时,把他们作为榜样树立起来,使其成为其他学生学习的楷模。对于独立思想型学生,一方面要给予他们足够的发展空间,在既定目标基础上实事求是引导好他们的发展;另一方面要帮助他们做好大学规划,确立大学学习生活的主线。对于只学习型学生,要引导他们正确认识大学,使他们认识大学与高中阶段的不同;同时督促他们参加集体活动,增强其对于集体和团队的认知;再者,要引导他们认识到自己的不足,掌握最有效的学习方法。对于随波逐流型学生,应先加强思想引导和管理督导,经常性开展谈心谈话,随时调控该类学生的思想认知和行为方向,组织学风引领骨干进行"点对点、面对面"的日常监督帮学;同时加强环境感染和熏陶,以良好的寝室氛围感染和带动他们。对于沉溺玩乐型学生,切记要"管"起来,"管"与"不管"是完全不同的两种状态,首先,应对其做好思想工作,端正其学习态度,增强其遵规守纪意识,帮助他们摈弃自己是差生的认识;其次,要通过规章制度约束他们,狠抓不懈对其进行强制引导;最后,要加强家校联动,通过有效的家校合力来促使此类学生的转变和改进。

4.2　按照学习成绩分类

此种分类方式下,学生工作干部要坚持"抓两头,促中间"的原则,着重分析学生成绩形成的原因。对于优秀生要做好教育引导,发挥他们在学习方面的示范引领作用,可以让其担任学习委员、学风引领骨干等职务,在锻炼自身能力的同时为同学多做贡献,从而促进班级整体学风水平的提升。对于学困生,根据其挂科种类、数量、学习困难的原因等将其划归不同学业预警等级,建立后进生"一生一册"档案,分类制定针对性帮扶措施。一是做好思想教育引领,提升学生思想认识;二是采取必要的强制措施,加强日常行为、课堂纪律、晚自习考勤监督检查,组织定期参加模拟考试,提交思想报告等;三是组织学风引领骨干进行"点对点、面对面"的日常帮学和集中串讲助学活动,逐步转变他们的观念和行为。

4.3　按照学习基础分类

该分类方式需要学生工作干部准确掌握新生的基础数据信息,同时通过与学生开展谈心谈话,深入了解每个新生的基本情况。经过数据掌握和实际了解之后,辅导员即可对学生进行初步分类。对各类新生,均要做好入学教育,强化思想教育引领,帮助学生系好大学学习第一颗思想"扣子"。对于基础好的学生,要对他们施以警示,督促他们在良好基础之上更进一步;针对基础差的学生,要对他们加以鼓励和帮扶,激励他们以更充足的学习时间和有效的方式方法来进行弥补。

4.4　按照动机动力分类

学习动机侧重于学生学习的心理层面,学习动力侧重于学生学习的行为层面,因此,学生工作干部需从内部和外部两个方向入手,依据各类学生的特点,加强对他们的教育和引导。

对于学习勤勉型学生,一方面要对这类学生做好适当的引导,促使他们多参与高层次且具有挑战性的科研项目或实践活动,不断增长才干,开阔视野;另一方面,要把握好他们的心理状况,增强他们的心理调适能力,使他们能够积极面对和正确处理学习中遇到的困难和挫折。

对于学习中庸型、学习强迫型学生,一要加强思想教育引领,使学生树立崇高理想和坚定信念,激发学生的家国情怀,增强学生学习的责任感和使命感;二要强化专业思想教育,邀请专业教师、专家学者、优秀校友等向学生讲解专业优势、发展方向、就业前景等,使学生牢固树立专业思想,增强专业自豪感和认同度,激发深层次学习动力。

对于学习懒散型、学习厌弃型学生,该类学生往往自制力较差,容易受到周围环境的影响,因此在具体工作中,需要加强对此类学生的监督管理,选定学风引领骨干结对帮扶,强化硬性约束;建立和完善奖惩机制,开展多种形式的评比活动,选优树典,组织评选"学习进步之星",组织进步学生分享学习经验和心路历程,营造比学赶帮超的良好氛围;注重就业导向引领,开展职业生涯规划教育,使学生了解不同就业方向的职业特点和能力要求,引导学生明确自身定位,科学规划就业择业方向,在各个学习阶段学好相应知识,掌握必备技能。

4.5 按照学生心理分类

在具体工作中,学生工作干部首先应树立起"个体差异意识",对每个有问题学生的心理都要单独进行思考和分析以了解他们的心理需求。对于心理状态好的学生,给予其正确的引导即可。对于心理素质差的学生,要发挥好心理健康监督预防机制的作用,及时发现,有效预防;鼓励他们多参加集体活动、文体活动和进行社会实践等,增强身心素质,培养健康体魄,提升个人承受挫折、克服困难的素质和能力;对于产生问题的,应首先找准产生心理问题的原因,在平时的生活和学习过程中要多关注、关心、了解他们,借助家校合力和心理健康教育机构等进行有效的帮扶和指导。

5 结语

学风建设是一项系统性、长期性、艰巨性的工程,需要全员、全过程、全方位的持续努力。作为学生工作干部,在平时的工作中,要以学生成长成才为出发点和落脚点,统筹做好日常思想教育引领和精细化分类管理工作,坚持问题导向,强化靶向思维,科学统筹规划,以教育引领带动学风,以服务保障护助学风,以规范管理促进学风,真正解决学生为什么学、学什么、怎么学的问题,不断开创富有成效的学风建设新局面,切实提高人才培养质量。

参考文献:

[1]赵卓非."五育并举"下高校学风建设工作体系的优化路径研究[J].品位·经典,2023(02):116-118+141.

[2]钱通华,余晓秋,陈楠,等.辅导员视角下强化学风建设的有效途径[J].公关世界,2023(07):113-115.

[3]索罗丹.基于"三全育人"管理理念下的高校学风建设研究[J].经济师,2022(10):185-186.

[4]刘文涛,张程飞.高校学风建设研究[J].科学咨询(科技·管理),2022(10):135-137.

[5]耿冬梅.教学与管理视角下高校学风建设的思考[J].产业与科技论坛,2022,21(13):282-283.

[6]吴晓力.大学生班级学风建设的精细化管理[J].中小企业管理与科技(中旬刊),2016(07):31-32.

基于辅导员视角谈对中外合作办学学困生的培养

张嘉颖

国际联合学院

摘要：

中外合作办学是我国自改革开放以来，教育行业兴起的办学模式，为培养国际化创新人才提供了良好的平台。中外合作办学项目全英文授课模式对于部分学生难度较大，部分学生自律意识薄弱，面对繁重的学业力不从心，不堪重负，甚至产生厌学的情绪。随着学困生数量的不断增多，加强学风建设、强化对学困生的学业帮扶工作，是提升中外合作办学质量和助力学生成长成才的重要保证。

关键词：

中外合作办学；学困生；学业帮扶

引言

中外合作办学是我国教育领域兴起的一种办学模式，能够引进并利用国外优质的教育资源，为提高学生国际化视野、培养国际化人才、促进我国教育现代化进程起到积极的作用。随着中外合作办学项目规模逐渐增大，同时也暴露出许多问题，如教师水平和教学质量达不到要求，制度不成熟，外方教师灌输不正确的价值观等问题。其中，由于部分学生基础薄弱加上全英文授课模式、课程难度大等原因，学习困难学生数量逐渐增多，甚至部分学生出现厌学情绪和心理问题。因此，如何加强对学困生的学业帮扶，帮助学困生提高学习能力，走出学业困境，是值得深究的课题。

1 中外合作办学学生现状

1.1 语言学习压力大，专业课任务重

中外合作办学的模式对大学生的英语水平和英语能力的要求较高。大部分中外合作办学项目要求学生需要通过语言考试要求，方能继续申请合作院校的学位。同时，大部分课程为全英文授课，部分学生在刚入学时难以适应全英文授课模式，上课跟不上老师的进度，学业压力较大。过程化考核的模式使得学生将大部分时间和精力都放在了学业上，很难抽出时间参加各项课余活动，在一定程度上影响学生的综合素质提升和全面发展。有些学生基础薄弱，主动学习能力不足，在学习上存在惰性，面对难度高、强度大的学习任务时，常常会产生挫败感和抵触情绪，甚至可能造成严重的心理问题。

1.2　个性突出,辅导员工作艰巨

当代以"00后"为主体的大学生群体,大多数为独生子女,享受着家人的呵护宠爱,个性突出,部分学生个性张扬,随心随性,以自我为中心,存在社交能力差、缺乏包容心、抗挫折能力差等问题,难以适应集体生活,常与同学产生难以调和的问题,辅导员工作任务艰巨。

1.3　纪律性、自律意识薄弱

中外合作办学项目全英文授课模式对于英语基础薄弱的学生是一个巨大的挑战,要求学生投入时间在英语能力提升上,才能更好地辅助其学习专业课程。但部分学生自律意识薄弱,面对繁重的学业力不从心,不堪重负,甚至产生厌学的情绪,萌生复读、退学的想法。同时,缺乏纪律性也是当代大学生的普遍现象,很多学生漠视校规校纪,上课迟到、旷课、考试作弊、不遵守日常管理。遵守规则和纪律的学生大多数是迫于外部因素的约束,仍处于他律阶段,难以养成自律意识。

1.4　家庭教育存在问题

中外合作办学项目的学费相对其他专业普遍较高,有些家长对中外合作办学项目的认识存在一定的偏差和误区,认为高投资一定可以轻松换来高学历,因此放松对学生的家庭教育和管理,特别是部分家长忙于事业无暇顾及子女的教育,完全用金钱满足孩子的需求、弥补其缺失的关爱,从而导致纵容了孩子的不良习惯,使得孩子更难教育管理。

2　中外合作办学学困生成因

2.1　自律性和自控能力差

很多学生在进入大学、离开高中约束性较强的学习环境后,远离父母的监督后就开始放松自己,缺乏自律性和自控能力,加上网络、游戏等休闲娱乐方式的诱惑,逐渐养成了懒散、随意的学习和生活习惯,甚至开始放纵自己,降低对自身的约束和要求,学习状态不理想,最终导致学习成绩日渐下滑,荒废了学业。

2.2　学习动力不足

在初中、高中学习阶段,大部分学生都有着明确的目标——高考,为了顺利考上理想的大学,他们能够做到每天怀揣着足够的奋斗动力来学习,学习动力比较充足。但在进入大学校园后,每名同学对未来的发展、规划和追求不同,学习目标自然不同,且很多同学在完成考大学这一奋斗目标后就变得比较迷茫、失去学习动力,紧绷着的弦松了下来,逐渐变得无所事事,跟不上学习进度,学习成绩一落千丈。

2.3　学业压力过重,厌学情绪高涨

中外合作办学模式的课程基本上为全英文授课,对于学生的英语要求较高,相较于中文授课的项目在语言上增加了许多压力,甚至在一些中外合作办学项目的学习中需要学生重新掌握一门外语,无疑增添了不少学习难度和压力。同时,在过程性考核模式的要求下,日常学习的过程中对于学习的自律性、主动性要求较高,如果学生不按照老师的要求按时交作业、考试,平时成绩差,到了期末阶段学业压力将更大,甚至会造成厌学情绪高涨。

2.4　家庭教育不到位

"没有家庭教育的学校教育和没有学校教育的家庭教育,都不可能完成培养人这样一个细微的任务。"学校和家庭教育紧密相连、密不可分,加强家校沟通、形成合力,是提高教育教学质量的重要保证。家庭和学校是学生在人生中两个最重要的关键因素,让家长参与其中,与学校共同制定学生成长方案,这将成为育人工作中不可或缺的重要教育力量。部分学生的家长由于工作繁忙等原因,缺乏对孩子的关心和关爱,很少和孩子进行深入沟通交流,不了解孩子在学校期间的日常表现和学业情况,疏忽了对孩子成长道路的关注和监督。另外,有些家长对孩子过分溺爱和纵容、要求过低,导致孩子从根本上不重视学业,消极对待学习和生活。同时,部分家长对中外合作办学项目的认识存在误解,认为能够轻松毕业,认为选择中外合作办学项目就是花钱"买文凭",家长和学生从思想上都不够重视,加之学生自身懒惰、松散,自我约束能力较差,众多因素造成了学生学习困难的结果。

3 如何加强对中外合作办学学困生的帮扶

3.1 辅导员加强学风建设

学风建设是辅导员的九大职责之一,应当充分发挥辅导员在学风建设中的作用。首先,辅导员应重视并充分发挥思想政治教育的作用,深入到学生中去,了解学生的思想动态,培养学生正确的价值观,帮助其端正学习态度、提高自觉性,才能从根本上起到作用。高校辅导员作为大学生成长道路上的引路人和知心朋友,在面对出现学业预警的学生时,辅导员应当通过多种途径对学困生进行帮扶。在日常的工作和与学生的相处过程中,应加强对学生的关心,及时关注学生是否按时上课、交作业、参加考试,如果出现不好的苗头,及时采取措施进行干预。同时,可以从培养学生学习兴趣入手,帮助学生完成从被动学习到主动学习的转变,提高学习的内在驱动力。另外,辅导员可以通过跟班听课、与任课教师保持紧密及时的联系,关注学生上课听课情况,形成合力。

3.2 开展谈心谈话,加强心理疏导

谈心谈话是辅导员加强对学生思想价值引领的重要途径,更是了解学生思想动态和学习、心理状态的最佳方式之一。辅导员可以主动与学困生约谈,帮助学生分析学习困难的原因和解决方案,真正走入他们的内心世界,有理有情,这样才能真正引导学生走出困境。同时,要及时追踪学困生的学习动态,做到对学困生的持续关注和动态管理。

3.3 强化朋辈帮扶作用

朋辈帮扶旨在充分发挥朋辈在学业提升中的作用,学院可以通过开展优秀学生经验分享讲座、沙龙等活动,针对各个学科的学习要点、学习技巧进行分享,同时也可以建立一对一、一对多的定向学业辅导团队,充分发挥学业优秀学生的朋辈引领作用,营造互帮互助、共同进步的良好氛围,帮助学生跟上课程进度,重拾信心。

3.4 家校合力协同促成长

由于每名大学生的成长环境、家庭背景、知识基础、地域环境等存在诸多差异性,家庭教育对学生的学习和成长影响巨大,每个家庭都有不同的特点。有些家长对孩子过于严厉,只看重结果,一旦成绩下滑只会一味地批评指责,而不去帮助孩子解决问题,最后导致孩子产生逆反心理和厌学心理;部分家长溺爱孩子,害怕孩子学习压力大,一味地纵容,导致孩子缺乏危机意识,不求上进,没有奋斗目标。因此,学校要加强与家长之间的交流,及时将学生在校期间的日常表现和学习情况汇报给家长,尤其是当学生出现学业预警的时候。育人是学校、家庭乃至整个社会共同的责任,构建有效的家校沟通育人桥梁,强化育人实效,学校与家庭形成合力对于帮助学生提升学业、健康成长起着至关重要的作用。

4 结语

加强对中外合作办学模式下的学困生的学业帮扶是一件需要持之以恒、久久为功的事业。每一名学困生的特点都不尽相同,根据学生的实际情况制定针对性的方案来激发学生的学习兴趣和内在动力,帮助学生明确学习目标,学校、家长和学生共同努力,精准施策、精准帮扶,才能做到帮助学困生真正摆脱学业困境,顺利完成大学学业,成长成才。

参考文献:

[1]周燕.对中外合作办学学困生学业帮扶的思考[J].科教文汇(下旬刊),2016(21):31-32.

[2]徐梦.新时期中外合作办学学生管理策略探讨[J].亚太教育,2016(09):224+199.

[3]王卉卉.基于"95后"大学生个性心理特征的高校宿舍管理方式研究[J].才智,2018(28):21.

[4]樊宇鑫.立德树人视域下大学生纪律意识培育探析[J].安徽电子信息职业技术学院学报,2021,20(04):88-91.

[5]迟文玉.辅导员视域下学困生心理危机预警和帮扶策略[J].产业与科技论坛,2022,21(12):182-183.

[6]张靖晨.辅导员视域下高校学生学业预警研究[J].科教文汇(下旬刊),2019(21):27-28.

[7]王晓燕.高校辅导员在学风建设中的作用探讨[J].北京电子科技学院学报，2006(03):78-81.

[8]唐维.加强学困生学业监控的必要性和措施研究[J].新西部,2019(02):126+123.

学生日常事务管理

新媒体视域下高校家校合作规范化建设探究

裴长盛

轮机工程学院

摘要:

党的二十大报告指出,要加强家庭家教家风建设,健全学校家庭社会育人机制。家校合作正逐步成为教育政策制定者、理论研究者和实践参与者的广泛共识,家校合作理念得到了普遍认同,互联网的快速发展为家校合作提供了新的视角和着力点。针对当前学校、家庭存在的各类"越位"和"缺位"现实问题,本文通过探究新媒体视域下高校家校合作规范化建设的意义、面临的问题和实现路径,以期通过家校合作的规范化建设,更好落实立德树人根本任务,更高质量助力学生成长成才。

关键词:

新媒体;家校合作;规范化建设

引言

习近平总书记在全国教育大会上指出,办好教育事业,家庭、学校、政府、社会都有责任。高校、家长、学生是高校思想政治教育工作三个主要参与者,学生是家长、学校的共同教育对象。学生思想品德和行为习惯的形成都与家庭环境密切相关,因此,学生成长成才过程中,在学校主动教育,有所作为的同时,也需要家庭教育的强力辅助,高校家校合作通过规范化建设可对学生产生持续正向影响。

1　高校家校合作规范化建设的意义

教育是一项系统工程,需要家庭、学校和社会的共同努力。家庭教育和学校教育具有十分有利的协同合作基础,一是出发点相同,双方都是为了学生的成长和进步,二是家庭教育和学校教育有天然的相关性,缺少家庭教育参与的学校教育将缺少针对性,容易忽视个性的需求和发展;没有学校教育互动的家庭教育也容易在教育理念和教育目的上同学校教育割裂开来,陷入盲目施教的误区,做好家校合作规范化建设意义深远。

1.1　落实立德树人根本任务的现实需要

高校落实立德树人根本任务,需要扎根中国大地办教育,结合悠久灿烂的古老中华文明和中国特色社会主义现实国情,从古至今都对家庭教育的重要性有着高度共识。"修身、齐家、治国、平天下",是中华儿女的道德传承,这一思想是中国人始于家庭,扩展至家国天下的宽广情怀。家庭、社会、国家根系相连,不可分割。中国的知识分子自带浓厚的家国情怀,家是中国人温暖的港湾和前行的驿站。家校合作规范化建设,是中国国情史情下中国教育发展的一个必然走向,促进家校合作规范化建设,有助于推动我国教育的现代化发展,落实立德树人根本任务要求,助推教育强国建设。

1.2　高校思想政治工作质量提升的应有之义

2017 年 12 月教育部发布《高校思想政治工作质量提升工程实施纲要》,明确构建"三全育人"体系。打通思想政治教育的"最后一公里",离不开家校之间的协同配合,只有家庭和学校形成科学、完善的育人网络,发挥家长和教师的共同作用,才能更好地巩固学校教育的成果,画出家校共育的最美"同心圆",这样家校携起手来,同力构建目标明确、内容公认、作用互补的和谐教育大环境,无疑将对学生在心理、人格、三观等方面的全面发展产生积极而深远的影响,也将促成家校两方在互动中获益、交流中发展的生动教育图景。

1.3　教育现代化和信息化的发展大势所趋

家校合作强调家庭与学校间的互动性、合作性,家校合作规范化建设是近几十年来兴起显现的教育现代化和信息化历史走向,是人类文明社会中教育重心从家庭到学校再到家校合作的现代性教育特征,是社会经济教育发展到一定水平应运而生的教育现象,是学校改革和家长作用不断增强的双重作用下世界教育改革的新趋势,其本质是校内校外相协调的现代教育的规范化和制度化。中共中央、国务院印发的《中国教育现代化 2035》提出"重视家庭教育和社会教育"的新要求。有关调查表明,伴随着信息社会的不断发展,新兴媒体产生的影响将继续扩大。中国互联网络信息中心(CNNIC)发布的第 52 次《中国互联网络发展状况统计报告》显示,截至 2023 年 6 月,我国网民规模达 10.79 亿人,互联网普及率达 76.4%,网民使用手机上网的比例达 99.8%。人们在网络上获取相关知识和进行知识共享的行为日益显著,在校大学生几乎都是网络原住民。因此,探索构建新媒体视域下的家校合作规范化建设不仅符合大学生未来发展的客观现实需求,更是教育现代化和信息化发展的新方向。

2 高校家校合作规范化建设的现状

2.1 相关法律仍然普遍缺位

国家在政策上一贯重视高校思想政治工作中家校合作工作,早在 2004 年出台的中共中央、国务院《关于进一步加强和改进大学生思想政治教育的意见》即 16 号文件明确指出:"学校要探索建立与大学生家庭联系沟通的机制,相互配合对学生进行思想政治教育。"2021 年教育部《关于加强学生心理健康管理工作的通知》明确要求增强学校、家庭和社会教育合力;2022 年 1 月《中华人民共和国家庭教育促进法》正式施行,"家庭教育、学校教育、社会教育紧密结合、协调一致"首次以法律的形式加以明确。党的二十大报告指出,"健全学校家庭社会育人机制",为创新家校社协同育人提供了根本遵循。2023 年 1 月,教育部等 13 个部门联合印发《关于健全学校家庭社会协同育人机制的意见》(以下简称《意见》),提出到 2035 年,形成定位清晰、机制健全、联动紧密、科学高效的学校家庭社会协同育人机制,为学校家庭社会协同育人指明了具体方向。但从法律层面来看,仍然长期面临着法律普遍缺位的局面,当学校与家长意见出现分歧时,无法实现有章可循、有法可依,很大程度上造成了协调各种矛盾和问题的现实困境。

2.2 部分高校思想认识不到位

目前大部分高校家校合作的实际效果并不理想,部分高校在开展家校合作方面的工作存在思想认识不到位的问题。其原因有:一是不少高校缺乏家校合作规范化建设的学校层面的顶层设计。未将家校合作工作纳入学校整体教育管理工作体系,在整体上互动开展不成体系,缺乏保障,使得很多实际工作的开展缺少依据和支持。二是部分家校活动的开展过于注重形式,未切实贴合学生和家长的实际需要,导致实际效果不理想。有的高校沟通交流形式以"单向"为主体,占据权威主体,很少参考家长们的意见,甚至认为部分家长的参与决策会妨碍学校的日常运作,会给学校带来麻烦和干扰,只是单纯地应付任务,通过开展活动的次数、宣传的氛围,即可看出一些高校轻视了合作共育的过程,家校只有在学生各方面出现问题后才不得不共同商议对策,或者一些高校由于突发事件才被迫与家长联系,这种应急的交流方式,背离了高校家校合作教育的宗旨。

2.3　家长和学生认知存在较大差异

随着社会发展，很多家长由于个人视野、能力、教育观念的提高和改善，对一些教育工作的合理性和科学性会有自己的思考，其越来越愿意参与到学生、学校教育中来。同时，仍有很多家长因为自身精力、个人素质水平、时间地域等多种问题，认为大学教育的主要责任在于学校，不愿过多参与到学校教育中。还有一些家长文化水平较低，对学校教育保持"畏惧心理"，担心自己的教育理念和价值观不被认可，"不敢"参与到家校合作决策中。

3　高校家校合作规范化建设的实现路径

3.1　厘清合作的边界是家校合作规范化建设的前提条件

厘清边界要求我们遵循教育的基本规律和学生成长成才规律，重点回答好"在哪些方面合作规范化建设"和"如何进行合作规范化建设"两大命题，家长即使是各自领域的专家和精英，在如何担当大学生家长，如何进行家校合作方面仍然需要学习。要帮助家长树立"积极协作，主动行动"的意识，让学校能够了解学生家庭的经济、生活，接受教育等方面的基本情况，了解学生及家长的需求，这样才能增强家校合作规范化建设的针对性和实效性。

3.2　明确合作的主体是家校合作规范化建设的重要因素

在家校合作的过程中，指导帮助家长群体确立"家庭是学校治校办学的合作者"的理念；在合作交流过程中，要注意尊重家长的立场，通过耐心有效的引导，提高家长与学生、学校的沟通能力，使之成为会关心、会示范的家长。马克思认为："任何人的职责、使命、任务就是全面地发展自己的一切能力。"家校合作规范化建设能够通过主体澄清，进而促进责任类型向全景圆桌型转变。全景圆桌型注重综合素质提升和人的全面发展，强调教育的内容横向维度和教育的时空纵向布局的全景性。在此家校合作模式中，学校的角色不再是"一言堂"式的话语权威，而是教师、家长共同商讨、共同谋划，因人而异、因时而进、因事而化，结合不同家庭情况和学生发展状况有针对性地制订教育培养计划。

3.3 建立良性教育生态家校合作规范化建设的关键环节

学校要结合"十大育人体系",从时间和事件两个维度,梳理学生从入学到毕业离校的重要时间节点和重大标志性事件,挖掘学校教育和家庭教育之间的共同点与契合点,统揽学校有关事务,整体设计,标定家校合作育人规范化建设的研究和实践主要内容,通过打造入户走访、立体家长会、线上家校合作平台等家校合作育人品牌活动,建立良性教育生态,促进家校合作在文化育人、网络育人、心理育人和实践育人等方面合作共建,不断丰富系列学生认同度高,家长参与度高,活动品质高的活动载体,夯实家校合作规范化建设基础。同时建立健全规范化冲突和矛盾处理办法,明确工作流程和处理步骤,有效为双方赢得良好沟通的空间,避免任何一方承担无限责任,增加家校合作规范化建设的亲和力和可持续性。

3.4 日益普及的新媒体是家校合作规范化建设的重要际遇

新媒体作为一种新的传播形态和媒体形态,其发展依赖于迅速发展的数字网络技术、移动技术等,可以通过有线网络、无线网络渠道,借助手机、电视、计算机等终端向用户提供信息。对于当代大学生而言,众多的社交软件、新闻客户端等为其提供众多的信息,同时个性化的新媒体服务不断出现,在这样一个信息爆炸的时代,每个都有机会成为信息源。随着智能手机的普及化,新媒体的传播方式已经被广大"75后"的家长、"85后"的高校学生管理队伍以及"00后"的学生所认可,基于新媒体的传播方式打造家校合作载体历史性地变为现实。

借助新媒体平台,有助于推动家校合作规范化建设研究,以基于微信平台的家校合作模式为例(如图1所示),这一模式大大提升了学校、学生、家长的沟通效率。其一,老师和家长的交流互动可以更好地关注学生发展动态;其二,学校可以和学生、家长更直接地接触,方便更多工作的开展;其三,家长与学生可以利用此平台更好地改善亲子关系,加深对孩子的关注和了解。此平台同时可以为家长与家长、学生与学生创造更好的交流机会,促进共同进步。总而言之,新媒体的日益普及在打破时间和空间的阻隔的同时,也大幅提升了家校沟通的效率,为推进家校合作规范化建设强力赋能。

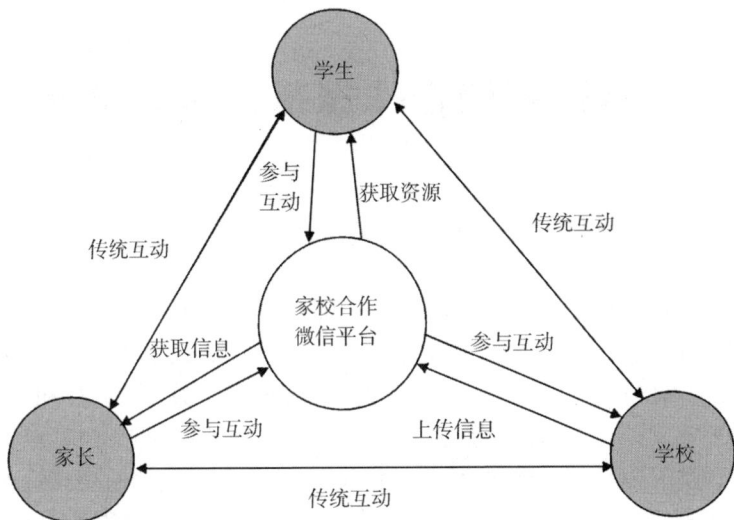

图 1   基于微信平台的家校合作模式

3.5   学生干部群体是家校合作规范化建设的重要力量

家校合作规范化建设的过程需要多方力量共同完成。在实际的家校合作工作开展过程中,要注重发挥党团组织、学生会干部组织、学生社团干部组织以及班级干部组织等的积极性和主动性,通过加强对干部队伍的政治素养、道德观念等的培育,充分发挥学生干部在同学中的榜样引领作用,在提升活动开展质量的同时,也促进了学生干部素养的提升。学生干部的良好素质和谋求自我锻炼成长的内在驱动形成了潜在契合力。高校进行家校合作规范化建设,要注重发挥好学生干部群体的重要力量。

3.6   完善合作体系是家校合作规范化建设的重要举措

建立健全家校合作沟通体系,不断优化沟通机制,有利于促进家校双方同台共为。具体而言,可以结合各地各校实际,通过采取"五个一"举措构建学校层面的家校合作体系,即编写一本家校合作教育的指导手册,打造一项家校合作共育的品牌活动,搭建一个家校合作共育的网络平台,成立一个家校合作共育的学生社团,培育一支家校合作共育的教师骨干队伍,逐步完成由事件沟通向全程沟通转变、单向告知向双向互动转变,被动参与向双向主动参与转变、表面沟通向深层沟通转变的"四个转变"。

4　高校家校合作规范化建设思考

4.1　家校合作规范化建设重在"教育"

家校合作是一种手段,不是目的。家校合作规范化建设活动的开展应不断提升家校合作育人理念,打破唯"成绩论"的育人观点,注重学生思想、心理、生活的变化,树立培养全面发展的育人理念。一是要开展深入的动员和宣传活动,帮助学生理解家校合作的目的和意义,消除他们的"惊诧"和"不理解";二是在具体的活动过程中,把握有利时机开展家长、学生喜闻乐见的活动,如:新生入学阶段开展"爸爸妈妈我想对您说"活动、低年级日常开展的以"爸爸去哪儿"为主题的住校体验活动、邀请家长代表参加的各类表彰大会等正面活动,在大学全周期凸显"教育"功能,帮助学生有爱成长。

4.2　需进一步丰富活动的形式与内容

完善家校合作规范化建设,可以帮助学生在学业、心理、管理、组织等多方面提升能力,家长切实参与到大学生成长过程中来,在思想引领、学风建设、心理干预、职业生涯规划和就业指导等方面合作共建,形成家庭教育与学校教育互相成就的良好局面,有利于家长对辅导员工作更支持。这对辅导员开展教育活动更有利,也可使家校之间更和谐。学生对父母更感恩,家长对学生的在校表现更关注,家庭成员之间更温馨。学生对辅导员更理解,辅导员对于学生能实施更加精细化、具体化的管理,师生关系更和谐,助推"三全育人"工作走深走实。

4.3　家庭教育和家校合作的系统研究需要加强

马克思曾指出:"理论只要彻底,就能说服人。所谓彻底,就是抓住事物的根本,而人的根本就是人本身。"相比于家校合作起步早的发达国家,我国对于家校合作理论的研究相对落后,理论体系性和与实际结合的实证性研究均有待提升。研究过程缺乏创新视角,与政策和实践关系不紧密。因此,加强家庭教育和家校合作的系统研究需要整合多方资源,充分结合教育学、行为学、哲学等多方面的理论,开展政策研究和实践研究,转化国际家校合作的理论和实践成果,建立自己的家庭教育和家校合作理论体系和实践框架。

参考文献：

马克思,恩格斯.马克思恩格斯全集:第 3 卷[M].中共中央马克思恩格斯列宁斯大林著作编译局,编译.北京:人民出版社,2006:21.

高校勤工助学情况调研分析
——以大连海事大学为例

李健超　孙人杰　陶思越

环境科学与工程学院　党委学生工作部　环境科学与工程学院

摘要：

进入新时代，传统意义上的勤工助学工作应不再是单纯解决经济困难学生的学习生活的经济问题，而应是将国家"扶贫扶志"方针策略正确应用于高校勤工助学政策中去，以保证国家对经济困难学生的专项资金分配合理，合理利用勤工助学资源、科学定制酬金模式和培训体系、发掘工作中培育能力提升素质的方法。随着教育部、财政部联合颁布的《高等学校学生勤工助学管理办法（2018年修订）》文件不难看出时代的变化，从国家到各个高校，都对勤工助学工作有了更高的期待，因此对我校现有情况进行问卷调研，通过调研和分析，找出存在的问题，并提出更加合理精细的勤工管理机制。

关键词：

勤工助学；高校；勤工岗位；问卷调查

引言

高校的根本任务在于立德树人，如何结合学校实际情况发挥勤工助学的济困、育人功能，树立学生的自主意识，实现精准资助的目标，一直是各个高校不断研究的课题。而勤工助学的积极作用不仅是有助于掌握基础的办公知识，领略人与人之间的人情世故，更主要的是对他们劳动意识的增强和思想品质的升华。我校在现有的勤工助学运行体系中仍存在一定的进步空间，对参加勤工助学学生的问卷调查的结果分析，能让我们站在学生立场了解他们在完成基本勤工助学工作外，岗位制度创新的相关问题并进行探讨。勤工助学工作的受益者终归是学生，只有切实了解到学生的需要，才能将工作更高效、精准、有意义地推行，对学生的综合能力提升和积极性调动都有着不可或缺的帮助。术业有专攻应用于勤工助学工作中亦能发挥出独特的效果。

1 研究对象与方法

1.1 研究对象

以大连海事大学参与勤工助学的本科生和研究生作为调查对象，将勤工助学学生和岗位模式及综合素质作为研究对象。

1.2 研究方法

1.2.1 问卷调查法

（1）调查问卷设计：为研究需要，设计《大连海事大学勤工助学情况调查》一表。

（2）问卷的发放与回收：在全校各院随机抽取学生进行问卷调查，总共发放429份调查问卷，其中回收率和有效率均为100%。

1.2.2 文献资料法

查阅中国知网有关勤工助学的相关文献，汇总梳理，了解并分析勤工助学相关理论政策、创新岗位等。

2 问卷调研结果分析

进入新时代，社会和学生对高校勤工助学工作又有了新期望、新要求，在以勤工助学方式帮助家庭经济较为困难学生的同时，如何寻求帮扶过程的最优解，即扶贫扶志相结合，资金资助和培养个人能力相结合等。因此我校对各学段和专业的学生设立不同的勤工俭学岗位和方向，目的在于使学生们在以勤工俭学工作解决家庭困难带来的学业负担的同时，通过自己学习的专业知识，更好地应用于勤工俭学工作，并利用自己的个人能力积极回报社会。与此同时，对自己的个人能力也通过对口岗位有了一定提升。这种一举多得的方法应当被我们所重视。因此我校对不同专业和不同学段的学生就勤工俭学工作岗位意向进行问卷调查，调查对象为我校参与过和想要参与勤工助学工作的全日制本科生和研究生。

2.1 参与问卷调查学生情况

回收上来的429份调查问卷中，研究生占比37.9%，本科生占比62.1%。由图1可见，大二、大三和研究生二年级是我校参加勤工助学活动的主力军。在所学专业类型中，参与问卷调查的学生工科类占66.2%、文史类占23.4%、理科类占10.0%、艺术体育类与财经类各占0.2%。

就读年级

研三4.1%　　　　　　大一1.2%

研二25.8%　　　　　　　大二24.1%

研一8.0%

大四7.0%　　　　　　大三29.8%

所学专业范畴

艺术体育类0.2%

财经类0.2%　　　　　　文史类23.4%

理科类10.0%

工科类66.2%

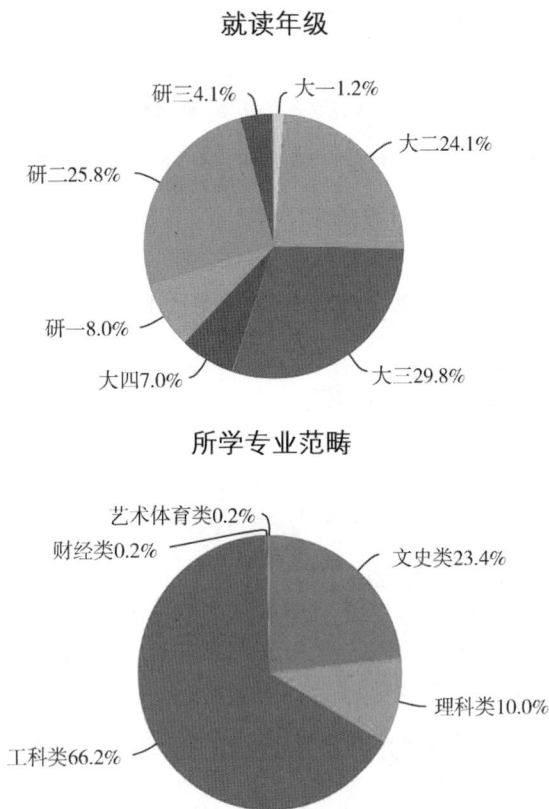

图1　参与调查问卷学生年级及专业分布

2.2　学生对勤工助学岗位类型的选择

对期望参加勤工助学岗位类型的问题,58.9%的学生选择专业型(知识性、能力性、科研性)的勤工助学岗位,30.3%的学生更青睐于劳务型(服务性、事务性)的勤工助学岗位如图2所示。劳务型是我校乃至全国高校目前最为常见的勤工助学岗位类型,也是现在普及程度最高的勤工助学岗位类型,常见的岗位有教室打扫、食堂兼职等。但更多学生希望参与专业型勤工助学工作,其具有一定的知识性、能力性和科研性,对于具有探究精神的学生来说,知识性、科研性工作更受欢迎,在完成勤工助学工作的同时,可收获更多的专业知识,巩固日常所学,做到知行合一。在理论知识学习的同时有效增强实践融合,使勤工助学成为学生们进行专业知识实践的重要载体之一。

你期望参加的勤工助学岗位类型一般是

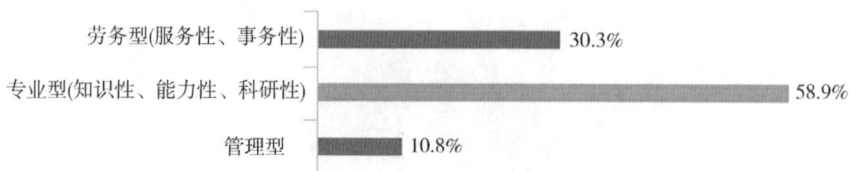

劳务型(服务性、事务性)　30.3%

专业型(知识性、能力性、科研性)　58.9%

管理型　10.8%

图 2　勤工助学岗位类型选择分布

2.3　通过勤工助学工作的收获

学习更多专业知识和认识更多同学、朋友分别占 52.4%和 51.2%,而提升个人综合能力选项占参与投票人数的 82.6%如图 3 所示,这个相当高的占比足以说明期望通过参加勤工助学工作来达到个人综合能力提升的学生占很大一部分,勤工助学工作在保障家庭经济困难学生的基本生活资金来源之外,如何充分发挥育人效果、为学生提高实践能力和个人综合素质,对学生成长成才发挥重要作用,是我们未来研究工作的重点。

除赚钱外，希望通过勤工助学工作收获什么

学习更多专业知识　52.4%

提升个人综合能力　82.6%

认识更多同学、朋友　51.2%

其他　1.9%

图 3　勤工助学期待收获

对勤工助学工作的种类选择情况如图 4 所示:其中图书馆书籍管理工作的选择占总人数的 71.1%、助管助教、兼职辅导员等工作占 56.6%,相较于传统的以劳动为主的勤工助学工作,更多的学生将目光聚焦于新型勤工助学工作中。助管助教、图书馆书籍管理等工作更受到学生们的喜爱。因此可以考虑增设简单的管理工作,把高校图书馆、协助老师管理学生等勤工助学系统建设成学生自我教育与发展的重要课堂,使其从中汲取营养获取自我提升的能力。对勤工助学学生要制定科学管理概念,培养其勤俭自强、无私奉献的个人素养。

希望参加哪类勤工助学工作

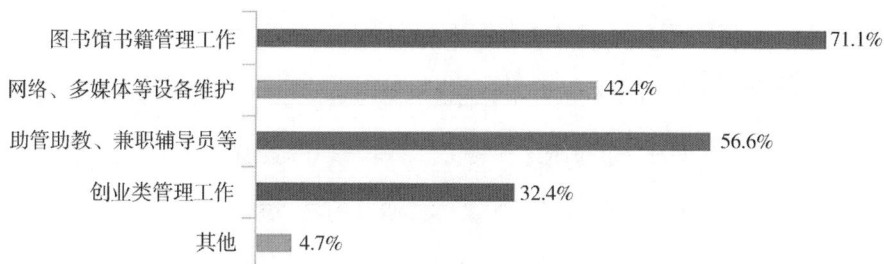

图书馆书籍管理工作 71.1%
网络、多媒体等设备维护 42.4%
助管助教、兼职辅导员等 56.6%
创业类管理工作 32.4%
其他 4.7%

图 4　勤工助学工作种类分布

2.4　我校勤工助学工作的不足之处

对于我校勤工助学工作需要改进之处这一问题,近七成的学生认为宣传和招聘信息等仍存在不足之处,岗位招聘和工作宣传为勤工助学工作体系的第一步,也是最基础的一步。通过广泛地招取优秀学生,不仅可以帮到他们同时也对工作岗位的人员素质有了一定保证。勤工助学工作不足之处如图 5 所示。

你认为我校勤工助学工作哪些地方需要改进

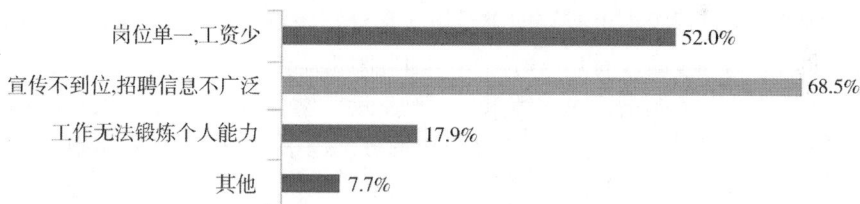

岗位单一,工资少 52.0%
宣传不到位,招聘信息不广泛 68.5%
工作无法锻炼个人能力 17.9%
其他 7.7%

图 5　勤工助学工作不足之处

在对于勤工助学相关信息获取方式的调查中发现,通过指导员、班级等获取勤工助学岗位信息的学生占 49.5%如图 6 所示,近半数的学生通过学校、指导员等给出的信息获取勤工助学岗位工作,学校提供的勤工助学岗位对学生来说安全性、真实性均有着得天独厚的优势,其余在学校宣传栏、宿舍、食堂等张贴的广告获取勤工助学信息的学生也具有较高占比,但是每个选项均未超过半数,因此对于勤工助学信息的下发和宣传均存在一定进步空间。在具有充足的勤工助学岗位的前提下,如何做到将宣传力度拉满,让更多需要帮助的学生获取信息,是目前仍需要继续研究的课题。

通过何种方式了解到勤工助学的相关信息

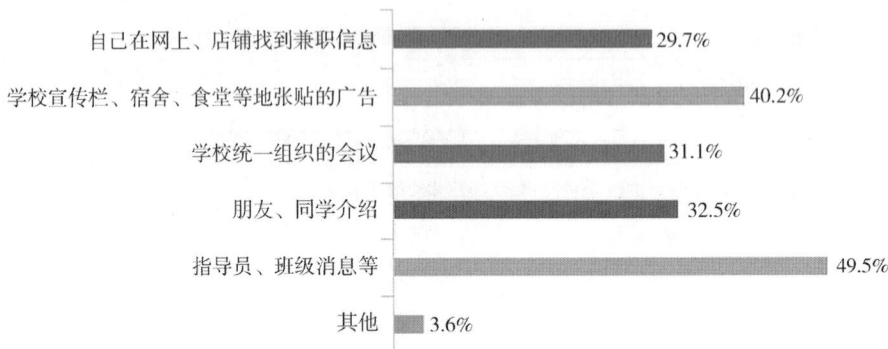

自己在网上、店铺找到兼职信息 ████████ 29.7%

学校宣传栏、宿舍、食堂等地张贴的广告 ██████████ 40.2%

学校统一组织的会议 ████████ 31.1%

朋友、同学介绍 ████████ 32.5%

指导员、班级消息等 ████████████ 49.5%

其他 ██ 3.6%

图6　勤工助学相关信息获取方式

2.5　学生对于新型勤工助学岗位意愿

图书馆书籍管理工作是国内外目前较为热门的勤工助学工作,因其安静的工作氛围和获取图书资源的便利,使其成为目前最受大学生喜爱的勤工助学岗位之一。长期以来,国内外高校如南京大学、中山大学、太原理工大学等学校的家庭经济困难学生,越来越多地参与到高校图书馆的管理和服务工作中来,而这也成为图书馆人力资源不可或缺的重要组成部分。我校图书馆在新图书馆落成后,馆藏图书近184万册,周开馆时间96小时,阅览座位2 600个左右,新图书馆的建设再一次增大了图书馆人力需求。而勤工助学学生可以承担大量的基础性工作,如在管理读者基础信息和建设文献资源分配图书等环节起到重要作用,也同时解决了助学学生岗位缺乏问题。

助管助教、兼职辅导员等多是针对高年级本科生以及研究生的岗位,该岗位具有一定针对性,且对学生年级有要求,因此该岗位受众并没有其他勤工助学岗位广泛。助管助教、兼职辅导员类工作对学生的综合能力培养有很大帮助。首先,该岗位起到与老师、学生相互承接的作用,因此与老师和学生之间的沟通可以锻炼其沟通协作能力;其次,该工作烦琐复杂,工作量也较大,对学生的专注度和办公能力均能够起到提升作用,还可以锻炼学生的情商智商、充实生活、拓宽交友面等。我校助管助教、兼职辅导员类型岗位的勤工助学已经有较为成熟的体系,通过学校网站宣传或者指导员通知等方式将招聘信息下发到学生,通过对学生简历收集并对其面试,选出合适人选。经过规范化的聘任流程、细致化的岗前培训、灵活化的工作管理,秉持以学业为重的原则,不仅使勤工助学学生综合素质和各项能力得到充分提高,而且可使高校各院的管理水平和服务质量得到提升。

3 我校勤工助学工作存在的问题

3.1 认识不足,资助育人的功效不明显

勤工助学是高校资助育人工作中不可或缺的重要组成部分,但不是短时间内就能够见到成效的。目前,"报名→选择→上岗→资助"这一流程是我国较为常见的勤工助学工作运行体系,体系流程仍需要进一步细化分工,实现正确对应帮扶,体系流程化、精准化,勤工扶贫与扶志相结合,达到完善流畅的体系标准,从流程细化角度仍有很大的提升空间。长期以来,勤工助学教育应与扶志工作相结合,因为流程的简单,致使很多真正需要帮助的学生没有得到应有的助学机会,资助育人的功效不能得以充分发挥。

3.2 岗位单一,勤工助学的专业性、创新性不足

高校设立勤工助学岗位的初衷是为家庭经济困难的学生提供实践锻炼的平台,并为其提供有偿劳动的机会。而一提到高校勤工助学就不难想到几类工作,如食堂餐厅兼职、线上、线下家教,教学楼办公室清洁工作等,此类工作均有一个共同点,简单乏味,机械化,简单化的工作不能使学生们从中收获更加有用的知识与能力,所以勤工助学工作主要解决的是勤工助学岗位问题。在新形势下,此类问题依旧存在。依据往年数据比较,校内大约有 20% 的学生是家庭需要经济帮扶的学生,根据教育部和财政部联合颁布的《高等学校勤工助学管理办法》规定,每个家庭经济困难的学生每周勤工俭学工作时长不得低于 20 小时,且应做到对学生们的工作岗位妥善安排。

3.3 制度缺失,勤工助学团队的能力不足

通常,资助工作政策性强且体量大,勤工助学工作的开展需要无私且灵活的团队来开展完成,因此一个优秀团队的带领是至关重要的。一是由于该工作的内容烦琐,且国内受重视程度不高,因此该岗位人员流动量相对较大且更换频繁,无法发挥好的资助效果,更无法形成有特色、有创新性的完善体系。二是对资助政策熟悉度较差,高校勤工助学团队的系统培训和经验都近乎为零,由于培

训的不到位致使资助工作人员无法及时接收国家和政府给出的资助政策,影响勤工助学工作的质量和效率。仅仅依靠短暂的培训和学习,是难以维持勤工助学工作所需要的业务能力和创新与活力的。综上,资助育人团队流动性强、稳定性差、稳定周期短且难以进行高校助学工作的延续性和创新性。

4 勤工助学育人工作的提升对策

4.1 制定完善资助育人体系

制定完善资助育人体系是发挥勤工助学育人作用,推动勤工助学工作科学化、制度化和规范化的必然方向。因此,应做到具体问题具体分析,结合高校实际情况,制定形成一套具有高校特色和符合新时代大学生扶贫扶志相结合的现代化勤工助学流程。首先,可以根据《高等学校学生勤工助学管理办法(2018 年修订)》文件精神,结合自身实际和学生现实需求,制定完善勤工助学规章制度和管理办法,在制度和办法中细化岗位设置、学生申请等内容。切实统计学生的家庭经济困难等级信息,做到最需要帮助的学生能够选择最适合自己的岗位,通过勤工助学工作,切实缓解读书和生活的经济负担;其次,充实岗位数量,坚持"公开、公平、公正、择优"的原则,推动勤工助学工作透明化,使勤工助学工作自觉接受师生监督,将更多的岗位提供给想通过勤工助学工作收获更多个人能力的具有上进心的学生;与此同时,各院系年级指导员应充分发挥号召引领作用,及时将勤工岗位招聘信息下发,一方面可以起到将招聘信息最广泛的散布作用,使得学生所担心的安全和权益问题得到保障。另一方面还可以引导师生深入认识勤工助学工作在塑造学生优秀品质和培育学生良好职业道德中所发挥的作用,在学校中营造尊重劳动、热爱劳动、自立自强的育人氛围。

4.2 精准提升勤工助学专业性创新性

专业性、创新性勤工助学要与学生的专业知识和特长紧密结合起来,充分挖掘学生潜能,发挥学生的主观能动性和创造力,搭建技术型、专业型勤工助学平台,增强学生的社会适应能力和就业能力,培养专业性强、具有创新能力的人才。对此应设立专业性较强的工作岗位,例如我校的航海学院、交通运输管理学院、轮机工程学院、环境科学与工程学院等,其为我国海洋运输特色学院为我国航海科技水平的提高和海洋强国战略的不断推进做出了重要贡献,因此以上学院家庭经济困难学生对海洋及船舶等知识和技能均有一定掌握,学校可建立对应以上院系专业的勤工助学岗位,使学生充分发挥所学,在巩固其专业知识的基础上,达到勤工助学的目的。我校设有信息科学技术学院,为我校的网络工程建设和维护等提供了有力保障。我校勤工助学中心暂未涉及以上新型项目,因此,应寻找专业老师、学生进行新型勤工助学岗位的建立和规划,以期早日建成具有我校专业特色的勤工助学岗位,让更多学生通过勤工助学工作提升个人综合能力和巩固专业知识。

4.3 强化对勤工助学师生的培训管理

学生参加勤工助学,大多数是想要通过岗位得到能力的锻炼和素质的提高。针对一些高校没有培训或者只有简单的培训这一问题,学校应从学生需求出发,成立相应的勤工助学部门,对部门工作教师或参加勤工助学的学生进行系统、有针对性的专业技能培训。第一,对师生普及勤工助学概况、相关的政策与规章制度、日常工作注意事项、岗位职责等,同时也要加强相关技能培训,如进行公文写作技巧、文档和电子表格处理、办公设备使用等专题培训,提升其工作能力。第二,要进行职业道德、心理素质、安全意识、组织管理能力、公关与社交技巧、文化修养等方面的培训,使育人与实践相结合,提升学生的从业素质。第三,针对不同类型的岗位,可以分类开展培训活动,从而推动勤工助学培训向专业化、规范化、科学化方向发展。通过岗位培训,不仅可以帮助学生掌握工作技能,还可以对学生进行思想政治教育,从而使学生具有责任心强、业务熟练等特点,对勤工工作的质量和效率均有一定保障,保证该岗位工作人员的稳定性,对国家资助政策有着长期学习认知,以此提高工作效率,加强学生工作和家庭经济状况的匹配度。

5 结 语

高校要贯彻资助育人理念,以立德树人为目标,多部门多方面助力,不断提高勤工助学的精细化管理水平。通过建立集资助、教育、管理和服务于一体的长效机制,推动勤工助学工作长远发展。同时,要注意加强勤工助学文化建设,组织开展形式多样的文化活动,强化学生的归属感,培养学生积极向上的精神风貌。只有不断发现并解决勤工助学工作中存在的各种问题,才能提升育人层次,更好地解决大学生的发展问题,并不断增长学生的见识和学识,增强勤工助学育人的可持续性,为学生将来的就业、创业打下坚实的基础。

参考文献:

[1] 陶森,赵垣玮,马德刚.新时代大学生勤工助学的劳动教育作用发挥研究:以天津市某大学为例[J].大学教育,2021(01):187-189.

[2] 梅寒.浅谈大学生参与高校图书馆工作:以南京大学仙林图书馆学生工作者的组织管理为例[J].科技情报开发与经济,2012,22(19):5-7.

[3] 李丹.浅议高校图书馆流通部学生助理管理工作:以中山大学南校区图书馆流通部为例[J].科技情报开发与经济,2008(05):7-9.

[4] 乔建萍.浅谈高校图书馆学生勤工助学的意义[J].内蒙古科技与经济,2018(06):149+151.

[5] 罗英华,许丽红.培养机制改革后研究生"三助"工作的发展现状与思考:以复旦大学为例[J].学位与研究生教育,2013(07):45-49.

[6] 王璐,赵兴.高校勤工助学资助育人机制的构建及其路径:以华北电力大学为例[J].华北电力大学学报(社会科学版),2020(06):133-140.

[7] 彭益全,吴彦宁,徐晓丽,等.资助育人视角下高校勤工助学精细化管理机制研究[J].高等农业教育,2019(06):44-49.

[8] 刘晓锐,申健.浅谈新时代高校勤工助学育人作用的提升对策[J].大学,2022(04):120-123.

[9] 孙长红.高校勤工助学资助育人功能的路径探究[J].文教资料,2022(04):204-207.

[10] 廖远志.基于资助育人视角下的高校勤工助学工作研究[J].科学咨询(科技·管理),2023(02):98-100.

[11] 陈大鹏."三全育人"视域下高校勤工助学的育人价值和实践途径[J].教育教学论坛,2023(02):161-164.

[12] 迟晓平,高露,刘亚芳.劳动教育视域下高校勤工助学体系的问题与对策[J].科教导刊,2023(06):145-147.

高校学生宿舍内务管理现状及对策研究

姜森　张健

国际联合学院

摘要：

高校和高中的学生生活相比,其很大方面的不同就是学生不在固定教室上课,其课余时间比较充裕,学生们有相当大的一部分时间在宿舍中学习、休息、娱乐,现如今宿舍已然成为高校学生日常生活、学习生活、社交生活的重要场所,所以从某种意义上说,学生的宿舍内务环境对学生在大学中的综合发展起到了重要的支撑作用,因此学生宿舍内务管理在学生工作中是重中之重的关键一环。本文对高校学生宿舍内务管理的目的及重要性进行了阐述,简要分析了高校学生宿舍内务现状及原因,并在此基础上重点讨论了高校学生宿舍内务管理的措施。

关键词：

内务管理;大学生宿舍;宿舍内务

引言

高校学生宿舍作为学生在大学里度过最长时间的一个单一地点,作为大学生日常生活、学习生活、社交生活的重要场所,也是高校建设高水平本科教育、全面提高人才培养能力的重要窗口。正所谓"一屋不扫,何以扫天下",学生的内务卫生水平直接影响到学生的精神面貌,反映出高校的精神文明建设水平,体现出一个学校的整体风气。因此,各大高校均已对学生宿舍内务卫生给予高度重视,全力推进高校学生宿舍各方面建设,力促学生宿舍实现一个干净卫生、安静优雅、窗明几净的环境。

1 高校学生宿舍内务管理的目的及重要性

1.1 确保学生人身安全万无一失

违禁物品管理是高校学生宿舍内务管理的重点内容。学生们为贪图方便而购买的"热得快",电吹风,卷发棒,甚至包括为防止夜间宿舍断电准备的大容量蓄电池等违禁电器,极易在学生疏忽地使用中引发火灾,对学生的人身及财产安全造成不可估量的后果。

1.2 确保学生身心健康状况良好

宿舍作为大学生在校期间停留时间最长的地点,其宿舍环境的好坏必然影响到学生的身心状态。当学生长时间处在一个整洁、明亮的外部环境中,其势必能够给学生带来良好的心理状态,让学生减少心理疾病的产生。学生生活在一个通风、卫生的宿舍中,在流感多发季节学生更不容易感染传染性疾病,学生群体也能减少大面积感染情况的发生。因此,学生的内务状况直接影响到学生的生活和学习状态,学生宿舍内务管理对确保学生的身心健康状态良好产生重中之重的影响。

1.3 促进学生把好作风养成习惯

优秀、高效的宿舍内务管理可以让学生在大学期间养成每天整理宿舍内务的良好习惯,在日常的生活中自行保持宿舍环境的整洁卫生,学生在数年如一日的坚持中养成的习惯,即使毕业后离开了高校,此习惯依旧能保持,一方面对学生一生的发展产生积极有利的影响,另一方面对学校培养学生的能力水平做到有效宣传。

2 高校学生宿舍内务现状及原因分析

2.1 高校学生宿舍内务现状

2.1.1 宿舍内务水平不统一

在学生宿舍中,有极小部分宿舍自觉按照宿舍内务规定整理内务,内务能够达到优秀标准。大部分学生对宿舍内务做不到自觉整理,而在负责宿舍内务管理老师的监督下往往能够达到合格标准,但是在平时仍然会有"东西忘收""被子忘叠"的状况。还有部分学生,无法做到整理内务,内务状况差,在日常表现中体现为:被子不叠、地面脏乱、床上用品长时间不进行清洗更换、在宿舍内吸烟等,并且在负责宿舍内务管理老师多次提醒劝说下仍然我行我素。

2.1.2 年级之间内务状况不同

随着在校时间增长,学生在事实层面上个人物品变多,宿舍往往会出现储物空间不足的问题,学生在心理层面上会出现"学校只严格管理新生"的错误想法,导致对自己宿舍内务要求降低,出现随着学生升入更高年级,学生内务每况愈下的状况。

2.1.3　学生应付内务检查

大部分学生在心理上没有真正重视宿舍内务整理,对于内务检查往往都是应付的态度,只有在需要内务检查的时间整理。大部分高校内务检查时间比较固定,学生在入学后一段时间往往能够摸清学校的检查时间,只在检查前进行整理,而整理方式只是简单地将违禁物品和其他需要整理的物品直接塞入柜子或者其他储物工具,其在根本上没有达到宿舍内务检查的目的,也没有对学生素质进行提高,更是没有杜绝违禁电器给学生生命财产带来的威胁。

2.2　高校学生宿舍内务现状原因分析

2.2.1　学生在进入高校前未进行过宿舍生活

如今,随着中学教育不断发展,学生在进入高校前并未进行过宿舍生活,在家庭中更是备受父母宠爱,从未对自己卧室进行过整理。进入大学校园后,对于大部分生活上的事情处理能力不足,宿舍内务整理不好,学生便会逐渐放弃整理内务,从而丧失了养成良好习惯的机会。

2.2.2　独生子女自我意识强,忽视集体荣誉

当前,学生多为独生子女,其特点便是自我意识强,他们绝大多数人认为宿舍内务只是自己的个人问题,整理不整理是自己的个人意愿,认识不到自身的宿舍内务也直接影响到整个宿舍的内务水平,更是忽视了其对整个学校精神风貌的影响。

2.2.3　高校对宿舍内务管理难以形成有效约束

目前,部分高校的宿舍管理工作往往交由住楼的宿舍管理人员,而这部分宿舍管理人员往往是年纪较大的退休返聘人员,无法对学生宿舍内务进行有效管理。还有一部分高校成立学生公寓管理中心,对于宿舍内务卫生,公寓管理中心有管理权限,但几乎没有"执法权",对学生不能形成针对性的奖罚措施。虽然部分高校将宿舍管理工作归属于学生工作部门,学生工作部门可以针对学生的学业、学籍等对学生形成有效"执法权",但是其相对增加了学生工作部门中辅导员或指导员的工作任务,而此项工作又需要对宿舍方面长周期、多精力的投入,其较难快速产生成效。

3　高校学生宿舍内务管理的措施讨论

3.1　加强学生在宿舍内务管理方面的思想教育

目前,绝大部分高校对学生宿舍内务只是进行基本的检查与相应的处分,而忽视了学生思想层面的教育。除日常的检查外,高校可以通过新媒体工具如抖音号、微信公众号等倡议建设整洁美好宿舍,并通过分享学生优秀宿舍案例及其优良习惯提高学生思想认识,同时通过报道相关违禁电器造成严重后果的新闻,让学生切实看到违禁电器对自身生命安全的影响,真正认识到宿舍内务管理的意义。高校也可以举办相关活动,如叠被子大赛、宿舍收纳比赛、消防知识竞赛等活动,以加强学生集体荣誉感,强化学生对宿舍内务整理的认同感。

3.2　通过宿舍内务的榜样力量提高内务水平

内务卫生管理只是高校大学生宿舍管理体系的构成之一,不可能占据学生工作教师的全部时间和精力。高校可以树立学生优秀宿舍内务榜样,发挥以点带面的作用,最大限度地营造良好宿舍内务风气,减少学生工作教师的工作负担。宿舍管理老师可以在宿舍公共区域展示优秀宿舍内务照片,并组织参观优秀宿舍内务活动,让学生切实感受到整洁美好的宿舍环境可以带来良好的心情,促进学生自发地对宿舍内务进行整理。

3.3　统一宿舍内务标准

目前,部分高校并没有完善统一的宿舍内务标准要求,这导致宿舍管理老师主要按照自己的主观标准进行检查,学生也只能在监督下完成宿舍内务整理。高校应制定宿舍相关的管理制度,如《学生宿舍内务管理制度》《学生宿舍内务评分标准》,同时要求宿舍管理老师严格按照标准执行,培养学生每天自觉按照管理制度进行内务整理的良好习惯。宿舍内务管理制度的制定要综合考虑学校的办学特色和当代大学生的需求特点,并应充分考虑学生日常生活中执行的可操作性。

3.4　建立更实质性的奖惩机制

调动学生在内务整理方面的积极性最直接、最有效的方法就是建立实质性的奖惩机制。奖惩机制一方面是正面激励,本文认为高校可以将学生的内务状况纳入优先入党、奖学金评定、荣誉称号评定的参考中,甚至对于内务表现长期优秀的同学进行住宿费减免等奖励措施。奖惩机制的另一方面是负面激励,高校应切实抓住学生大学期间的学习、生活要点,可将学生的内务状况纳入一些综合素质课程的考核之中,其相应成绩将影响到学生的学分加减、升学等问题,甚至对于内务水平差,并屡教不改的学生进行退宿处理。以此在影响到学生切身利益的方面使学生高度重视,自觉带动宿舍成员遵守宿舍内务管理制度,形成良好的宿舍氛围,强有力地带动高校学生对宿舍内务整理的主动性。

3.5　引入信息化技术

随着信息技术的不断发展,数字化宿舍管理成为提高管理效率和数据化管理水平的一项重要举措。通过引入先进的信息技术,可以使宿舍管理更加智能、高效、透明,提供更好的服务和支持。引入智能化巡检系统可以替代传统的手工巡检方式,通过摄像头、传感器等设备,实时监测宿舍内的情况。这样的系统可以自动检测宿舍内的整洁程度、安全隐患等,减轻管理人员的负担。异常情况可以立即通过系统通知管理人员,使得问题能够及时发现和解决。开发宿舍卫生评估 APP,学生和管理人员可以通过手机应用进行卫生状况的评估和反馈。学生可以通过拍照上传宿舍内状况,管理人员可以及时了解每个宿舍的卫生情况,从而有针对性地进行管理。此外,APP 还可以设立奖励机制,激励学生自觉整理宿舍。将宿舍管理的流程移动化,让管理人员能够在手机或平板上随时随地查看宿舍情况。这有助于提高管理的灵活性,管理人员可以及时响应各类事件,加强对学生宿舍的实时监管。

4　结语

总之,高校宿舍内务管理工作作为高校建设发展的重点内容之一,也是培养社会需要的高素质人才的重要方面。希望各大高校继续重视宿舍内务管理对于促进大学生良好品德的形成以及推动和谐高校建设的重要意义,并对宿舍内务管理工作进行深化,针对性地对工作中出现的不足进行补充,实现培养学生向更全面、更综合的方向发展,培养出适应新时代发展的全面高素质人才。

参考文献:

[1]丁千雅.高校宿舍内务管理的现状分析及对策研究[J].教育界,2020(09):4-5.

[2]唐宏玲.高校大学生宿舍内务卫生管理研究[J].产业与科技论坛,2017,16(04):225-226.

[3]黄会会,林小惠,朱琦.内务卫生对寝室文化的影响及其管理建议[J].教师,2016(15):127.

"三全育人"背景下"1375"新型资助体系的实践研究

于泽民

法学院

摘要:

教育是国家的发展大计,资助育人在高校教育中起到非常重要的作用。"1375"新型资助体系紧密围绕落实立德树人这一根本任务,以"三全育人"为中心理念,贯彻"奖、助、贷、免、勤、补、减"七种资助政策,将思想政治教育、心理引导、生活关怀、学习互助、就业帮扶五个方面作为重点任务,建立起了新时代新型资助育人机制。新型资助体系顺应了时代发展趋势,有利于不断提升资助育人实效,助力学生全面发展。

关键词:

新时代;"三全育人";资助体系;立德树人

引言

教育是国之大计、党之大计。教育的高质量发展是实现民族振兴、促进社会进步的重要基石,也决定着国家和民族的前途未来。学生资助工作,是党与国家长期坚持和发展的重要民生工程,也是学生接受教育的重要保障措施。教育部全国学生资助管理中心 2022 年发布的《中国学生资助发展报告(2021 年)》指出,在习近平新时代中国特色社会主义思想指引下,各级教育、财政等部门和各级各类学校全面贯彻党的教育方针,紧紧围绕立德树人根本任务,不断完善学生资助政策,大力推进精准资助,全面深化资助育人,持续加强规范管理,有效落实各项学生资助政策,促进改革发展成果更多更公平惠及人民群众,努力使家庭经济困难学生同样拥有人生出彩的机会。做好学生资助工作,将进一步促进教育公平和社会公平,也是助力家庭经济困难学生发展自我、以"智"脱贫的重要途径。

1　创建新型资助体系的必要性

学生资助是一项重要的保民生、暖民心工程,也是促进教育公平和社会公平的重要举措。党的二十大报告强调,要"坚持以人民为中心发展教育,加快建设高质量教育体系,发展素质教育,促进教育公平"。教育部进一步落实相关精神,指出现阶段资助工作的重点任务是"建设发展型资助体系,加大家庭经济困难学生能力素养培育力度"。怎样把握好新时代的新要求、进一步丰富教育的内涵、完善和发展学生资助制度,创造出更为健全的新型资助育人体系,是目前资助工作所必需设想和解决的紧迫问题。

因此,新时代资助工作被赋予新要求,包括资助和育人两个层面,既相互统一又相互促进。资助主要以发放补贴的形式为贫困学生提供经济保障,即扶贫;育人是精神层面的感化和能力发展的培育,即扶志。其目的是通过丰富的载体和多样的形式将自立自强精神内化于心、外化于行;通过技能提升等帮扶形式,促进贫困学生身心全面发展。

新时代背景下,党和国家把帮助家庭经济困难学生综合发展作为学生资助工作的重要任务,资助工作也从"保障型"到"发展型"不断延展,这对于高校的教育与资助工作都提出了更高的要求。建立起一套更加高效、完善的资助体系是落实相关政策精神的重要制度保障,对于满足新时代党和人民对于资助工作的要求极为重要。

1.1 有助于家庭经济困难学生顺利完成学业

首先,新型资助育人体系的构建工作不仅可以为贫困学生提供物质上的帮助,解决家庭贫困学生的温饱问题,而且可以进一步减轻高校贫困学生进行各项学习活动的后顾之忧,提升学生的学习质量。其次,关注本校经济困难学生的思想道德素养,在为学生提供经济帮助的同时还能对学生进行相应的思想政治教育,使学生在接受资助的过程中充分感受中国特色社会主义制度的优越性。同时,在资助过程中渗透感恩教育、责任教育、诚信教育以及励志教育等方面的内容,可以进一步提升本校贫困学生的思想道德水平。最后,关注我国高校贫困学生在心理层面的问题,对高校学生因经济拮据而产生的自卑心理进行正确疏导,帮助本校贫困学生树立正确的金钱观,从而不断推动我国高校资助育人体系的完善以及学生的全面发展。

1.2 有助于高校资助育人模式的优化更新

首先,新型资助育人体系构建有助于丰富我国高校资助育人体系的工作内容,不断推动我国高校受资助学生的道德水平以及综合素养的提升。其次,新型资助育人体系引入立德树人理念可以有效促进我国高校发展型资助模型的完善,进一步贯彻"扶贫先扶智"的理念,帮助学生树立正确的价值观念,从而不断推动我国高校资助育人工作体系的完善以及学生的全面发展。最后,可以丰富我国高校资助育人工作中的思政及德育内容,进一步推动我国高校资助育人模式的优化和完善,促进我国高校人才培养质量的提升。

2 新型资助体系的构建

新型资助体系的构建,离不开正确理念的指引。作为教育中的重要环节,资助育人始终都应以立德树人这一根本任务为出发点,将"三全育人"作为高校育人的指导思想,积极落实新时代的新要求。在具体的工作落实中,在保持好"奖、助、贷、免、勤、补、减"七种资助政策相补充的基础上,拓宽资助育人的维度,丰富资助育人的内涵,将扎实推动思想政治教育、大力促进心理引导、深入加强生活关怀、不断深化学习互助、积极强化就业帮扶五个方面作为重点任务,全方位、多层次、高质量地落实好资助育人,真正促进家庭经济困难学生德智体美劳全面发展进步。

2.1 始终牢牢坚持立德树人这一根本任务

"培养什么人、怎样培养人"是我国社会主义教育事业发展中必须思考和解决的根本问题。党的二十大报告中明确提出,我们要坚持教育优先发展、科技自立自强、人才引领驱动,加快建设教育强国、科技强国、人才强国,坚持为党育人、为国育才,全面提高人才自主培养质量,着力造就拔尖创新人才,聚天下英才而用之。报告中强调了"促进教育公平"这一任务,有利于更加有力地把握教育事业的发展规律和人才培养的着力点,为新时代教育工作的内涵式发展指明了前进的方向。

资助育人作为高校教育和思想政治工作的重要组成部分,必须始终牢牢坚持立德树人这一根本任务。在立德树人的要求下,资助工作的开展必须坚持德育为先,将社会主义核心价值观融入其中,把树立"人穷志不穷"的志向目标作为重点,引导和教育学生不断提升思想境界,形成正确的人生观、世界观、价值观;必须着眼于促进学生德智体美劳全面发展,在坚持德育为先的同时,进一步加快德育与劳育、美育等相关方面的有机融合,在发展学生专业能力的同时,注重全方面发展,培养责任感、提升创新意识、锻炼社会实践能力,发展提高学生的综合素质;必须坚持塑造学生健全人格,在经济帮扶的基础上,加大对学生的人文精神关怀,营造氛围良好的学校风气、积极向上的班级风气、互帮互助的寝室风气,为学生形成健全人格提供良好的环境。

2.2 深入推进落实"三全育人"的时代要求

在新时代的背景下,促进资助育人的高质量发展,必须坚持"三全育人"的中心理念。"三全育人"是新时代教育事业需要把握的重要内容,即全员育人、全过程育人、全方位育人,体现了深化教育领域改革的重大创新,彰显了高等教育立德树人的要求,促进高校实现内涵式深入发展,满足新时代国家社会对于全面发展型人才的客观需要。

在资助育人工作上,必须坚持育人过程全员参与,资助工作的展开必须认真细致,真实准确地了解学生家庭是否存在经济困难,不落下一个有需要的学生;必须坚持全过程育人,把育人作为资助工作的重要内容,使育人教育体现在资助的全过程;必须坚持全方位育人,不只是在经济上给予帮助,更要在思政、心理、生活、学习、就业等方面全方位给予帮助和引导。

2.3 积极用好"奖、助、贷、免、勤、补、减"七大法宝

近十年来,我国的资助政策不断推进和发展,已经形成了较为完善的中国特色社会主义教育资助体系。我国的学生资助体系已经形成了在资金上以政府资金支持为主,对象上以贫困生为主,以奖励先进优秀学生为辅的体系,并根据实际需要,建立了针对不同群体的"奖、助、贷、免、勤、补、减"资助政策,将因各种原因导致家庭经济困难的学生群体全覆盖,年平均资助 1.5 亿人次,资助金额达 2 600 多亿元,形成了具有中国特色的学生资助政策体系。

在较为完善的资助政策背景下,资助工作的高质量发展,必须积极用好"奖、助、贷、免、勤、补、减"这七大法宝。首先,要对资助政策宣传到位。学校或学院应当及时了解和掌握新生有关情况,针对不同家庭的不同情况,给家庭困难学生讲解政策,提供帮助,引导学生合理定位,按需申报,开辟家庭经济困难学生"绿色通道",让其"上大学圆梦想"的愿望没有后顾之忧。其次,要将流程规范到位。对各项资助工作的评审,严格制定相关制度,并规范其相关流程,使贫困家庭学生的资助从界定、上报到审批、发放的全过程都在"阳光"下进行,严格遵守"学生提出申请—班级民主评议—学院认定等级—学校审核"的认定工作机制,确保资助工作科学、有序地进行。

2.4 扎实推进思政、心理、生活、学习、就业五方面工作

在"三全育人"视域下进行大学生资助育人工作,要求学校秉承全方位育人理念,多种育人帮扶方法齐行,凸显育人职能,除物质资源帮扶外,关注并解决大学生学习、生活、成长等各方面的困难。

2.4.1 坚持正确价值导向,搭建诚信教育平台

资助工作在于立德树人,学校营造良好的诚信氛围,通过讲座、公众号等形

式宣传诚信重要性,举办诚信主题绘画、演讲、征文比赛鼓励学生分享自己对于诚信精神的切身感悟,朴素真挚的情感更加动人,具有强大的感染力,有利于在校园内形成崇尚诚信的风尚,使同学们将诚实做人、诚信做事内化于心、外化于行。

鼓励贫困生自尊自爱、自信自强,拥有健全的人格,实现人生价值。学校组织学生进行升旗仪式、军训拉练,弘扬爱国主义精神,培养坚韧不拔的品格。见字如面,新生为父母寄一封家书,让学生常怀感恩之心,孝顺父母,请父母放心。鼓励贫困生积极参与社会实践,投身志愿服务队伍,传递温暖,奉献爱心,培养团结精神,增强社会责任感。

2.4.2 润物无声关注心理,实现有温度的帮扶

学院老师当好困难学生的倾听者、知心人,把学生的尊严放在首要位置。绿色通道、政策宣传、补贴资助、奖助学金线上办理,切实保护学生隐私。

日常留心困难学生情绪变化,深入了解贫困生家庭情况,了解其长期存在的困难、突发情况,具体问题具体分析,学生面临突发重大情况时要及时对其做好精准帮扶,主动关怀,主动讲解相关政策,减少学生后顾之忧,防止学生因不理解、不好意思而未获得帮助。

2.4.3 热爱生活传递温暖,自信乐观综合发展

学院为贫困生带来生活上的帮助,发放蛋糕券,冬季来临之际为困难学生发放冬衣。鼓励学生积极参与学校举办的各类活动,培养兴趣爱好,展示自己的才华,自信面对生活。主动加入丰富多样的社团,结交志同道合的好朋友,建立适宜的人际关系,携手共进,获得进步。坚持体育锻炼,掌握运动技能,强健体魄,拥有良好的身体素质,活泼开朗,乐观向上。

2.4.4 朋辈助航发展学业,榜样作用深入人心

学校开设职业生涯规划课程,帮助学生了解职业前景、所需资质、薪资待遇,了解多种选择多种方向,尽早对自己的学业、事业有所规划,树立远大志向;脚踏实地,向着理想目标勇敢奋进。举办"朋辈助航"学习经验分享活动,与同学们共同探讨学习方法,朋辈导师定期发布包括高等数学、大学英语、大学物理等多学科的免费线上课,供学生预习复习。学校开设励志奖学金、情商奖学金、"十佳大学生"等榜样评选活动,鼓励学生向着榜样看齐,形成争当模范的良性竞争氛围。

2.4.5 勤工助学一举多得,就业创业个性辅导

学校开设多个勤工助学岗位,时间较为灵活,不会与课程时间冲突。帮助同学树立职业平等观,鼓励其勤劳守法致富。在获得劳动报酬的同时,锻炼交际能力,有利于其未来更加自信从容地步入职场。

邀请专业对口、经验丰富的老师为困难学生一对一进行职业生涯规划指导,

树立"先就业,后择业"的就业理念,培养其正确的就业观。鼓励学生充分利用假期实习,通过不断提升自己的综合素质,实现远大理想。

3 在新型资助体系的框架下,充分发挥资助育人的优势

3.1 培养正确价值观,发挥资助育人的价值导向作用

高校"三全育人"综合改革的主要任务之一就是发挥学校各人员群体的育人作用、挖掘各工作岗位的育人元素,构建全员协同参与的责任体系。作为"三全育人"综合改革重要内容的资助育人,其责任主体也同样呈现出全员性的特点。教育部原部长陈宝生指出:"各地各校要形成全员参与、各部门配合、各个教育教学环节统筹协调的资助育人机制。"资助育人价值功能的充分发挥,需要高校各级资助工作者起到言传身教的作用,高校应利用教育契机充分发挥理想信念教育和励志教育,以教师、辅导员群体为主体,帮助在校生树立正确的价值观同时使学生形成良好的个人品质,以高校学生为受众,使其独立自强、心怀感恩、勇于担当。学生应明白资助的意义,了解个人努力的价值,永葆家国之念,将个人发展与国家发展紧密相连,以实际行动回应国家的期待,为建设美丽中国贡献力量。

3.2 提升教育幸福感,增强资助育人的社会回馈效能

在新型资助体系的框架下,学生可以通过在资助教育中得到全方面的收获,进一步感受到学习中的乐趣的同时感受到自身的存在价值,增强自信心,提升幸福感,这样有助于发挥意识能动性与主动创造精神。通过多种多样的理论与实践结合的教育方式引导学生感恩社会,将社会责任作为个人责任,毕业之后通过各种途径回馈学校与社会,造福国家与人民。

3.3 促进全方面发展,落实资助育人的立德树人目标

新型资助体系创新改革,在思政、心理、生活、学习、就业五方面等都给予了学生很大程度的帮助和引导,从经济帮扶转向全方位支持。同时,为了更好地激

励同学,促进良好的竞争,在资助的过程中应结合实际情况设置不同的奖项,以学习成绩作为主要评估依据,同时对于在其他方面有突出表现的同学,亦给予鼓励以打造全方位发展的新时代人才。

新时代背景下,将新型资助育人体系落实是一项长期而又复杂的工程,在坚持立德树人根本任务和"三全育人"中心理念的指引下,各资助工作机构和资助工作者,应认真贯彻七种资助政策,完成好五项重点任务,在实践中完善理论不断探索进步,建立起有高度、有深度、有广度的资助育人体系,将教育与帮扶落到实处,对于实现"让每一个家庭经济困难学生都成为有用之才"的目标具有重要的现实意义。

参考文献:

[1]江秋菊.新时代高校资助育人工作路径探索[J].广东水利电力职业技术学院学报,2023,21(04):76-79.

[2]杨燕英.试析新《预算法》对我国政府采购制度完善的影响[J].中国政府采购,2014(12):63-66.

[3]魏晶,贾曦.高校学生资助由保障型向发展型转变的依据与探索[J].北京教育(高教),2018(06):24-27.

[4]王晨,李乔."三全育人"视域下如何开展大学生资助育人工作[J].四川劳动保障,2023(10):96-97.

心理健康教育与咨询

反脆弱性视域下大学生抗挫折能力提升策略

崔欣

航运经济与管理学院

摘要:

抗挫折教育是新时代大学生思想政治教育和心理健康教育的重要组成部分,对大学生的成长成才和健康生活至关重要。当前高校部分大学生面临着学业、就业、人际关系等各方面的挫折和压力,进而导致大学生衍生出了许多心理问题,提升大学生抗挫折能力对促进大学生的成长成才和中国特色社会主义现代化发展具有重要意义。本文分析了当前大学生抗挫折能力的现状和成因,对反脆弱性视域下提升大学生抗挫折能力的内在逻辑进行了论述,并提出了基于反脆弱性的大学生抗挫折能力提升策略,以帮助大学生在逆境中成长成才。

关键词:

高校;大学生;挫折;反脆弱性;策略

引言

习近平总书记在中国共产党第二十次全国代表大会上的报告中指出:"全面建设社会主义现代化国家,是一项伟大而艰巨的事业,前途光明,任重道远。"我国正处于中华民族伟大复兴战略全局和世界百年未有之大变局,大学生作为青年的主体,对促进国家富强和民族振兴至关重要。当前在社会经济快速发展的同时,大学生面临的压力也日益增加,在就业、学业、人际关系等方面的压力和挑战也常常使大学生感到沮丧。除了突发的挫折压力外,高校部分大学生心理脆弱,抗挫折能力弱,严重影响了大学生的成长成才和健康生活。2020 年 12 月 9 日,教育部强调要加强对大学生的挫折教育,指出挫折教育是新形势下加强和改进大学生思想政治教育工作的重要内容,同时也是促进大学生全面发展的重要途径。

在大学生抗挫折能力的研究中,张旭东和唐鹏研究指出大学生的抗挫折能力会直接影响到大学生的择业心态。张秀杰研究指出提高大学生的抗挫折能力,对提高青年心理素质具有十分重要的作用。李谷雨基于奥尔德弗的 ERG 理论,提出受挫心理是大学生心理问题形成的内在动因。杨威等和吴敏茹等指出大学生抗挫折能力越强,越容易降低大学生的学业挫折感和消除大学生学业挫折感所产生的消极影响。欧何生等研究表明大学生抗挫折能力越强,则自杀意念就越弱。通过加强大学生的抗挫折教育,对预防大学生自杀行为具有重要的现实意义。兰丽研究指出大学生心理健康教育的核心思想即是提高大学生的心理素质,提高大学生积极应对问题的能力,大学生的抗挫折教育直接影响到大学生的成长成才和国家未来发展。由此可见,提升大学生的抗挫折能力极为必要。本文从反脆弱性视角出发,提出了如何提高大学生抗挫折能力的有效策略。

1 反脆弱性概述

"反脆弱性"是由美国著名哲学家纳西姆·尼古拉斯·塔勒布最先提出的，塔勒布将事物分为脆弱性类、韧性类和反脆弱性类三类。脆弱性类的事物受外界环境干扰较大，在变化的环境中易被摧毁。韧性类的事物受外界环境干扰较小，并且能够及时恢复到正常状态，保持事物原状。反脆弱性类的事物可以在波动环境中茁壮成长，让事物本身变得更好，即反脆弱性强调从外界风险的不确定性中受益。与韧性相比，反脆弱性更加强调对不确定性的适应能力，即在面对变化时，能够积极寻找机会，并从中获益，例如人体免疫系统在面临病毒侵扰时可以通过与病毒的斗争增强免疫力。

在大学生抗挫折能力方面，本文将反脆弱性定义为个体在面对挫折、冲击和变化时，不仅能够及时恢复和保持稳定状态，而且能够通过适应复杂环境，让自身变得更好。对于当前高校大学生，在困难挫折面前往往会呈现出脆弱性、韧性和反脆弱性三类特性。例如同样面临学业危机，脆弱性的个体可能会因压力过大而选择自杀；韧性的个体能够沉着应对，及时从危机中恢复过来，继续完成学业；反脆弱性的个体则会以此为契机，奋发图强，让自身变得更加优秀。因此，根据大学生面对挫折的表现，可将大学生分为三类群体，即脆弱性的群体、韧性的群体和反脆弱性的群体，如何降低大学生中脆弱性学生群体比例、增大韧性学生群体比例和提高反脆弱性学生群体比例是值得探究的问题。

2 当前大学生抗挫折能力现状及原因分析

大学生抗挫折能力是指大学生能够承受和应对挫折的水平。从心理学角度分析，大学生挫折心理的产生，主要是源于大学生在学习、生活等个人发展过程中面临压力、困难和困惑而不能实现目标时产生的消极情绪体验。当前大学生成长过程中面临的挫折包括学业受挫、就业受挫、人际交往受挫、情感受挫、生理健康受挫等。卢佳慧和齐淑静通过对871名在校大学生的调查统计分析，结果显示有23.2%的大学生抗挫折能力处于中等以下水平，占到总体人数的五分之一以上。陈炯波通过对437名大学生抗挫折能力的问卷调查显示，大学生抗挫折能力总体处于一般水平，几乎一半大学生抗挫折能力不足。彭柳中等研究指出男大学生与女大学生的挫折容忍能力存在差异，男生的挫折容忍能力要强于女生，但女生在人际交往方面要强于男生。结合当前学者的调查研究，在抗挫折能力方面,部分大学生表现出了较强的心理承受能力,能够积极应对挫折,而有些大学生则表现较为脆弱,缺乏坚韧意志和适应能力。因面临压力过大,可能会呈现出焦虑等状况,甚至会产生情绪失控和自杀倾向。

当前大学生抗挫折能力弱的现状具体体现在:第一,内心比较脆弱,心理承受能力较差,心理问题频发。第二,面对困难和挫折,躲避趋向明显,目标不明确,缺少拼搏的动力。第三,焦虑、抑郁,甚至有自杀倾向。因此提高大学生抗挫折能力对培养社会所需要的高素质人才和对大学生成长成才至关重要。当前大学生抗挫折能力弱的本质是困难挫折的冲击力高于了大学生内在的承受能力。主要原因包括以下几个方面。第一,家庭教育方面,大学生从小缺乏承受挫折的锻炼和培养,导致大学生缺乏自我调节和解决问题的能力。第二,受学校教育环境的影响,大中小学往往注重学生考试分数,对抗挫折教育的重视程度不够,缺乏对学生的抗挫折教育,学校抗挫折教育顶层设计缺失。第三,社会文化因素,社会竞争压力大,社会舆论环境复杂。第四,大学生自身心理发展不够成熟,心理承受能力较弱,自信心不足,竞争意识薄弱,人际交往能力弱,导致大学生缺乏积极应对挫折的能力。

3　反脆弱性视域下提升大学生抗挫折能力的内在逻辑

大学生个体在面临困难挫折时的状态变化如图 1 所示。在事件发生前,个体整体处于平稳正常状态。当个体遇到困难挫折时,个体状态会呈现出下降趋势,不同个体下降的程度不同,下降程度越大,则表示个体的脆弱性越高。个体受到困难挫折的冲击后开始恢复,恢复到正常状态的时间越短、速率越高,则个人的韧性就越高。反脆弱性除了强调恢复到正常状态之外,还强调要实现和达到更好的状态,如图 1 中的状态 II-3 所示。

3.1　反脆弱性教育可以帮助大学生正确地面对挫折

如何看待和面对挫折是解决挫折的首要问题。通过反脆弱性教育,可以帮助大学生明白困难挫折是"双刃剑"。困难挫折不一定会阻碍自身发展,相反地,可以帮助自身发展得更好。同时,反脆弱性教育还可以帮助大学生树立正确的价值观和态度,认识到挫折是成长和成功的必经之路,这样就能更加从容地应对学习和生活中各种困难和挫折。

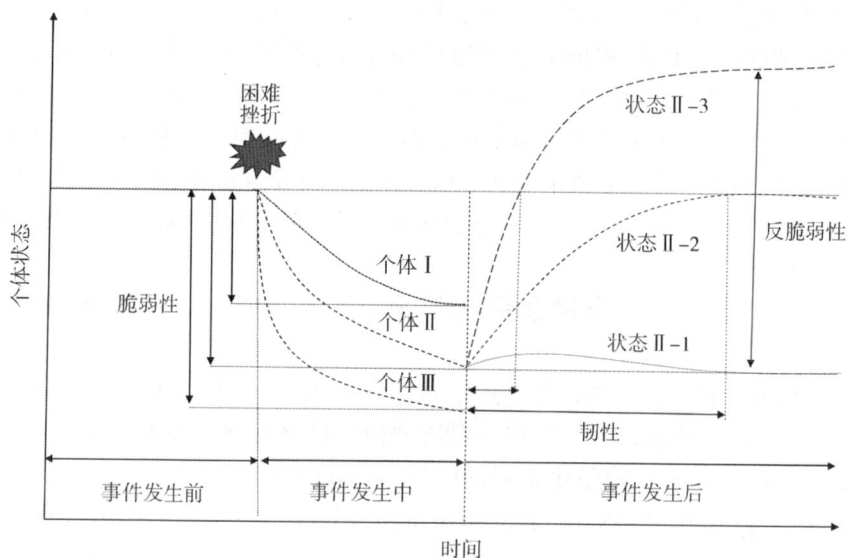

图 1　大学生个体在面临困难挫折时的状态变化

3.2　反脆弱性教育可以降低挫折对大学生的冲击,降低大学生的脆弱性

在大学学习生活中,大学生难免会遭遇挫折和失败,承受打击。在面对困难挫折时,大学生常常由于压力大等原因不愿意直面困难,选择了逃避。反脆弱性教育的本质是以问题为导向,引导大学生以挫折为契机,进一步完善自我。通过反脆弱性教育,大学生可以学会从困难挫折中吸取教训并快速调整自己的心态和行为,积极地面对未来的挑战,并以挫折为机会,不断弥补自身原有的不足,从而达到更好的状态,以此实现更好的发展。

3.3　反脆弱性教育有助于大学生快速地战胜挫折,提高大学生的韧性

通过反脆弱性教育,可以帮助大学生掌握应对困难挫折的方法和技巧,建立抗压的信心。反脆弱性教育注重培养大学生的自我调节能力和积极心态,让大学生在面对挑战时更加从容自如。通过反脆弱性教育,大学生可以意识到挫折也是一种成长机会,可以以困难挫折为契机,快速学习,提高自己的能力水平,增强自己的韧性和适应力。同时,结合实际案例开展反脆弱性教育,有助于大学生更好地掌握应对困难挫折的方法和技巧。

3.4 反脆弱性教育有助于大学生成长得更优秀

当前抗挫折教育中主要是强调大学生要及时从困境中恢复到正常的状态，即提高大学生应对困难挫折的韧性。反脆弱性教育强调了积极应对逆境并达到更好状态的能力。通过反脆弱性教育，大学生可以从失败中汲取经验，并迅速适应变化和挑战。因此，反脆弱性教育不仅有助于大学生及时从困难挫折中恢复到正常状态，还有助于大学生实现全面发展。

4 基于反脆弱性的大学生抗挫折能力提升路径

对于每个大学生个体而言，基于反脆弱性的大学生抗挫折能力提升路径的关键在于降低大学生个体的脆弱性，增强大学生个体的韧性，最终达到反脆弱性的目标。对高校大学生群体而言，基于反脆弱性的大学生抗挫折能力提升路径的关键在于降低脆弱性学生群体的比例，增大韧性学生群体的比例，提高反脆弱性学生群体的比例。

4.1 识别脆弱性学生群体和脆弱源

提高大学生的反脆弱性，首先要识别出高校脆弱性学生群体，找到脆弱性学生群体的脆弱源。根据阿德勒心理学原理，帮助大学生找到发生问题的节点，有助于帮助大学生树立信心和勇气。可以通过谈心谈话、问卷调研等形式对大学生的抗挫折能力进行评估，以此识别出脆弱性学生群体及脆弱源。以"脆弱"为契机，帮助大学生针对脆弱环节进行改进，努力变弱为强，并从中学习和成长。不同年级大学生面临困难挫折的类型不同，在实际中应明确不同学生群体抗挫折能力的差异，针对不同学生的差异采取相应的举措，做到防患于未然，此外，应密切关注和了解大学生的心理状态。

4.2 提高大学生韧性，帮助大学生摆脱困境

要加强对大学生的挫折认知教育、挫折预防教育和挫折应对教育，引导大学生提高自身能力认知水平，学会正视问题，主动寻找解决问题的方法，保持积极

向上的心态。一旦发现大学生受到困难挫折影响后,要及时帮助大学生从困境中及时恢复到正常的学习生活状态,帮助大学生及时中断焦虑,直面困难与挑战,提高大学生的自我调节能力。同时,引导大学生以理智的态度正确对待挫折,辩证地看待成败,培养良好的人际交往技巧,培养大学生乐观的心态。帮助大学生掌握各类应对困难挫折和抗压的心理疏导方法,通过实践活动提高大学生的心理素质。

4.3 强化大学生反脆弱性意识,鼓励大学生在挫折中进步和成长

第一,构建抗挫折教育育人体系,开设反脆弱性的教育和课程,可以结合其他课程,例如大学生职业生涯规划课程交叉教学发挥课堂教学主渠道的作用。将反脆弱性融入大学生心理健康教育中,激发大学生主体作用,引导大学生主动战胜困难和挫折,培养大学生的自强意识。第二,利用校园网络媒体,加强抗挫折案例的宣传,发挥先进的榜样和典型人物的正向激励作用,营造良好的氛围,激发大学生的进取精神,培养大学生坚定的信念和毅力。第三,积极开展文体竞技活动和学科竞赛,培养大学生的拼搏意识,培养大学生主动面对和克服困难挫折的乐观心态。此外,可以依托"四史"教育,在加强思想政治教育的同时培养大学生坚强的内心和提高大学生抗挫折的能力,激发大学生的主观能动性,引导大学生对挫折形成理性认知。

5 结语

通过培养大学生的反脆弱性意识,有助于降低困难挫折对大学生成长的影响,同时有助于帮助大学生以困难挫折为契机,实现自我更好的发展。在实际高校大学生工作中,应识别出大学生中的脆弱性群体,增强脆弱性群体的韧性,提高脆弱性群体的反脆弱性。同时,高校应系统开展抗挫折教育,在激励大学生勇敢面对挫折、战胜挫折的同时,引导大学生从挫折中思考,以挫折为契机,不断提升综合能力,养成迎难而上的良好精神面貌,更好地适应和应对新的挑战和变化,实现自身的全面发展。

参考文献:

[1]张旭东,唐鹏.大学生择业心态与抗挫折心理能力的关系[J].黑龙江高教研究,2016(05):82-84.

[2]张秀杰.从容面对挫折:青年成长中的必修课[J].人民论坛,2016(31):

238-239.

[3]李谷雨.ERG 理论视角下大学生心理问题探析[J].学校党建与思想教育,2021(03):84-85+89.

[4]杨威,李馥荫,李炳全.大学生抗挫折心理能力、核心素养、应对方式对学业挫折感的影响[J].高教探索,2021(03):124-128.

[5]吴敏茹,曾淑仪,杨娟娟,等.理工科大学生核心素养对学业挫折感的影响[J].中国健康心理学杂志,2021(11):1718-1727.

[6]欧何生,黄泽娇,张旭东.大学生抗挫折心理能力对自杀意念影响的研究[J].心理学探新,2013(03):234-238.

[7]兰丽.实践教学模式在现代心理课程中的应用研究:评《如何成为一个抗压的人》[J].林产工业,2020(01):108.

[8]刘娜.基于反脆弱视域的"95 后"大学教育的思考:以美国大学教育为例[J].文教资料,2020(34):181-182.

[9]卢佳慧,齐淑静.大学生抗挫折能力的环境影响因素探析[J].武汉理工大学学报(社会科学版),2022(06):177-187.

[10]彭柳中,罗宝怡,张演,等.大学生抗挫折心理能力、应对方式与自强意识的关系[J].中国健康心理学杂志,2018(10):1565-1570.

基于高校宿舍管理视域下的航海类学生心理健康教育实践探究

高梓博　林川博
法学院　校团委

摘要：

海员是远洋运输船舶安全运营的重要成员,面对海上相对闭塞艰苦的工作环境,海员的心理健康问题受到越来越多的关注。航海类专业高校承担着高素质船员培养的重要责任,航海类学生在校期间的心理健康教育和培养对于其未来职业的适应和发展至关重要。本文以高校学生宿舍管理为出发点,探讨心理健康教育途径。

关键词：

高校宿舍;大学生心理健康;人际关系

引言

习近平总书记在党的二十大报告中提出:"重视心理健康和精神卫生。"这对新时代做好心理健康和精神卫生工作提出了明确要求。心理健康和精神卫生是公共卫生的重要组成部分,也是重大的民生问题和突出的社会问题。教育部在 2021 年也发布通知,要求各地教育主管机关、部属高等学校加强学生心理健康管理工作。高校作为学生心理健康教育工作的实施者,同时也是维持校园安全稳定的责任者,学生心理健康工作的开展至关重要,有效实施心理健康教育,关乎立德树人质量,事关为党育人、为国育才的根本任务。

宿舍是高校管理的最小单元,是各级教学组织、教学对象的最小组成单位,以宿舍为单位开展学生心理健康教育,是实现全员、全过程、全方位心理育人的最后一环、最后一站。

为积极适应当前航运市场发展的需要,航海类学生在心理健康方面的培养将变得尤为重要。本文将立足航海类院校宿舍管理日常工作,探究航海类学生心理健康工作途径。

1 航海类专业学生海上就业后面临的心理健康方面的挑战

1.1 外部环境变化多端

船舶是移动的国土,在船工作不仅伴随着时间、空间的改变,还带有气候、季节、天气的改变,气温、湿度、光照、海况等因素都会作用在人体,给人以不同的体验,尤其是恶劣天气、恶劣海况会给人带来巨大的外部压力,当船舶处于不同国家、港口、海域时,海员会面临着严格的外部检查,或因政治、经济形势突变,与之伴随的战争、劫掠风险,都会作用在海员身上,给他们以巨大的压力。

1.2 人际关系松散又固定

海员在船工作,往往最多二十余人"同船渡",工作同事、工作对象会因人员调动和休假频繁而发生变化,且同船工作也不见得每天都会见面,人际关系相对松散;但在船舶航行中,极少会出现突然换员的现象,多数船员每天的人际交流对象不会产生太大变化,人际关系又相对固定,尤其是在多民族、多国籍、多元化文化氛围下的"混派"船舶中,人的交往范围更是狭窄,在船工作的海员易缺乏稳定且长期的人际交往。

1.3 远离亲朋缺少支持

海船航行时远离陆地,船员在船工作也远离家人,有时哪怕靠泊国内港口,也不能相见,船员必须面临远离家人亲朋、缺少与人联系的现实,年轻海员远离父母和爱人,中年海员则要面对不能陪伴儿女成长、不能照料年迈父母的现实,尤其身处在不同时区时,会进一步增加孤独感和疏离感。同样,远离家乡和亲朋,也会让海员产生缺乏外部支持的感受。

1.4 工作环境艰苦恶劣

随着船舶制造工艺和管理水平的提升,在船工作海员的工作环境逐渐改善,船舶生产管理的科学化、规范化会一定程度地降低安全风险,但风险一直存在,因各工作岗位的客观实际情况,高湿、高热、噪声、油污、废气和浪涌等外部因素一直是海员在船工作环境中的负面因素。

2　基于航海类高校宿舍开展心理健康工作存在的难点

2.1　于学生宿舍开展心理健康教育需考虑其复杂性

虽然宿舍是高校管理的最小单元,但目前高校学生宿舍多为4~6人,甚至有8~10人,宿舍空间狭小、人员构成复杂,学生来自天南海北,生活习惯、文化底蕴、认知习惯均会对心理健康教育的开展产生不确定性。另外,在高校辅导员分配宿舍时,一般是在专业班级范围内随机安排,或按照先来后到的顺序依次分配,带有很大的随机性和不固定性。

2.2　于学生宿舍开展心理健康教育需考虑其私密性

深入学生宿舍开展心理健康教育,则不可避免地要运用先进的心理咨询技术,在与学生进行交流这一过程中,就会涉及保密原则,要考虑学生个人隐私。因宿舍人员密集,所以在辅导员与学生谈话中,学生提供的信息是否真实、有效,与学生认定所处环境是否私密、可信、安全成正相关。

2.3　于学生宿舍开展心理健康教育需考虑其随机性

虽然学生宿舍是开展心理健康教育的最后一站,但宿舍并不是学生在校园内活动的唯一场所,教室、运动场、食堂、图书馆、实验室等都是学生活跃的场所,当计划开展谈心和谈话、团体活动时,学生是否在宿舍,存在着不确定性。一般在日常操作中,很难避免同宿舍同学在宿舍的情况,这对于上述的私密性也是一个挑战。

3 基于学生宿舍开展心理健康教育工作的具体措施

3.1 辅导员深入宿舍谈心谈话

深入学生宿舍谈心谈话是辅导员的重要工作手段之一,可分为个体进行、集体进行。个体进行更像是一次心理咨询,可适当使用一些心理咨询技术;而集体进行则可借鉴团体辅导中的团体动力学知识。

将工作场景选在学生相对放松、舒适,又能体现学生真实生活状态的宿舍,能够帮助辅导员快速发现问题、掌握第一手信息,将问题消灭在萌芽状态。

很多人喜欢将谈心与谈话并列,在实际运用中两者也界限模糊,但实际上,谈心与谈话是两种不同的工作方式。例如,谈心是无明确话题指向的,是为了发现问题的;谈话是有目标的,是为了解决问题的,当排查学生心理问题时,常使用"谈心",学生工作者应主动深入宿舍,开展谈心;当为了解决学生思想上的"疙瘩",解决学生心理问题,或者探查情况时,常使用"谈话",学生工作者应联络、安排学生前来谈话。

3.2 心理健康教育普及

前文提到,宿舍、学生公寓是学生在学校温馨的"家",学生在宿舍能卸下心防、敞开心扉,因此,学生宿舍是否窗明几净、整洁有序、温馨典雅,是影响学生心理健康水平的重要外界因素之一,宿舍卫生状况在一定程度上也能反映学生精神状态。因此学校可从维持宿舍干净、整洁的角度,来营造学生心理健康的环境基础。在开展宿舍管理时,可从两方面着手:

一是加强宿舍卫生管理。要围绕宿舍卫生做好学生管理和教育工作,可通过制定内务卫生规范、指派专人负责内务检查并量化检查结果、定期组织内务评比等方式,提高学生宿舍卫生水平,从而引导学生自觉保持床铺、桌面、地面整洁,理解维持宿舍卫生与个人自律、自省的关系。

二是营造宿舍心理健康教育氛围。以宿舍为单位,结合大学适应情况、宿舍人际关系、宿舍校友传承等主题,围绕心理健康教育开展活动,构建文明宿舍、温馨宿舍、美丽宿舍。举办学生宿舍心理健康节、宿舍交流会、文明宿舍构建评比。将心理健康教育融入宿舍活动开展及宿舍氛围营造中。

3.3　宿舍心理健康教育机制建设

要加强学生宿舍心理健康教育机制建设,在学生宿舍要配备有生活辅导室,供谈心谈话使用,保障学生在宿舍能够定期开展活动;在专业、年级、学生自然班配备有学生心理委员的基础上,在学生宿舍设立心理专人;定期对心理专人进行培训,提高心理专人的心理知识水平,使其掌握一定的心理调适技巧,实现以点带面、逐级提升。

针对不同时间节点,尤其是敏感时期、特殊时期等重要节点,如新生入学、考试周、期末月、就业季、毕业季等,及时开展培训,建立预警机制,以充分应对学业困难、就业困难、人际纠纷、感情困扰等问题,充分发挥学生宿舍心理专人的传感器、探照灯、阻拦索、防护网、报警器的作用。

将学生宿舍融入心理危机干预体系,完善学校—学院—年级(专业)—班级—宿舍的多级心理危机预警制度,对宿舍心理专人进行定期培训,明确处置流程、应急报告等环节。

3.4　发挥学生宿舍心理健康教育中的家校合力育人、朋辈育人作用

可将学生宿舍心理育人与家校合力育人、朋辈育人融合,如在心理健康教育中,引入学生家庭力量,使学生家庭成为开展学生工作的有力后盾;也可积极动员、鼓励学生发挥主观能动性,实现心理朋辈育人,如安排能力强且学有余力的高年级学生赴低年级学生宿舍,担任宿舍长、班长等职务,引导学生积极成长,充分利用大学时光,发挥朋辈育人作用。

4　结语

作为高校的最小组成单位,学生宿舍能否维持正常的心理健康水平至关重要,因此,高校及高校的学生工作者、后勤部门、相关学院,应充分重视,形成联动机制,给予保障、支持,形成全员、全过程、全方位育人,让航海类高校大学生的身心在校园实现健康发展。

参考文献:
耿琳琳.基于高校心理辅导视角构建高校和谐宿舍人际关系体系研究[J].黑龙江科学,2021,12(21):150-151.

优秀寝室文化助力大学生心理健康教育的可行性研究

焦兴华

公共管理与人文艺术学院

摘要：

随着时代的发展,网络技术已经融入人们日常生活的方方面面,大学生的心理健康状况不可避免地会受到这种变化的影响,这种现象要求我们对当下大学生的心理健康教育也必须进行相应改变。本文首先分析了网络信息时代下心理健康教育具体受到的影响,之后分析了优秀寝室文化可能对心理健康教育产生的积极意义,随后总结部分寝室文化建设中出现的问题,最后提出了利用网络技术和优秀寝室文化与心理健康教育相辅相成的可行路径。

关键词：

大学生心理健康教育;寝室文化;网络信息时代

引言

心理健康教育是素质教育的重要组成部分,为了全面提高大学生的综合素养和能力,培养新时代承担民族复兴大任的"生力军",关注及改善大学生心理健康教育问题是当下我们所必须面对的问题。网络技术的发展和信息时代的到来让当代大学生的生活更加地便利,同时也使得寝室更加成为大学生在学校内的主要活动场所和信息交流场所,网络信息和寝室文化对大学生心理健康的影响也随之愈发突出。因此,及时探索出如何建立网络信息时代背景下的优秀寝室文化,并使其对当代大学生的心理健康教育产生积极帮助,是教育工作者需要思考和面对的新课题。

1 网络信息时代下大学生心理健康教育受到的影响

1.1 积极影响

网络信息时代的到来和相关技术的发展,毫无疑问地为学生们的心理健康教育提供了相当可观的助力。首先它为各种类型的教育资源的获取提供了更加便利化、多元化的途径,开展大学生心理健康教育所使用的材料也更加丰富多彩,一方面方便了教育工作者对课题的相关准备工作,可以收集跨越时间、空间的相关资料,有助于提高心理健康教育的效率和质量;另一方面使心理健康教育可以从视觉、听觉等多个角度开展,进行详细解说和讲解,更有助于相关课程的开展和学生的理解。除此以外,网络信息技术的发展也为教学工作拓展了开展方式,线上教学成了更加受欢迎的一种选择,其打破时空限制的特点,以及格外突出的及时性和便捷性都使得心理健康教育开展的成本降低、效率提高。同时,在虚拟的网络空间之中,学生们可以更加方便且没有负担地与朋辈和师长构建平等的关系,这能够让学生更乐于和他人交流,表达自己的内心,抒发自己的情感和真实想法,无论是对于排解内心压力、改善心理健康状况,抑或是方便教师了解学生心理健康状态,从而有针对性地改进教育方案,都是有效的帮助。

1.2 消极影响

诚然,学生们可以通过网络媒体和社交平台等来排解自我压力,结识知心好友,改善心理状况。但也不可以忽视网络在丰富的信息供给和便捷体验的背后依然隐藏着大量具有负面影响的因素。一方面,便是负能量信息,当代大学生的生活与互联网是不可分割的,在如此长时间的密切接触之中,难免会见识到各种各样的负面信息,而社会经验浅薄的特点直接导致了大多数当代大学生对于网络上的负面信息的分析和辨别能力不足,极易受到例如报复社会言论、叛党叛国言论、利己主义、历史虚无主义等负面思想的影响,对自己的成长前途和国家社会的发展进步产生极其不利的影响。另一方面,当前网络信息呈现出碎片化、娱乐化的特点和进一步发展趋势,学生长期处于如此的网络环境之中,并不利于学习能力和心理承受能力的进一步提高,甚至可能会因为沉迷其中而造成学习成绩下降、应做事务失职等问题,产生不必要的压力。可见,如果放任学生无节制、不分辨、随心意地接触网络世界,会因为各种各样未经筛选的负面信息扰乱心智,因为各种不加筛选的无效信息徒增压力,这毫无疑问地不利于心理健康教育的开展,也绝非心理健康教育想要达到的结果。

2 网络信息时代下引入寝室文化对大学生心理健康教育的重要意义

寝室作为大学生日常起居的主要场所,也是在大学这一环境之中最初的主要人际交往场所,无论是从发现、预防心理健康问题的角度还是加强大学生现实人际交往能力、减少网络信息负面影响的角度来看,在开展大学生心理健康教育的工作中加强寝室文化建设,充分发挥寝室文化的引导作用,都是很有必要的。

寝室文化的内涵和来源非常丰富,主要是对学生的喜好和精神状态的直观反映,同时也反过来影响着寝室内学生的行为方式和心理状况,这种相互影响的关系对寝室文化的建设提出了积极、昂扬、向上的要求,而作为回报,优秀的寝室文化不仅可以在几个学生之间建立起一个自然而且及时的心理健康预警和改善体系,而且更有利于心理健康教育持久且有效地开展并产生积极的长期影响。

建立起优秀的寝室文化可以为大学生心理健康提供丰富的教育资源和改善途径。举例来说,首先,网络的虚拟性使得在互联网中道德与文明的约束力远远不如现实,网络在拥有各种珍贵教育资源的同时,也充斥着各种虚假信息和不文明行为,严重影响了大学生的价值观与人生观,最终导致大学生的自律意识快速下降,然而优秀寝室文化可以凭借学生们大多来自全国各地的特点,以不同地方红色文化作为主要内容,在学生们的日常生活之中潜移默化地培养他们爱党爱国的精神观念,传承红旗渠精神、焦裕禄精神、改革开放精神等共产党人的宝贵精神财富,促进学生精神境界提升,更好地建立起民族自豪感和认同感。其次,网络信息时代下,五花八门的网站让部分大学生沉迷其中不能自拔,一些网络游戏会让一些学生不再在现实中努力学习工作,而是沉迷于网络游戏角色等级的提升,而优秀寝室文化可以凭借学生们大多拥有不同的技能和喜好的特点,将多种兴趣爱好引入寝室生活之中,有利于建立起大学生对其他生活技能以及才艺的兴趣和追求,促进学生全面发展,提升学生审美能力,更好地落实素质教育方针。最后,在网络的环境下,学生之间交流往往用一些如QQ、微信等交际软件,会导致学生的交际能力减弱,而现实文字口头交流表达在某种程度上有自身的优势,因此在网络信息时代下优秀寝室文化的建立有助于营造良好生活起居环境,协助学生建立友善社交关系,提高学生社交能力,同时可以帮助学生们更好地建立起良好人际关系,当部分学生出现心理健康问题时,可以通过向其他同学倾诉的方式来得到缓解,而这也创造了更多的信息渠道,有利于教师及时了解情况并做出有效处理应对。

3　网络信息时代下寝室文化建设面临的困难

经过如上分析,优秀寝室文化的建设可以对大学生心理健康教育问题产生大量积极影响,但是同样的,寝室文化的建设并不是一个简单的过程,其中包含着诸多问题,面临着许多困难,具体内容如下。

3.1　缺乏多方面的重视与关注

经过调查发现,网络的发展为大学生提供了丰富的资讯和资源,网络社交、在线教育、信息分享、移动支付等影响到大学生学习、生活的方方面面,影响到大学生对校园文化活动的参与,相当多的高校大学生会热衷于将自己的休闲时间用于在寝室借助网络进行休闲和放松,并且单纯地将其视为一处娱乐地点,完全忽略了在寝室中也可以使文化产生长远积极影响的可能性;与此同时,部分教育工作者则在重视课堂教育和知识传授的同时,忽略了利用寝室这一场所促进学生全面发展的契机。虽然寝室是大学生生活起居的主要场所,但是当前绝大多数的教育工作者和学生都忽视了建设优秀寝室文化的可能性和重要性,也就因此缺乏了建设寝室文化的积极性和主动性。

3.2　寝室内部关系薄弱缺乏凝聚力

以智能手机、通信软件等为代表的网络信息技术的发展在一方面方便了同学与同学、同学与老师之间的交流,另一方面也使得在线状态占据了学生们生活越来越多的比重。人们越来越习惯于在网络上营造自己光鲜靓丽的理想外表,而不愿意把自己真实的存在和心理在现实中表露,毫无疑问,这不利于寝室内部人际关系的建立和改善。同寝室的大学生可能更偏好于在网络上和素未谋面的网友畅聊,而不是和舍友敞开心扉谈论生活;可能更喜欢用网络游戏来消磨时光,而不愿和舍友外出游玩。长此以往,当下的不少寝室已经变成了"校园网吧",因此随着时代的不断发展,网络上负面信息的传播很容易给观念不够成熟的大学生带来影响,比如:盲目追星、热衷于八卦、崇尚拜金主义、谈论低俗的话题等,甚至有一些学生存在"个人主义"观念,对集体荣誉毫不在乎,这十分不利于寝室凝聚力的培养,更不必说建设优秀寝室文化了。

3.3　寝室文化建设过分简单形式化

随着素质教育方针的提出和持续推行,培养学生综合素养受到了越来越多的学校和教育工作者的注意,其中不乏将寝室文化作为一个方面进行建设的行为,然而经过调查和亲身体验,其中大部分寝室文化建设过于简单,有明显的形式主义和应付主义的痕迹,具体体现在内涵贫瘠,网络信息时代下,网络文化培养下电脑、手机已成为大学生们获取信息、了解社会的主要途径。如果仅仅局限于大而空地喊口号,张贴海报标语,或者是依然专注于"苦学""努力"等单调精神,形式单一,缺乏吸引力的教育理念,则难以真正地建设优秀的寝室文化。

4 网络信息时代下建设优秀寝室文化并使其发挥积极作用的可行方法

4.1 大学生加强自我教育,学会建设良好的寝室人际关系

网络的巨大信息平台已经为大学生拓宽了获得各种信息的渠道。这就要求大学生首先要从受心理教育的角色中发生转变。从以前的受教育者转变成自我心理健康的保护者与发展者。当代大学生在寝室中参与集体生活,面对着文化背景和生活习惯不同的室友,想要建立起良好的寝室人际关系,营造积极寝室氛围,就必须加强自我教育,从多个方面入手,将自己打造成善于参与集体生活的人。

首先,学生们要培养个人的道德感,学会尊重他人,建立起"边界感"意识,"爱人者,人恒爱之;敬人者,人恒敬之"。学会对舍友不影响他人的个人习惯给予充分尊重,并在产生冲突等不愉快情况下用礼貌友好的方式予以解决,学会互相敬重,并以此来建立友谊。其次,学生们要学会合理利用网络,面对着网络这把"双刃剑",要学会扬长避短,一方面发挥它及时性、便捷性的便利特点,另一方面要提高自己分辨负面信息的能力和自制能力,不至于沉溺于网络之中无法自拔,同时还要提升自己正确使用网络信息技术的能力,提升自己的信息技能素养,成为高素质人才。

4.2 学校鼓励优秀寝室文化建设,以此为载体开展心理健康教育

学校和教育工作者首先需要走出思想误区,明确建设优秀寝室文化不是形象工程、面子工程,而是需要严谨缜密的构思、脚踏实地的落实、具体深刻的反思的一项重要工程,首先就需要教师给予充分的鼓励和引导,一方面调动学生建设优秀寝室文化的积极性,另一方面也要确保内涵丰富,思想积极,影响正面。

随后,学校方面可以依托寝室文化这一载体开展心理健康教育,一方面可以将心理健康常识,心理健康问题征兆,心理健康问题应对措施等有效信息与寝室文化相结合,使学生产生对其的潜移默化的长期印象;另一方面也可以将寝室作为心理问题调查的第一线,网络信息时代下可以用更加高科技的渠道及时取得学生心理健康状况相关信息,在保证当事人感受的情况下更好地做出及时反馈。

4.3 充分发挥网络作用,利用好大环境促进"文化教育"结合

网络技术的发展让高校心理健康教育拥有了更多可能的途径和更加丰富的内容。校方可以依托网络平台组织开展以寝室为单位的趣味活动,充分发挥其开展活动成本较低的特点,举办例如线上竞赛、线上小组讨论等活动,活动内容以心理健康相关内容为主,在促进寝室内部凝聚力加强、寝室文化建设的同时进行心理健康教育。

此外,网络也可以为校方开展心理健康教育提供一个在线服务平台,但高校教师的知识更新速度远远不如学生,因为学生上网时间普遍更长,信息传播圈子更大,高校教师在增大有用信息获取量的同时也要及时参加培训,特别是网络技术与多媒体技术方面的培训,培训后及时面向学生开展心理健康教育和提供心理问题咨询,让学生随时随地可以获得专业的心理健康建议。这些资讯可以包括对各种心理问题的诊断和治疗建议,还可以提供应对学习和生活压力的技巧和策略。

最后,学校还可以利用社交媒体平台来宣传和分享有关寝室文化和心理健康的信息,在媒体平台上打造心理健康教育"第二课堂",分享值得鼓励的优秀寝室文化作为榜样范本。与此同时,这些平台也可以吸引更多的学生参与到学校的心理健康教育之中。

5 结语

综上所述,在网络时代的大背景下有效地进行大学生心理健康教育是一项光荣而艰巨的任务,大学生的心理健康教育在如今重视学生综合素质培养和全面发展的时代里显得格外重要,高校方面应该在培养学生的过程中关注大学生心理健康状况,及时应对可能出现的心理问题。要让学生们在成长中实现身心协调发展,稳步提升个人思想境界和精神状况,懂得心理健康问题基本应对方法,就需要提高现有心理健康教育水平,以理论知识为基础,同时还要充分利用网络媒体平台和寝室文化平台,线上、线下两头齐抓,这样就能为心理健康教育持久有效地开展提供坚实基础和稳定支撑。

参考文献:

[1]邹文荣.中华优秀传统文化融入大学生心理健康教育探析[J].湖北开放职业

学院学报,2021,34(24):64-66.

[2]曹毛毛.大学生心理健康教育研究的趋势[J].太原城市职业技术学院学报, 2021(12):153-155.

[3]俞晓霞.大学生心理健康现状及原因分析[J].公关世界,2021(24):56-57.

[4]赵高娃.大学生心理健康教育模式的实践路径[J].公关世界,2021(24): 113-114.

[5]雒依婷.网络信息时代大学生心理安全建设策略:评《网络时代大学生心理健康理论与方法》[J].中国安全科学学报,2022,32(11):219-220.

[6]梁宇鹏.浅谈基于"互联网+"时代下高校寝室文化建设[J].科学咨询(教育科研),2019(08):25-26.

网络思想政治
教育

基于名师工作室的网络思政育人实践研究

郑哲

党委学生工作部

摘要：

2009 年以来，作为高校思政育人建设的有效载体之一，工作室建设在全国各高校迅猛发展，并且涌现出一批在全国具有较强知名度和影响力的名师工作室。随着信息技术快速发展，"网络思政"成为促进高校思政育人的重要平台。本文以曲建武名师工作室为例，围绕提升网络思政育人这一主要目标，归纳现有的高校名师工作室建设经验，对提升高校思政工作队伍的整体素质和职业能力具有指导意义。

关键词：

名师工作室；网络思政；实践研究

引言

2021 年，中共中央、国务院印发了《关于新时代加强和改进思想政治工作的意见》（以下简称《意见》）。《意见》指出，加强网络思想政治工作，深入实施网络内容建设工程，加强网络传播能力建设，依法加强网络社会管理，推动思想政治工作传统优势与信息技术深度融合，使互联网这个最大变量变成事业发展的最大增量。高校承担着培养担当民族复兴大任时代新人的重任，面对出生、成长于网络环境的当代大学生，加强网络育人工作更加必要。而要想加强高校网络育人，必然需要提升作为网络育人中坚力量的思政工作队伍的网络育人能力。

高校思政类育人工作室可在名师的领衔带动下，建设网络育人阵地，开展网络育人工作，是提升思政工作队伍育人能力的重要平台。从工作室宏观构建和微观组织层面探索网络思政育人能力提升的有效策略，对破解当前高校思政工作队伍网络育人能力不足、实效性差等现实困境，具有重要的理论和现实意义。

1　名师工作室网络思政育人实例

曲建武名师工作室于 2013 年成立，2019 年入选"高校网络教育名师培育支持计划"，2020 年获批"辽宁省高校思政课名师工作室"，2021 年获批"全国思想政治理论课教师名师工作室"。工作室负责人曲建武教授荣获"'万人计划'教学名师""全国教书育人楷模""全国师德楷模""高校思想政治理论课教师影响力标兵人物""全国辅导员年度人物"等荣誉称号。工作室在教书、育人、科研、教学等方面成果卓越，同时在网络思政育人方面独具特色，相关成果主要集中于以下三个方面：一是积极打造网络育人品牌；二是开展网络课程与培训；三是利用网络促进校园文化建设。

1.1 积极打造网络育人品牌

打造微信公众号"仍然在路上"为网络思政工作品牌。曲建武教授微信公众号"仍然在路上"自 2017 年 6 月正式建立,先后发表原创文章 1 800 多篇,关注人数 14 万余人,在思政课教师、辅导员、大学生等群体中具有良好的声誉和较强的影响力。公众号结合时事热点、关键节点,针对大学生面临的问题、辅导员和思政课教师的职业发展、学生家长的困惑等,曲建武教授根据多年的工作经验和深厚的理论功底,几乎做到了每日更新。

公众号不仅收录了一些曲建武教授对师生关注的热点、难点问题以自己独特的视角撰写的文章,还有平时与学生交流的感受总结,通过这些文章我们可以深刻地体会到他将与时俱进的精神融入了网络思想政治教育的细节中。公众号还记录着他从教 40 多年的经验,他以赤子之心拥抱教育事业,将这些人生感悟以专栏的形式在网络上体现,为教育工作者们提供工作方法。同时,公众号还成了曲建武教授与广大学子和思政工作者交流的平台,通过这个平台可以更好地了解大家的所思所想所困,增强彼此之间的沟通,促进思政课教师和辅导员队伍建设,帮助大学生健康成长。

1.2 开展网络课程与培训

曲建武教授在网络思想政治教育教学研究成果的基础上,积极开展以网络思想政治教育为主题的课程与培训。近两年来,他以《思政课要沟通心灵、启智润心、激扬斗志》《给学生的心灵埋下真善美的种子》《做担当民族复兴大任的时代新人》《大学–大学生–人生》《系好人生的扣子》等为主题,开展线上公益网络课程与培训讲座 50 余场,取得了良好的效果。同时,曲建武教授被国内多所高校评为客座教授,通过线上讲座报告的形式,受邀参加教育部、各省市教育主管部门和高校举办的思政课教师、辅导员专题培训班。通过开展网络课程与培训,进一步扩大了工作室的影响力和覆盖面。

1.3 利用网络促进校园文化建设

工作室积极筹备"大学"网站建设,网站将建成一个集"教育、科研、调研、活动、交流"五位一体的思政平台。目前网站已规划世界大学模块、思政天地模块、"仍然在路上"模块,涵盖爱国主义教育基地、校园文化、历史人物、各地风俗等多方面内容。目前整理文本超过上百万字,整理人物系列和校园景观系列照片数万张,汇总大量国内外学校的简介、校训、校徽、校歌、校园活动、校园文化等内容;梳理了中国历史上著名人物的生平事迹等。通过"大学"网站的建设,与国内高校分享了教育资源,促进了校园文化建设。

2 名师工作室网络思政育人模式

2.1 线上和线下相结合

工作室通过"仍然在路上"微信公众号加强沟通交流,推送教育文章,OTO的网络教育模式实现学生在哪里,教育就跟进到哪里。辅导员与广大学子在线沟通与交流,能方便了解大学生的思想动态,了解学生思想诉求、解决学生思想困惑,同时方便各位学子深入了解高校辅导员,深入体会辅导员的文章与作品,感受辅导员独特的人格魅力与人生风采。同时线下曲建武教授通过与学生谈心谈话、家访、带领学生进行社会实践、爱国教育等活动,加强跟学生的情感交流,增强学校与家庭之间的沟通,促进家校合力。

2.2 显性和隐性相结合

一方面,工作室突出思想引领的显性教育,通过"仍然在路上"公众号的"导员心声"栏目,加强对学生的正面引导,弘扬主旋律,凝聚正能量。另一方面,注重网络环境的隐性教育,通过"仍然在路上"的"大学文化"等栏目,通过介绍大学文化,让学生在不知不觉中接受教育。同时通过曲建武教授开展的家访、节假日送祝福、爱国基地参观等活动,让学生在一次又一次活动和情感碰撞中受到教育。

2.3 专家和团队相结合

曲建武教授作为思政领域的专家,《教育部关于授予曲建武同志"全国优秀教师"荣誉称号的决定》中指出:曲建武同志是加强和改进高校思想政治工作、办好中国特色社会主义大学实践中涌现出来的先进典型,是立德树人、为国育才的教师楷模。曲建武教授丰富的工作经验和深厚的理论功底对辅导员、大学生、家长都具有指导意义。同时,通过曲建武名师工作室的校际交流,全国各高校的思想政治工作者经常汇集这里,开展专题讨论,案例分析等,分享工作经验,交流工作感悟,对全国思想政治工作的开展具有积极的推动作用。

3 名师工作室网络思政育人经验

3.1 坚持思想引领

弘扬主旋律,凝聚正能量,引导学生牢固树立"四个自信",积极践行社会主义核心价值观,促进当代青年健康成长,这是核心立场。曲建武教授注重通过微信公众号的形式,针对时事热点、在关键节点、结合个人工作经验和理论功底,发出正能量的声音,进行思想引领。

3.2 加强工作体系构建

曲建武名师工作室网络育人以建设融思想性、教育性、互动性、服务性于一体的网络工作站为总目标,以着力弘扬世界优秀大学文化、培育网络名编名师、开办网络名站名栏、发表网络名篇名作为重点,以弘扬网上思想文化主旋律、推进网络思想文化阵地建设、增强网络文化育人功效为目标,力争将网络工作站打造成为师生获取信息、学习知识和交流沟通的重要网络平台。经过持续数年的建设,网络工作站已成为文化传承与创新的重要基地、示范区和辐射源,切实增强了学校网络思想政治教育的吸引力和感染力,促进网络思想政治教育工作取得了新成效。

3.3 注重网络规律

在网络环境中,受教育者的主体性和自我意识不断增强,仅仅采用传统的说教式教育方法必然会遭到他们的反对与抵触,因此要处理好灌输和引导的关系,改变单一的说教,高度重视"隐形教育"的作用。比如工作室通过汇集各高校大学文化等,让学生在熏陶中受到教育,用以弥补部分正面显性宣传教育缺乏吸引力的状况。

3.4 重视强化保障

学校高度重视曲建武名师工作室建设,保证经费投入和人员力量,支持其建设成为思想政治的研究型智库和新型服务平台,产出更多高质量研究成果,着力打造思政工作的典范团队和特色品牌,发挥示范引领和培育孵化作用,成为全国相关领域的旗帜和标杆。同时通过开展向曲建武同志学习的系列活动,让人人对标,人人争做本岗位的曲建武,培育一批"曲建武"式的团队、"曲建武"式的好老师。

参考文献:

[1]吴光梅,赵翠华.基于工作室的高校辅导员网络育人能力提升策略[J].西部素质教育,2022,8(21):108-111.

[2]蒋广学,徐鹏."全环境育人"视野下的网络思想政治教育创新[J].北京教育(德育),2014(10):10-12.

高校辅导员网络思政工作创新路径研究
——以传播学视角下抖音短视频为例

赵欣茹

交通运输工程学院

摘要：

随着短视频领域的兴起与发展,高校网络思政育人工作也迎来了新的机遇与挑战。相关数据表明,大学生群体现已成为短视频使用的强活跃群体,但目前,无论是学术层面还是实践层面,高校辅导员在短视频端的网络思政育人实践较为空白,标杆人物未成规模入驻。本文从传播学视域出发,在拆解出以短视频为切口进行思政育人的具体传播路径后,从信源取材、信息技术、通道适配、信宿积累四个方面,给出关于短视频育人高质量发展的具体控制步骤。帮助高校辅导员群体实现思政素养与媒介素养的统一,打造新时代教师网络育人品牌与网络思政复利效应的实现。

关键词：

高校;网络思政;创新;抖音;传播学

引　言

2022 年 8 月 31 日,中国互联网络信息中心(CNNIC)发布第 50 次《中国互联网络发展状况统计报告》,其内容显示,截至 2022 年 6 月,我国网民规模已达 10.51 亿,互联网普及率达 74.4%。其中,短视频用户规模达 9.62 亿,占网民整体的 91.5%,在网络直播用户、网络文学用户、互联网政务服务、在线办公用户这四大主要网络用户类别中占比最大。短视频的扩张,也使得网站数量呈现下降趋势,2022 年我国网站数量为 398 个,较 2021 年年底减少 20 万个,短视频领域成了互联网用户主要活动的区域。就抖音视频端来说,早在 2020 年 12 月 31 日,抖音在校大学生用户已超 2 600 万,占全国在校大学生总数近 80%。由此不难得出两个结论:一是短视频时代已悄然而至;二是大学生群体已成为短视频使用的强活跃群体。因此,对于高校辅导员的网络育人工作,短视频端是必须要占领的重要阵地。

但经搜索后发现,由于媒介素养、媒介技术、既定思维等的限制,我国高校辅导员在短视频端进行网络思政育人创新的过程中,存在以下两方面痛点:一是实践层面缺失实体感知——在关于网络思政工作的账户注册方面,活跃账户基本为各大高校的官方账号,辅导员的网络思政工作多依托微信公众号中的图文模式展开。二是理论层面缺乏具象展示——在学术理论层面,学者对于高校辅导员短视频网络思政工作的探讨,多围绕短视频对于网络思想政治教育的意义、重要性、挑战等,对于探讨如何通过短视频进行网络思政创新的具体路径、步骤及控制环节的文章,截至本文撰写时仍为空白。因此,对于如何以短视频为切口助力网络思政创新的具体实操性研究,亟待展开。

1 加快短视频助力网络思政工作创新的迫切性

党的十八大以来,以习近平同志为核心的党中央高度重视网络文化建设和青年思想政治教育工作,习近平总书记多次在关于高校思想政治教育的论述中指出,做好高校思想政治工作,要因事而化、因时而进、因势而新。要运用新媒体、新技术使工作活起来,推动思想政治工作传统优势同信息技术高度融合,增强时代感和吸引力。具体来说,加快短视频助力网络思政工作创新的迫切性,具体表现为以下两个方面:

1.1 数字化教育成大势所趋,机制构建召唤变革

教育部部长怀进鹏在 2023 年世界数字教育大会上发表演讲时指出,2022年,我们全面实施国家教育数字化战略行动,按照"应用为王、服务至上、简洁高效、安全运行"的原则,把诸多典型应用、资源内容等"珍珠"串成"项链",集成上线国家智慧教育公共服务平台,提供不打烊、全天候、"超市式"服务,消除不同地区、不同人群的思政内容接收鸿沟,助力实现优质文化资源均等。对辅导员个人成长路径而言,随着一名名学生思想困惑的疏导,一堂堂思政微课的讲演,一件件急难险事的处理,也让辅导员本身积累了宝贵的思政育人经验,成了移动的"思政数据库",这一数据库在数字化教育大潮的推动下,急需搭载品牌平台使宝贵的智慧经验久久发力,方便辅导员队伍随时学习、借鉴提取,加快成长进度。

1.2 视听模式呈现降维打击,图文模式遭受冲击

据统计,在日常生活的信息接收中,视觉接收到的信息为 83%,听觉接收到的信息为 11%,视听结合的方式使信息接收更加立体真实,富有强记忆点。而从记忆效果来看,听觉接收信息的记忆率为 20%,视听结合的记忆率则高达 50%。同时,短视频融合文字、语言、音乐、图片、动作、表情的多符号化综合传播,更形成了单符号传播难以追赶的成倍刺激,综上都使得短视频端口的网络育人对现已成规模的图文传播造成了不小冲击。本文以"××大学"官方抖音账号及官方微信公众号就同一主题的 10 组网络内容作为样本,析出数据如表 1 所示,得到结论:网络用户在短视频端的活跃度远超于图文端,图文端的传播效果在短视频端的冲击下,传播效度明显呈现弱态。同一内容不同媒介端互动指数对比如图

1 所示。

表 1　针对同一内容不同媒介端互动指数对比

活动名称	短视频(官方抖音账号) 点赞量/次	官方微信公众号推文 点赞量/次
××大学庆祝"妇女节"	676	59
"学雷锋,××在行动"	570	71
××大学举办 2023 春季 毕业生双选会	1 093	85
××大学举行 新学期升国旗仪式	5 863	154
××大学开学第一天	2 718	90
××大学除夕送祝福	913	106
××大学 2022 年度十件大事	789	133
××大学考研倒计时 20 天 加油视频	1 378	136
××大学冬季初雪美景	1 471	773
××大学科研团队 参与神十五发射	1 124	634

注:以上数据统计于"××大学"官方抖音账号及官方微信公众号
(统计截止时间为 2023/3/12)

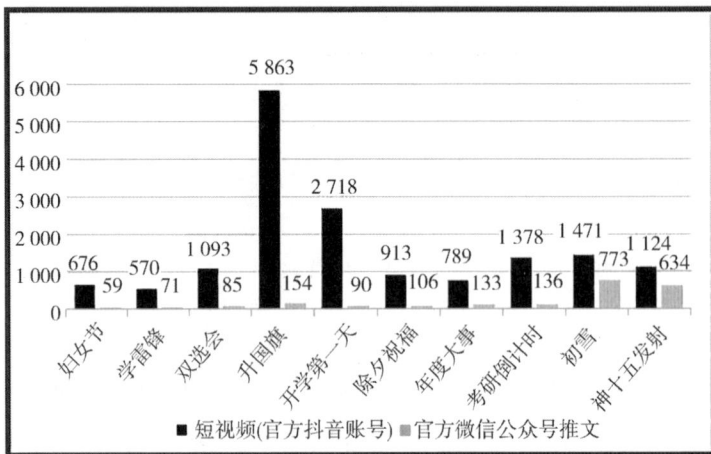

图 1　同一内容不同媒介端互动指数对比

2 短视频思政育人传播路径拆解

本课题回归短视频思政育人行为的动作本身——教育传播行为,以传播学的视角对该育人动作进行剖析,即一套完整的短视频思政育人路径为:信息源攫取—传播者编码信息—媒介通道发出信息—接收者解码信息。依据教育传播学中的经典模式"贝罗模式"(信源 Source、信息 Message、通道 Channel、受传者 Receiver),逐环节对短视频育人的路径进行理论阐释。贝罗模式示意图如图 2 所示。

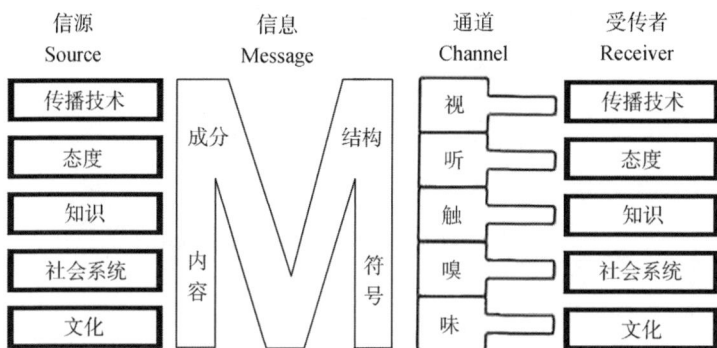

图 2　贝罗模式示意图

编码者在特定的组织环境下,带着特定的思政育人目的对视频的信息源进行攫取,并对信息源起、信息内容、信息结构、信息技术进行把握和挑选,以此完成传播者对信息的编码过程,即视频产品的制作。但编码后的信息需要通过特定的媒介通道进行发送,那么信息与媒介通道之间就必然存在着相互制约的关系。具体信息是媒介通道得以持久运营的营养来源,媒介通道又因需匡正发展轨道,要对信息进行媒介约束。当信息通过媒介通道得以顺利发出,信息将在特定大数据算法的推介下输送给接收者,接收者在自身个性需求和解码环境的影响下对信息进行解码,同时完成对编码者个人形象身份的判定。在以此往复的过程中,编码者即教师进行思政育人成果的累积,不仅包括对青年学生群体的教育影响,还包括对自身权威感氛围的营造。

"知者行之始,行者知之成",为更好地让理论成果指导实践,并在动态实践中检验理论成果、调整研究方向,本文作者在抖音端开设个人抖音育人账号"茹师傅来了",通过为期八个月的新媒体实践,抖音端共发布视频作品 21 期,累计浏览量 26 万+。其中,《内务整理关乎大脑》《保研攻略》《学生干部核心大法》等作品,点赞量突出,共有 6 部作品的单个作品浏览量超 1 万。吸粉量超 2 000 名,其中 23 岁以下的受众为本账号的第一大主流群体,较为理想地实现了目标受众的抓取。短视频思政育人传播路径拆解如图 3 所示。

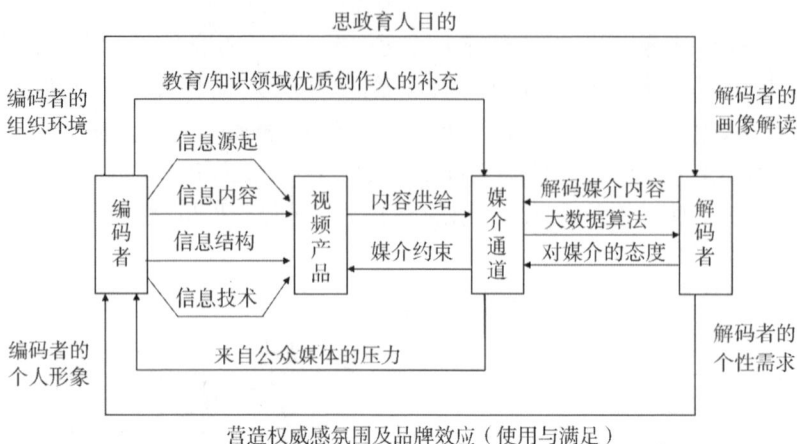

图 3　短视频思政育人传播路径拆解

3　推动短视频思政育人高质量发展的控制步骤

经过理论与实际相结合的动态调整,本文尝试为辅导员群体提供可借鉴、可实操的短视频思政育人实践流程,具体控制步骤如下:

3.1　信源取材——思政素养领航,媒介素养扬帆

量体裁衣、按需制作,为了打造更具传播度的作品,创作者需要着重考虑目标受众的喜好倾向。但要注意,照顾喜好却并非意味着"讨好"喜好,否则初心丢失,传播动作便容易变形。创作者需将"辅导员想讲的"融入"大学生想听的",以其成长规律、教育规律、网络使用特点为发力根据,从教育属性和传播属性两个维度的满足来进行创作。

信源取材可以从时间和空间两条逻辑线来挖掘,满足教育属性和传播属性的创作需求。在时间逻辑线上,创作取材要紧紧围绕大学生生涯发展的时间节点,如 2 月采取开学季主题、3 月采取公益志愿活动主题、4 月采取班团建设主题、5 月采取心理健康主题、6 月采取毕业答辩主题、7 月采取党建主题等。

在空间逻辑线上,信源取材要紧紧围绕辅导员九大工作职责,信源取材覆盖大学生常见压力来源领域,如:环境适应问题、学业问题、人际关系问题、恋爱问题、求职与就业问题、性格与情绪问题、人身及财产安全突发状况等。兼顾大学生群体间流行的热点词汇、热点话题,在文案中融入流量词汇如"太酷啦""特种兵"等,将思想政治教育内容融入其中,满足大学生对于短视频作品教育性、休闲性、知识性、趣味性、实用性五位一体的需求。

3.2 信息技术——立足接受美学,聚焦受众需求

在短视频思政育人领域中,受众关注度高的作品可谓是"内外兼修",是知识性与艺术性相统一、教育性与实用性相结合的多元产品输出。这就需要短视频作品在内容的知识属性、思想属性、实用属性含金量高的基础上,还必须通过对视频作品的后期包装提升其外在的审美接受度,减少接受阻碍。外在技术的包装从受众的感知本能出发,包含画面、音律、节奏三个方面。

视频作品使受众产生友好接受感的最直观影响要素是画面的制作精良程度,其中,稳定性、清晰度、流畅度是三大首要考量指标。在短视频拍摄时,创作者应尽量避免手拿摄像产品,首选支架拍摄或采用云台设备辅助,保证画面稳定,减少美颜、美体、过度滤镜的操作,以免上述因素使画面的清晰度有所损耗、高级感有所下降。但由于视频上传时会产生无法避免的损耗,因此在剪辑过程中应提前调高相关参数,如提升亮度、光感、饱和度,同时选择性使用去闪烁、噪点消除等功能,并在最后导出时,将视频分辨率、帧率、码率在考虑手机内存和播放流畅的前提下尽可能调高,最大限度还原超清视频,使画面更清晰、播放更顺畅。

音律对于多媒体作品的氛围烘托十分重要,作品在拍摄完成后选取曲风适合内容性质的热点音乐,作为背景氛围配饰,并在关键信息点添加音效、转场特效、文字标识等强调重点内容。在音乐的选择上多以轻音乐为主,可以将音乐热度排行榜中的曲目列入首选范围,借助流量态势增大视频曝光量,但应当注意音乐的音量及节奏点的适配,避免对话语内容带来负向干扰。此外,视频中话语的输出节奏,应在保证清晰度的基础上,避免拖拉。

3.3 通道适配——聚焦教师品牌,打造人物效应

对在视频端口进行网络思政育人的高校辅导员来说,这是其为了适应新业态环境的变化而创新探索思想政治教育模式的一种实践与研究,以便更好地与学生同频、占领网络育人阵地的主动权,"凌"风之上,才好"乘"风去,而绝非是

要"当网红""变明星"。因此,教师的"品牌形象"需要格外坚守与有意筑牢。

个人品牌是指"他人持有的一种印象或情感,描述了与你建立某种关系时的全部体验"。《追求卓越》的作者,美国管理学家汤姆·彼得斯也曾指出,21 世纪工作生存法则便是建立"个人品牌"。一方面,想要在短视频领域创作的内容有所"客流"积累和沉淀,内容逐渐获得官方认可,就必须要在众多赛道中锁定一条持续深耕,作品的发布不能昨天是美食,今天是知识分享,明天又是搞笑视频搬运;另一方面,紧锁赛道,也辅助督促教师创作者保持初心、规范动作。综上,高校辅导员网络思政育人的短视频赛道,须紧紧围绕"知识分享""思政育人"等,不得轻易偏离。

教师是现实世界中要求较为严苛的一类职业,社会对教师这一职业的容错率极低,因为教师对青年人的影响是深远甚至是终身的,在短视频的场景输出中,辅导员更要时刻牢记师德师风的建设要求,在媒介通道的全套动作中坚持以德立身、以德立学、以德施教。互联网作品是有长尾效应的,发布于互联网的内容是有永久记忆属性的,这就要求辅导员要将每个视频当作一份份教材来精耕细作,包括教师的每一个眼神、每一个动作、每一次场景的布置设计,再到教师的语态、语气、语速、气质等,用视听艺术配合高质量内容,加持教师的专业性和权威感,营造品牌效应。与此同时,精赛道、高质量的持续深耕,也能帮助教师创作者在网络世界锁定"真实"粉丝,筛选掉"看热闹""乱起哄""杠精"等非实际接受教育群体,让网络思政内容更精准有效地投放于有效受众,减少沉没成本。

3.4 信宿积累——描摹粉丝画像,营造复利效应

短视频一经发布,在后台就会实时生成作品数据分析报告,内容包括:播放量、完播率、平均播放时长、2 秒粉丝跳出率、5 秒完播率、吸粉/脱粉量、账号新增粉丝量(可精细到每小时)、播放量来源和观众画像。其中,除了吸粉/脱粉量这一显性指标可帮助教师评估作品的效果质量外,观众画像和平均播放时长这两个隐性指标,则能辅助教师紧紧锚定自身网络育人作品的实际接收群体。举例说明,如若通过观众画像的数据分析显示,教师自身作品的最活跃账户年龄段非大学生群体,那么教师的创作方向很可能出了问题,应及时调整选题内容、表达方式及画面布局等,只有方向对了,努力才更具效果。这一数据能帮助教师用实际"检讨自身",用可视化的结果反馈实时锚定网络思政育人效果的直达情况,边前行边调试方向。

不同于现实讲授的"娓娓道来",网络视频作品讲究"黄金 5 秒",如果一开始的 5 秒钟,作品中仍未出现引人入胜的强吸引点,绝大部分的受众群体都会选择即刻滑过。在黄金 5 秒的包装策略中,将价值故事化、故事人物化、人物细节

化等编写思路,都能较好地将思想政治教育内涵与平民化叙事视角相结合,提升完播率。对系统而言,当完播率提高,系统会自动判定该视频为优质视频,从而对该视频投放更大的流量池。通过数字算法的推荐,投入到本视频的流量池基本会围绕粉丝画像群体,因此,将粉丝画像与完播率这两个指标配套分析使用,将更有利于打造网络思政育人效果的复利式增长。

4　结语

在网络短视频飞速发展的时代,短视频大量涌入的潜在风险性以及大学生群体三观尚未完全成型的不确定性,都使得高校思想政治教育必须将着眼点、立足点、抬手点投掷于短视频领域,主动攻取该阵地,在思考与实践中使得网络思政视频回归其社会传播工具本质,发挥其在思想政治教育及校园文化建设中的正向引领作用。高校辅导员要在主动争取这一领域的过程中,进一步打破思政与青年的交流壁垒,减少青年在刷视频这一“时间黑洞”下可能出现的思想污染。高校辅导员需在扎实思政本领的同时,提升媒介敏感度,时刻关注学生成长特点、发展痛点与社会热点,融合教育过程中的关键要素,做好议程设置。

参考文献:
[1]国家图书馆研究院.中国互联网络信息中心发布第50次《中国互联网络发展状况统计报告》[J].国家图书馆学刊,2022(05):12.
[2]汪永奇,张佩成.贝罗传播模式及其在广告设计中的应用[J].新闻界,2006(02):107-108.
[3]尹焕欣.网络思政视角下短视频传播策略研究:以“共青团中央”抖音号为例[J].记者摇篮,2020(02):132-133.
[4]张心怡.短视频时代大学生网络思政教育的路径研究[J].开封教育学院学报,2019(12):201-202.
[5]宛璐.网络思政背景下高校辅导员媒介素养能力建构模型研究[J].公关世界,2020(22):101-102.

大学生网络表达主流话语体系建设探究

白汝坤

航运经济与管理学院

摘要：

互联网技术的深入发展，让网络空间已经成了大学生思想表达的重要渠道。复杂的网络传播格局和大学生网络表达的个性需求，使当今时代大学生网络表达主流话语体系建设面临新的挑战和机遇。本文结合互联网时代网络媒体状况，梳理当代大学生网络表达的特点，分析当前大学生网络表达主流话语体系建设面临的新态势，从系统化建设、丰富传播内容、健全传播格局等角度探究大学生网络表达主流话语体系构建的路径。

关键词：

大学生网络表达；主流话语体系；系统化体系建设；培养表达领袖；双向互动

引言

在互联网时代，作为接收、运用和表达信息的最前沿，网络空间已经与大学生的学习方式、个人成长和社会生活产生了密切的联系。较强的信息感知能力和学习能力，已经使大学生成了网络空间中最活跃、使用新媒体技术最频繁的群体。话语体系是对话语的抽象概括，是系统化、理论化的话语群。话语体系不仅是一种叙述或表达方式，其折射出的是思维方式抑或价值取向。主流话语是在一个社会和一个时代被倡导和尊崇的，具有主要影响力的话语，它与非主流话语共同存在。大学生作为国家发展的新生力量，肩负着中华民族伟大复兴的使命。因此，大学生网络表达主流话语体系的建设既涉及学生群体的文化认同和思想引领，又关乎国家形象的塑造和管理，因此也成为学生教育体系和管理能力现代化的关键之一。

建设大学生网络表达主流话语体系对于促进有效沟通、塑造集体认同、增强社会影响力、培养良好的网络行为和传播积极正能量等方面具有重要意义。它有助于大学生更好地在网络空间中表达自己、理解他人，并推动社会的发展和进步。网络空间所具备的相对自由和开放等特点，也影响着大学生网络表达主流话语体系的建设。

1 当代大学生网络表达的特点

根据第 50 次《中国互联网络发展状况统计报告》的数据，我国网民数量在 2022 年 6 月已经突破了 10 亿，互联网的普及率达到了 74.4%。互联网已经成为普通公民一种重要的表达方式，通过互联网传播信息具有分众化、差异化、垂直化和多元化等特征,为各界人士提供了一个史无前例的畅通渠道来自由表达观点和看法。

进入互联网技术深入发展的时代,大学生正逐步成为网络表达的中坚力量。现代大学生乐于使用新媒体平台和技术,合理地表达自己的意愿和诉求,阐述自己对于社会热点问题的思考,将网络空间化作自身思想、观点和价值理念的"交流厅"。在新媒体时代,当代大学生网络表达的方式更加多元,表达的内容更加多样,各种大学生网络表达主体的地位更加平等。构建互联网新媒体时代大学生网络表达主流话语体系,需要正确理解和把握当代大学生网络表达的特点。

1.1　大学生网络表达的方式多元化

随着互联网技术的快速发展,诸如微信、微博、小红书和抖音等社交媒体平台为大学生进行网络表达提供了多元化的选择。新浪微博提供的"超话"功能,可以快速地将拥有共同兴趣和话题的人集合到一起形成"圈子",帮助参与者摆脱现实社交中的时间和空间限制。在微博提供的平台下,粉丝和明星偶像也可以利用共同的"超话"进行互动,打破了不同用户群体之间的沟通壁垒。小红书对自身的定位也从起初的海外购物分享平台逐步转变为可以使用户通过发布视频、图片等内容与他人交流,通过评论区、关注发布者等方式与他人互动的有效社交平台。5G、元宇宙和虚拟现实等新一代互联网技术的深入演进,使得超高清、可实时互动、全景沉浸的网络视听新媒介迅速成长为社交媒体业态的主力军。以短视频平台为例,截至 2022 年 12 月,我国网络视频(含短视频)用户规模达 10.31 亿,占网民整体的 96.5%。依托短视频平台开通的网络直播,可以通过互联网进行双向传输和实时互动,提高了信息传递的效率,增强了观众的参与感与用户黏度。同时,大量新媒体平台利用极具吸引力的创作内容,逐步成长为赢得媒体。通过赢得媒体,用户不仅可以接收优质的传播内容,而且因良好的内容质量产生同步转发行为,从而使不同用户连接至个人的网络虚拟空间,这成为校园新媒体的重要窗口。不同的网络媒体正在深刻改变高校的舆论环境、媒体格局和传播方式。仅依靠传统的大学生主流话语体系,诸如报刊、网站等,已经不能满足高校学生表达看法和交流意见的需要,也不能达到高校通过该话语体系完成大学生思想意识形态引导的要求。

1.2　大学生网络表达的内容多样化

借助新媒体技术,大学生在网络话语体系中所表达的内容正在以短视频和文字结合、播客和有声书等多样化的方式呈现。包括视频、音频、全景地图和图片文字等多种表现形式的网络内容,通常具备动态化和沉浸式的视觉、听觉效果,可以更好地呈现内容制作者的独特创意和情感观念,以引起用户的共鸣和认同。各传播主体可以从大学生的角度,利用动态实时的媒介形式,对于校园热点话题和周边故事进行创作和传播,鼓励学生在接收信息的同时,主动成为信息内容的参与者与传播者,增强了传播主体的影响力。在互联网时代,大学生网络表达的内容更加贴近学生周边的生活。这些内容通过幽默通俗的表达方式,对生活现象进行调侃追捧,反映了大学生网络表达的生活气息和人文情怀,对广大学生用户具有更高的吸引力。此外,互联网媒体平台利用网络信息传播和互动的便捷性,以夸张和极具引导性的文字标题对网络内容进行修饰,提高了大学生用户对网络热点话题的关注度和参与度。

1.3　大学生网络表达参与主体的地位平等化

与传统话语体系相比,新兴网络话语体系中参与主体的地位更加平等。互联网新媒体平台不仅拓宽了用户接收信息的渠道,也可以让用户参与话题的互动与探讨,使用户同时扮演信息的接收者和发布者的角色。互联网可以让传统媒体中用户被动接收信息的地位转变成话题的发起者和引领者。在网络话语体系中,各主体在阐明自己对某个事件的分析、展现自己的思考、观点和诉求时更加平等,受到的束缚更少。因此,作为互联网新媒体用户的主力军,大学生群体在网络话语体系中可以掌握更多的话语主动权。从微博、微信公众号中我们可以看到,人们在阅读信息的同时也在发表自己的看法,甚至很多热点事件的微博留言数以万计,在这样的情况下信息可以得到充分的流动和传播,观点也可以得到充分的丰富和发展。

2　大学生网络表达主流话语体系发展现状和问题

在网络媒体成为社会思想传播主流形式之一的背景下,传统的话语体系格局不断受到冲击。尽管大学生网络表达主流话语体系的建设取得了一定的成效,但在将新媒体技术应用于主流意识形态传播的过程中,仍然需要面对严峻的挑战。

2.1　大学生网络表达主流话语体系的意识形态受到冲击

随着多元化、开放性的网络表达体系逐渐成熟,意识形态的传播方式发生了悄然的改变,网络空间已经成了高校学生重要的思想集散地。使用互联网新媒体进行思想意识形态传播的方式,具备匿名性、自由化、碎片化和开放性等特点。西方意识形态利用互联网传播的特点,以隐蔽的方式夹杂在文化、娱乐信息中,不断冲击着我国网络表达主流话语体系,试图模糊和影响我国网络媒体用户对于国家发展道路、特色理论和传统文化的正确认知。大学生作为网络环境中的重要受众群体,面临着复杂多样的信息。由于长期处于校园这个相对单一的环境中,部分大学生缺乏相应的社会阅历,其形成的价值观并不牢固,对网络中的信息和言论缺乏理性的认识,极易受到非主流意识形态的影响。网络空间中存在的违规、非理性和泛娱乐化的信息不断淡化主流意识形态话题和社会公共事件探讨的严肃性和正式性,导致大学生对主流意识形态话语权的认同感降低。在当今时代,意识形态领域的争议逐渐转移到各类新媒体平台上,高校应该从坚守正确网络意识形态"阵地"的角度出发,高度关注对大学生网络表达的正向引导,制定相应措施,及时意识到塑造正确主流话语体系的重要性和必要性。

2.2　大学生网络表达主流话语体系的内容亟待丰富

　　大学生所接触的社会热点事件、网络热词和公众人物等可以作为网络内容创作的丰富素材,形成引领大学生思想意识的网络潮流。社交媒体平台如微博、微信和抖音等已经成为大学生频繁使用的交流工具。这些平台上的热门话题、流行词汇和网络迷因等都会对大学生的网络表达产生影响,形成一定的话语体系。大学生在校园中接触的文化氛围和社群认同也会对网络表达产生影响。不同学校、学院和专业的学生可能有着独特的交流方式和用语习惯,这些差异性可以在大学生网络传播内容的创作过程中得以显现。此外,一些网络公众人物和意见领袖在网络上具有一定的影响力,他们的言论和表达方式可能被大学生广泛接受和模仿,从而构建起一种具备引导能力的话语体系。目前,在网络空间中已经形成了一系列的表达规范和潮流,例如网络"热梗"、表情符号和网络流行语等。大学生在网络互动中,会遵循一定的规范并追随潮流,从而影响话语体系的塑造。大学生作为社会群体的一部分,也会参与社会热点和时事事件在网络中引发的讨论。这些热点和事件都会对大学生网络表达主流话语体系的内容制作产生影响。大学生是高校传播的主要对象,他们个性多元、崇尚创新,高校应满足其正当需求,构建符合青年话语表达的主流话语体系。

2.3　大学生网络表达主流话语体系的主体地位受到挑战

　　网络表达主体通过创作优质内容获得用户流量,再通过流量变现来获得收益。流量是网络空间发展商业化背后的数字价值,也是网络表达主体不断进行信息技术和内容创作升级的驱动力。然而,部分网络媒体平台盲目追逐经济利益,着力于推广带有较高流量的传播内容,使社会主流意识形态的传播没有得到重视,严重影响了网络表达主流话语体系在网络传播过程中的引导作用。同时,在主流话语传播的算法设计方面,不能唯"流量至上"。如果校园和社会在多元化的网络媒体平台中不能合作控制商业化信息内容对主流话语体系的挤压,就难以构建具备较强引导力和认同感的大学生网络表达主流话语体系。大学生如不能正确辨别和应用,接收到的网络信息将会逐渐畸形化和价值多元化,一定程度上干扰了主流价值观的培育和认同,加重了网络算法带来的负面效应。

3 大学生网络表达主流话语体系建设的路径

当今时代,大学生网络表达主流话语体系的建设工作需要不断审视自我,把握互联网发展新动态,打造主流话语网络媒体传播的系统化阵地,创造具有引导力和感染力的传播内容,促进互动式双向传播范式的应用,紧紧围绕社会主义核心价值观和社会主义意识形态,积极面对多元化媒体格局带来的挑战,努力提高新媒体语境下大学生网络表达主流话语体系的传播力和影响力。

3.1 坚持大学生网络表达主流话语体系的系统化建设

一方面,大学生网络表达主流话语体系的系统化建设,需要对处于不同平台、不同层级的主流话语网络媒体进行整合与协调,以打造统一、高效的宣传阵地,有效抵御西方意识形态的隐蔽性冲击。在当前的网络环境下,大学生进行观点表达的网络媒体平台更加多样化,但在部分媒体平台传播的网络内容呈现出娱乐化、碎片化的特点,降低了大学生深入思考和辨识的能力,加大了有害信息分散传播的可能性。因此,在建构大学生网络表达主流话语体系时,首先,应坚持整体性的原则,着力高校全媒体平台整合建设,删除冗余机构,建立中心化的组织结构,从全局对大学生主流话语传播平台进行管理和控制。其次,要对处于不同层级的主流话语媒体进行协调,完善有战略侧重、特色差异的主流话语体系部署。处于体系中心的主流话语网络媒体,作为整个传播系统的"定海神针",要在平台建设和内容创作方面起到主导性引领全局的作用,并不断改进和创新传播机制;处于其他层级和分支的主流话语网络媒体要立足平台特色和区域内容,突出自身特点,提供差异化的创作素材,以更生动、更具体和更"接地气"的内容提升影响力,为整个话语体系改革创新提供动力。

另一方面,坚持大学生网络表达主流话语体系的系统化建设,需要从战略全局层面紧紧围绕社会主义意识形态和社会主义核心价值观,坚持以中国特色社会主义为主题,以新时代中国特色社会主义现代化建设的伟大实践为出发点,打造体现中国特色和中国智慧的主流话语体系。

3.2 提高大学生网络表达主流话语体系传播内容的吸引力

提高大学生网络表达主流话语体系传播内容的吸引力,一方面,要在"理性传播"的基础上注重感性表达;另一方面,要培养大学生网络表达领袖,加强主流话语体系的引导力。传统的主流话语传播体系,其传播内容具备严肃、深刻的思想指导,正式、规范的格式要求和正统、道德化的伦理引领。然而,在互联网时代,蕴含着感性意识形态的图片、声音、动画、视频和各种象征符号,比理论性、系统性的意识形态理性话语,更容易引起受众的价值和情感认同。因此,首先,大学生网络表达主流话语体系的传播内容要在理性表达的基础上,提高感性表达的能力,正确使用青年大学生热衷的网络表达方式和喜爱的热点话题,注重激发大学生积极向上的情感。其次,培养网络表达领袖,可以通过圈层认同感树立榜样,激励更多的大学生奋发进取,实现个人价值和社会价值。网络表达领袖以榜样的形式出现在大学生的视野中,通过人际传播网络向他人提供信息,并对他人产生正面影响。在向往自由的现代社会中,网络意见表达领袖能够改变或决定某些人的话语和行动。因此,我们可以培养具有深厚思想政治理论底蕴、具有较强感染力和号召力的大学生成为网络表达领袖,同时对校园内自发形成的网络表达领袖进行规范、监督和引导,通过两种方式共同打造校园内其他学生网络表达的指向标。

3.3 健全大学生网络表达主流话语体系的传播机制

健全大学生网络表达主流话语体系的传播机制,一方面,要加强网络内容推荐算法的治理,另一方面,要促进互动式传播模式的形成。网络空间中广泛使用的算法推荐功能,不能过度围绕高流量、用户感兴趣的话题进行推荐,不能忽视积极向上、有温度、有深度的人文内容创作,更不能忽视马克思主义在意识形态传播领域的指导地位。政府、高校和相关媒体在构建大学生网络表达主流话语体系时,要牢记以社会主义思想理论引领网络空间建设和网络文明培养的基本目标,正确、合理地使用网络算法服务,着力推荐向上向善的美好内容,实时监督网络舆论动向,精准过滤不良信息,努力打造风清气正的现代网络文明。此外,数字技术的发展,创、传、受三者由单向线性变成互动式的整体关系,形成双向性的互动交流。

不断完善大学生网络互动模式,是构建大学生网络表达主流话语体系的重要路径。在这个过程中,高校网络媒体要积极发挥与大学生联系相对密切的优势,构建通畅的网络互动渠道,就大学生在生活和学习过程中遇到的问题展开切实有效的沟通,对大学生的合理需求做出实时反馈,积极鼓励师生参与大学生群体校园网络媒体平台建设,在主流意识形态传播时注重结合大学生喜欢的创作内容,提高主流话语体系的吸引力。

4　结语

本文对大学生网络表达主流话语体系建设进行了深入探究。通过分析大学生网络表达的特征和现状,提出了加强系统化体系建设、丰富表达内容、培养表达领袖和促进双向互动等措施,以完善大学生网络表达主流话语体系的建设。同时,文章也指出了未来可能的研究方向,如深入研究网络传播规律和大学生的特点,探索适应时代发展需要的新方法。然而,本研究仍存在一些不足之处。例如,对于大学生网络表达的复杂性和多样性仍需进一步深入研究;对于如何更好地结合社会主义核心价值观引领大学生网络表达仍需进一步探讨。未来可以进一步拓展研究领域,关注大学生网络表达的多元化和个性化需求,探索更加有效的引导和管理方法,为完善大学生网络表达主流话语体系建设提供更加全面的理论支持和实践指导。

参考文献:

[1]许可.新型主流媒体话语体系的创新建构:以央视频"央 young"系列节目为例[J].中国广播电视学刊,2022(04):44-47.

[2]盖鸿章,宁岩鹏.网络环境下高校新媒体话语体系创新路径研究[J].传播与版权,2022(02):61-63.

[3]何威,吴继娟.论新媒体时代高校意识形态话语体系创新[J].学校党建与思想教育,2021(10):67-69.

[4]郅昕.媒体融合中的主流话语体系再造[J].采写编,2021(09):4-5.

[5]王彦.高校大学生新媒体时代网络信息辨识能力缺乏原因的探析[J].传播力研究,2018,2(17):196-197.

[6]刘昱伶,申小蓉.新时代大学生网络文明培育:内在机理、现实境遇和路径选择[J].思想教育研究,2023(08):126-131.

[7]吴琼.创新主流意识形态传播的话语表达方式[J].红旗文稿,2017(10):22-24.

[8]吴妍.媒体融合下高校主流话语体系的重构与创新[J].艺海,2020(06):86-87.

融媒体视域下学院网络思想政治工作路径探析

彭译侬

交通运输工程学院

摘要：

在媒体深度融合的趋势下，探索、构建大学生网络育人质量提升体系是新时代思想政治工作的必然要求，因此学院网络媒体平台建设和模式探索不仅是推进教育媒体融合发展的重要举措，更为开展新时代高等院校网络思政工作夯实了基础。大连海事大学交通运输工程学院新媒体工作中心打造"宣传、服务、管理"三重功能驱动下的学院融媒体平台定位，积极构建"四位一体"的网络育人质量提升体系，提出新模式下学院融媒体平台的发展工作目标，探索如何打造既符合受众媒介期待，又能够发挥学院思想政治引领作用的高质量新媒体平台。

关键词：

新媒体；高校；媒体融合；思想政治教育

引言

"网络空间关乎人类命运，网络空间未来应由世界各国共同开创。"在全国教育大会上，习近平总书记提出发展"互联网+教育"战略，并在之后提出构建网络空间命运共同体的重要理念。据有关数据统计，截至2021年12月，我国网民规模达10.32亿，互联网普及率达73.0%，当代大学生的成长历程和互联网进入我国的发展历程大致重合，是典型的"数字时代原住民"。而在高等教育中，大学生的网络普及产生了"网络育人"的系统概念，作为新时代高校思想政治工作和安全稳定的重要一环，网络育人打破了教育主客体之间所存在的时间与空间等方面的局限性，在高校"三全育人"这一理念中发挥着尤为重要的作用。与此同时，网络育人通过网络平台、网络内容、网络队伍、网络环境等方面的建设，着力构建"四位一体"网络育人质量提升体系，在深化教育性和思想性的基础上，努力增强教育的趣味性和互动性，是新时代高校思想政治工作的必要准则。因此开展引导受教育者更加辩证地看待网络与现实的世界观教育，以及助力大学生在媒体深度融合的社会中成长成才的方法论教育显得至关重要。

融媒体时代下，网络思想政治教育工作面临着新的机遇和挑战。机遇方面，融媒体可以提供更多元化的信息和教育资源。通过在线平台、社交媒体等工具，学院可以更广泛地传播思想政治教育内容，提高教学效率；然而，使用融媒体也带来了一些挑战，比如信息真实性和有效性的保障、学生对信息的过度依赖等。因而大连海事大学交通运输工程学院网络思政人工作室立足网络平台和环境的基本建设，组织领导新媒体工作中心积极探索和建设"四位一体"的网络思想政治育人队伍，打造学院网络育人新平台，提高思政育人的实效性。

1 高校思政网络育人机制的建设与实践

1.1 多平台互融互通,筑牢网络思想政治教育"云"阵地

新媒体工作中心以社会主义核心价值观为引领,坚持服务大学生群体,采用"两步走"的方式努力融入大学生专属的网络话语体系。工作中心构建"三微一站"全媒体宣传矩阵,以微信公众号"DMU 微学工"为主阵地。结合学院专业特色,积极提炼总结线下思政育人、心理育人、资助育人、课程育人、组织育人等工作的落实方法,下设原创专栏,实行原创文章或设计作品线上推送,充分保持话题黏着性和关注度,线上、线下相结合强化育人实效。在全体新媒体人的共同努力下,主阵地"DMU 微学工"微信公众号连续四年多保持日更新,覆盖学院师生,已成为传播校园文化、校园信息、校园好声音的重要载体。

与此同时,视频号、抖音号与微信公众号形成三平台互动,与易班、微博、哔哩哔哩弹幕网等网络平台形成融媒体矩阵式运营。不仅利用媒介载体,新媒体工作中心还运用"资源通融、内容互融、宣传兼融"的新型媒体传播思想,合理整合新老媒体资源,努力打造出人气旺、辐射广、能量大、活力足的校园一体化社区式联动平台,通过推送微视频等形象直观的方式增强趣味性,更好地渗透到思想政治教育的方方面面,做到了一个项目活动,多种宣传形式,多平台联动,优势互补,达到 1+1>2 的效果,充分保证网络平台互通互融。

1.2 多角度丰富内容,打造五育全素质发展"云"环境

新媒体工作中心坚持内容建设是第一生产力,深刻解读并落实全国教育大会中"培育德智体美劳全面发展的社会主义建设者和接班人"这一精神思想,打造"五育并举"全素质发展的宣传矩阵,优化内容生产,保持网络内容持续不断地原创输出。"德:思政育人扎实推进"——摒弃单调枯燥的宣传方式,着力打磨思政育人元素,推送教师党员网络宣传专栏,将感人的故事和英雄事迹以合理的形式与网络宣传报道相融合起来,努力创作思想上有深度、内容上有温度、表达上有力度、格局上有广度的网络作品,引导学生形成积极向上的思想观念和理想信念,促进校园网络文化的繁荣发展。"智:学习科研线上共赢"——通过邀请名师、优秀校友通过撰写文章、传授经验等形式与学生充分交流,凝聚优秀智慧资源,同时依托学院精品课程建设、创新创业工坊、实践育人基地等发布学习

活动,为学生学习规划和综合发展带来了新的思路。"体:云端体育魅力无限"——记录总结如运动会等大型体育活动,同时进行健康知识科普,关注学生的体质健康和心理健康教育;开展线上学风建设活动,每日进行打卡,包括早起晨读、运动锻炼、阅读书籍等,推动学生文化学习与体育锻炼协调发展。"美:校园文化氛围营造"——发布学院航运知识竞赛、中华传统文化进校园、趣味运动会等多项大型活动宣传,将"润物无声"的文化变得"有声有色";通过展现学生生活特色,记录精彩校园生活,共同创建活跃向上的校园氛围,包括学生个人感悟、校园风景及攻略等内容,培养学生充分感受现实美和艺术美的能力;通过文化大讲堂、传统文化进课堂等网络文化活动,把美育的理念融入校园文化建设,促进以文化人、以美育人。"劳:劳动实践全面记录"——学院党委带领工作室开展"我为群众办实事"活动,形成教师支部带动学生支部、高年级带动低年级、党员带动团员的"传育模式",通过亲身经历、切身体会,推动大学生在实践中自主学习、自我教育,突出教育平台隐性思想政治教育功能,做到春风化雨,全方位发挥高校自有教育平台铸魂育人作用,抢占全媒体视域下高校网络思想政治教育新阵地。

1.3 全矩阵凝聚力量,推动思想政治队伍"云"建设

学院网络育人工作的顺利开展,网络育人队伍建设至关重要。因此,在学院党委的领导下,新媒体工作中心凝聚了四类人群作为网络思政学生工作队伍:以学生工作干部为组织者和策划人;以专业教师、思想政治理论课教师、班主任为栏目撰稿人和咨询师;以优秀校友为特邀嘉宾开展线上活动;以大学生为新媒体推送制作者和原创人,打造了一批知网、爱网的网络思想政治工作队伍,形成全覆盖的网格化管理体系。

在制度建设方面,新媒体工作中心制定了《交通运输工程学院新媒体工作中心工作管理制度手册》,其中包括全面系统的成员培训、工作准则、职务职能、工作流程等相关管理制度,涵盖工作全过程,助力成员成长。在培训选拔方面,线上、线下结合开展人才选拔和培训会议,吸纳精通网络技术、熟知网络规律、研判网络舆论和擅长网络管理等方面的人才并开展摄影、排版、采访和写作技术等方面的宣传培训,形成传帮带体系,帮助学生熟练掌握新媒体运营各项技能,为学院新媒体宣传工作发展打下坚实基础。在创新研究方面,利用工作中心例会等机会定期组织专题科研交流活动,开展网络育人的课题研究,注重总结网络育人工作相关典型案例,为网络育人实践提供相应的理论支持。通过四年的努力,网络思政工作室充分凝聚各方网络育人力量,逐步建设一支政治素质过硬、网络素养较强、育人经验丰富、舆情防范到位的学院网络育人专业化队伍。工作室成

员主持的辽宁省党建课题、编写的工作专著、发表的文章在"高校思政网""高校辅导员在线"等学工领域重点平台发表,制作的"战"疫教育视频被"中国大学生在线"平台转载。工作中心的同学自发制作高校网络文化节优秀作品,包括网络育人优秀工作案例、优秀网文、微党课、微视频、微电影等一系列"微"作品,形成师生全员参与热潮。

此外,学院网络育人专业化队伍熟练运用"大数据""云计算"等技术及时了解大学生思想动态和心理诉求,并据此完善高质量网络思想政治教育的实践标准,将教育教学与网络相结合,强化融媒体技术赋能高校网络思想政治教育工作精准化、智能化发展。如此发现教育与技术的契合点,实现主体教育形式与客体行为偏好相协调,内容思想性和形式新颖性相结合,教育力和传播力相匹配,善用融媒体技术新成果,为网络文化精品制作注入鲜活、生动的时代元素。

1.4 全流程监督净化,增强清朗网络空间"云"保障

新媒体工作中心积极加强网络舆情舆论监控和管理,及时掌握在校大学生在网络平台上发布的即时动态,加强对校园网络平台的管控,将网络育人队伍纳入网络监督管理机制当中,建立线上、线下相结合、相协调的网络育人一体化联动机制,为大学生营造良好的网络环境和空间。其一,遵循三审三校程序落实主体责任。严格执行《新媒体管理办法》,规范新闻采、编、审核、发布流程,切实用好"人防+技防"双保险。其二,建立网络舆情收集和信息反馈机制。尤其在面对校园舆情热点时,第一时间启动校园舆情应急管理预案,采取恰当措施及时处置舆情事件,防止事态进一步发酵扩大。其三,营造清朗校园网络空间。中心坚持正确科学的网络文化定位,编制《高校师生网络素养指南》,举办"网络文明教育周"相关活动,倡导学生文明上网,不信谣、不传谣。借助优秀网络文化的宣传和影响,引导学生在复杂的网络环境中能够去伪存真,及时甄别、抵制虚假不实信息,增强辨别能力,明辨大是大非,积极推进网络文明进校园。

2 高校网络思想政治工作新转变的经验与启示

其一,整合思政资源,实现学院内外资源共享、互动互补。在形式、方式上,借助抖音、微信、微博、热点网站等新媒体平台融入更多新奇且富有趣味性的表达方法和形式,通过音频、视频、直播、H5 海报、VR 技术等传播形式及创新化、趣味化等传播方式,创作能与学生产生共鸣的网络育人内容。对平台板块进行顶层设计,以"十大育人体系"和"五育并举"为工作指导,将与大学生息息相关的

学业科研、求职信息、校园活动、竞赛通知等服务内容有机融入思政等育人信息传播中,提高大学生对校园媒体平台的使用率和好感度,然后在宣传过程中将思政融合进来,激发出学生对理论知识学习的热情。

其二,突出思政主题,坚持精品打造,着力抓好内容建设和产品呈现。遵循教书育人规律、思想政治工作规律、学生成长规律,创新内容体裁、方法形式、体制机制,打造优质思政"营养大餐"。进一步做活做优议题话题,围绕大学生在学习科研、文化活动、体育健康、职业规划、心理健康、就业创业等方面的需求,围绕开学季、就业季、毕业季、期末等大学重要时间节点进行选题策划,让平台所提供的内容精准地把控大学生的各方面最真实的需要,助力学生不断成长与成才。

其三,聚合育人力量,不断开发多重人力资源,建设网络育人矩阵队伍。不断提高网络育人的融合度和参与度。要极大限度地将学院辅导员的作用发挥到极致,加强其主导力量,同时将专业课教师、思想政治理论课教师、校内外导师、校友、院友、家长以及优秀学生等群体融入工作中来,并进入院系网络思想政治育人工作的各个环节,打造"网络育人共同体"。就队伍能力的提升方面而言,应按照其实质内容合理规划,通过系统性的培训、专题性的辅导等方法来培养网络育人师生骨干群体,提高队伍专业化程度以及网络文明素养。

参考文献:

[1]杨晓玲.高校网络育人中"院系节点"建设的探索与思考[J].思想理论教育导刊,2020(05):150-154.

[2]朱清.高校网络育人的融合发展路径研究:以教育融媒体建设为背景[J].今传媒,2022,30(03):149-152.

[3]曹良韬,吴春莺.构建高校思政网络育人体系研究[J].知与行,2018(04):84-88.

基于易班的校园网络思政育人体系建设研究

王嘉浩

航运经济与管理学院

摘要:

易班作为师生学习、生活的常用平台,集教育互动、娱乐生活等功能模块于一体的综合社区。在校园网络文化育人体系建设中扮演着重要角色。本文依托易班平台建设现状问题分析,探索"网络思政研究工程""网络学习提升工程""网络服务优化工程""网络文化领航工程"等四项特色工程的体系建设,发挥易班集"思想引领、教育教学、生活服务、文化娱乐"四位一体的网络阵地优势,提出基于易班平台的校园网络思政建设体系实施路径,强化校园网络思政育人作用。

关键词:

易班;校园网络思政;思政育人

引言

习近平总书记在全国高校思想政治工作会议上指出要运用新媒体新技术使工作活起来,推动思想政治工作传统优势同信息技术高度融合,增强时代感和吸引力。易班作为网络思政重要抓手,应该高度重视、进一步加强推广建设工作,充分发挥易班在网络思政育人突出作用的工作部署,各高校应推进思政育人体系创新,以推进"三全育人"落实"五育并举"为目标,对标对表奋力创建易班特色品牌,对需对心坚持引领学生健康成长,扎实推动高校网络思政育人文化建设工作,求实、求深、求新发展方向。

1 基于易班平台的校园思政文化建设现状问题分析

1.1 思想政治教育教学中第一课堂与第二课堂教学与实践环节存在的时间、空间匹配相对滞后的问题

目前网络教育教学课程实施过程中因教学客体情况多变,存在共性和个性化问题复杂,解答过程重复、口径不统一等突出问题,因此可以依托易班平台等网络媒介快速贯通第一课堂与第二课堂,打破时间、空间限制,实现全天候、全区域的思想政治教育,实现 24 小时在线高效便捷的思想政治教育。

1.2 线上教学与线下教学的脱节与融合难度大的问题

当前易班平台存在与微课、网上课堂、微博及微信公众号等诸多宣传媒介缺少联动，作用单一的问题。因此有效利用易班平台可以有效把握网络"无时不在""润物细无声"的教育引导方式，解决学生被动接受知识的传统学习模式，实现学习变被动为主动探索的形式，实现线上教学与线下教学的互补，同时也解决思政教师和青年大学生们交流互动途径较少的问题。

1.3 新时期网络技术发展与高等院校网络思政教学阵地不匹配，高校智慧服务与管理育人不兼容的问题

当前高校在教学、管理、服务等方面的联动路径相对闭塞，归口单位较多，无法有效实现课程育人、管理育人、服务育人的融合发展的现实。因此构建基于易班的网络思政文化育人体系，可以在满足高校思想政治教育和教学亟须延伸到网络空间的现实需要的同时，促使高校管理、服务业务相关部门更新教育观念，形成工作合力。

2 基于易班平台的校园网络思政建设体系构建

各高校对应易班四大功能，可打造"网络思政研究工程"等独具特色的四项工程，努力探索形成可复制、可辐射、可拓展的网络思政文化工作体系，促进易班建设和网络思政高质量发展，使易班真正成为集"思想引领、教育教学、生活服务、文化娱乐"四位于一体的网络阵地。

2.1 推进"网络思政研究工程"，努力构建网络育人新机制

以思政类内容为主题加强思政育人建设，发挥易班思想引领功能，形成一批有影响力、有话语权的网络思政名人名家。一是打造"易师易友"品牌栏目，鼓励辅导员撰写网文，开展网络思想政治教育，提升网络思政工作水平。二是打造"易心向党"品牌栏目，以理论社团为基础，培养学生意见领袖，针对时事热点正面发声，引导学生坚定"四个自信"。三是开展主题教育，抓住关键时间节点，开展新生入学教育、爱国荣校教育，激发学生爱国热情。四是开展易班优课大赛，鼓励辅导员围绕思想引领、校情校史、学生党建等模块，创建优质课程，加强网络

思想政治教育。

2.2 推进"网络学习提升工程",打造"学在高校"新品牌

以高校教风、学风为主题加强思政育人合力,发挥易班教育教学功能,依托易班优课,整合校内外教育教学资源,带动学校教风学风建设。一是打造学习类品牌栏目,通过易班优课建立线上考试月考课群,每月组织课程考试。二是开展学业帮扶专题活动,遴选全校学霸同学组成学霸天团,在线直播,每周开讲,针对不同课程进行知识点讲解。三是开展学霸笔记、学霸宿舍等评选活动,形成宿舍—班级—学院—学校的多级层层推选模式,营造浓厚的学习争优氛围,通过学风引领思政文化育人工作。

2.3 推进"网络服务优化工程",形成网络育人工作合力

以管理服务为主题加强思政育人合力,发挥易班生活服务功能,促进学生工作信息化建设,互联互通、共建共享。一是开发"新生管理"系统,实现学生信息、老师信息、班级宿舍信息等双向互通,迎新现场刷卡一键报到,实现数字化、无纸化报到。二是对接学校信息门户,实现成绩查询、网上报修、一卡通充值等功能,使易班成为学生网上服务集结地。三是定制校园答题等易班校本化应用,扩大易班应用领域,加强有效管理服务,突出网络育人合力。

2.4 推进"网络文化领航工程",努力营造网络育人的浓厚氛围

以校园文化为主题加强思政育人合力,发挥易班文化娱乐功能,活跃易班线上活动氛围。一是开展系列设计活动,确定高校易班 logo 和易班形象,使易班更生动地走近学生。二是学校社团全部入驻易班,实现线上招新、活动发布。三是与校内大型活动深度融合,提高用户使用黏性,引领学生健康成长,以各项文化娱乐活动为载体,加强易班氛围建设,为易班思政引领功能提供源源不断的活力。

3　基于易班平台的校园网络思政
建设体系实施路径

3.1　利用易班平台，推动第一课堂与第二课堂相贯通

思政课程在高校思想政治工作中发挥主渠道作用，是高校育人第一课堂，是必须要理直气壮做好并大力推进的工作。在做好第一课堂教育的同时，应进一步做好第二课堂教育，推动第一课堂与第二课堂的融会贯通。例如，利用易班平台举办大学生网络文化节，鼓励和引导青年学生加强网络文化作品创作，通过第二课堂，将第一课堂所学付诸实践，同时进一步深化爱国主义教育，培育和践行社会主义核心价值观，呼应和加深第一课堂教育成效。

3.2　利用易班平台，推动线上教学与线下教学相支撑

易班提供了以优课为代表的丰富的线上教学平台，与线下课堂教学相辅相成、有机融合，各高校深入挖掘易班平台的教学功能，为教学工作提供有力支撑。充分利用易班开展思政课辅助教学，建立优课课群，将思政课有关课程内容、课外拓展资料、作业等内容上传至优课课群，引导大学生开展自我学习。同时，利用优课开展大学生形势与政策、新生入学教育等线上课程教学，通过学生自学、考试完成相应课程，获得学分，实现线上与线下教学的有机结合。

3.3　利用易班平台，促进网络育人与媒介宣传相融合

通过易班、新媒体平台共同发力，构建网络融媒体矩阵，努力加强网络平台的吸引力和感染力，全面开展网络思想政治工作宣传，传播网上主旋律，弘扬网络正能量，营造爱国主义教育的良好氛围，潜移默化中起到立德树人效果。互动是增加网络文化活动黏性的最有效方式。在中华民族传统节日和开学季、毕业季等重要的时间节点，利用易班网络平台，遵循符合当前热点、符合学生心理需要、符合高校网络宣传的需要等原则，全面开展线上、线下互动性教育活动。

3.4　开展易班校本化，实现智慧服务与管理育人相协同

易班校本化为高校日常教育和管理提供了良好的平台支撑，利用易班平台

创建日常教育模块和管理服务模块,管理和服务登录云端,有效改进管理和服务水平,增进人文关怀,实现管理育人和服务育人。各高校要立足思想引领,紧紧围绕培育和践行社会主义核心价值观,整合优质资源,构建学生喜闻乐见的特色内容与活动,开展丰富多彩的网络主题教育活动,打造校园网络思政品牌项目。同时高校应将特色德育载体融入易班,建立红色校史、劳动教育、入学教育、思想调查、雷锋在线、景观微课、国防专栏等系列思政品牌线上专栏,切实把思想引领融入学生日常学习生活中。本着"让数据多跑路,让学生少跑路"的工作原则,高校应充分使用易班平台进行请销假、数字化迎新、学生证补办、点名签到、课堂考勤、勤工助学岗位申请等线上管理服务项目,为学生提供校园一站式管理服务。

4 结语

易班目前作为网络思政的重要阵地,各高校需要进一步加强研究建设,发挥其"思想引领、教育教学、生活服务、文化娱乐"等功能。本文依托易班平台建设现状问题分析,探索"网络思政研究工程""网络学习提升工程""网络服务优化工程""网络文化领航工程"等四项特色工程的体系建设,对基于易班平台的校园网络思政建设体系实施路径提出了相关建议,为高校在引领学生健康成长,扎实推动网络思政育人文化建设等工作方面提供了经验借鉴。

参考文献:

[1]吴娅琳.以易班为重点的网络思政内容建设研究[J].东华大学学报(社会科学版),2020,20(03):280-284.

[2]陈静,王玥,何潇.易班"校本化"建设视角下网络思政育人途径探究[J].产业与科技论坛,2020,19(24):183-184.

[3]黄磊,陈玉霏,朱旭红,等.基于易班平台的"一体两翼三方向"网络思政教育模式的构建与实践[J].成都中医药大学学报(教育科学版),2021,23(03):94-96.

[4]胡晋洲.高校网络思政育人"易班"教育模式研究[J].科教文汇,2022(20):51-53.

[5]余亭蓉,彭吉萍.基于"易班"的高校网络思政协同育人机制构建研究[J].改革与开放,2020(14):88-92.

互联网时代高校思想政治教育嬗变的痛点及思维出路

赵欣茹

交通运输工程学院

摘要:

高校思想政治教育内涵丰富,关乎未来社稷,具备深刻性和严肃性,而今天接受教育的客体因其成长环境处于互联网大发展的时代,其对个性、多元、开放的需求有了新的要求,导致高校思想政治教育随着互联网的发展开始阵痛,并催生出分散干扰增强、个性张扬越界、性格隐患增多、严肃易被孤立、权威受到亵渎等突出痛点。为解决这些痛点,高校思想政治教育工作者不妨借鉴时代思维——互联网思维中针对嬗变痛点有切实效用的平台思维、大数据思维、迭代思维,推动高校思想政治教育的价值链条,闭合为紧跟时代发展的内部信息化、外部人性化的立体价值环。

关键词:

思想政治教育;痛点;互联网思维;嬗变

引言

"生产力决定生产关系,生产关系要适应生产力。"在万物可联、信息喷薄的今天,互联网成了重要生产工具。党的十八大以来,党中央高度重视对互联网的发展、应用和治理。习近平总书记也曾多次强调"要主动适应信息化要求、强化互联网思维"。而互联网思维有狭义和广义之分,狭义的互联网思维是指在互联网行业具体操作中的事务性指导思维;广义的互联网思维是指人们在以互联网为操作工具,在认识和改造世界中形成的一种以开放、平等、协作、共享为基础,以人为本、用户至上为核心精神的网状思维模式。它不是实物,是在大环境、大数据、互联网信息化发展进步过程中形成的一种认知、评价和可使用的系统的思维方式。

但我们要明确的是,今天,互联网思维不只是互联网这个行业的专利,也不是互联网人的专利。因为不是有了互联网,才有了互联网思维,而是当今社会生产力的发展催生了这一新思维,延伸出了互联网这一模式,因此,互联网思维应当成为深入参与这个时代的人们都应有所借鉴的思维方式。而高校思想政治教育的鲜活性、人本性、进步性,决定了其与互联网思维的天然亲密关系。而互联网思维内涵深厚,哪些具体的思维内涵对于高校思想政治教育更有辅助意义呢?不妨从当下嬗变所产生的痛点上予以关注。

1 高校思想政治教育嬗变的七大突出痛点

1.1 分散干扰增强

信息量庞大繁杂,可接触到学生的口径增大;青年学生思想还不够成熟,易受不良信息蛊惑干扰,在树立价值观的初期,学生在好奇心的驱使下会被多种杂音、噪声分散注意力,对于立德树人工作的源头权威上增加挑战。

1.2 个性张扬越界

青年学生思维活跃、主张个性,加之获取信息的渠道和体量大大增多,使得青年学生对于个性主张的界限把握模糊,思想政治教育真正进入学生内心和头脑的难度加大。在此负面影响下,学生小则在尊师重道、文明修养上产生偏离,更甚者则在树立志向抱负、意识形态认知等方面产生偏航。

1.3 性格隐患增多

信息流动量大、社会节奏加快,一方面全社会及家庭对学生的关注程度更高,个体压力增大;另一方面家庭的稳定性较以往变动更大,学生的成长环境更加敏感且复杂,性格上易埋下负向隐患,为接受教育的初始生态环境埋下隐患。

1.4 严肃易被孤立

商业潮流高歌猛进,线上、线下的宣传内容及市场营销方式偏向娱乐化、游戏化,使得思想政治教育本身的严肃性、深刻性,受到娱乐氛围的攻击或孤立,加之某些西方国家对"民主""自由"等所谓"普世价值"的歪曲包装,将不良思想包裹在音像、图书作品中,使得部分学生对于意识形态的安全警惕性在娱乐的糖衣炮弹下渐渐松懈,不经意被渗毒。

1.5 权威受到亵渎

在严肃被孤立的影响下,加之青少年群体的心智尚未成熟,在自我掌控、价值判断和是非观方面基础还不够牢靠,部分学生容易将自己的宝贵时间花费在快速吸引眼球、快速提起兴趣,但鲜能提供文化滋养的网络快餐文化中,教育的权威感、仪式感受到挑战。

1.6　专业难度加大

万物实时互联,也零时差互联了万物的千变万化,突发事件实时传递,相关舆情的发酵快速、难以控制,都给相关工作者的反应速度以及如何紧抓契机开展思想政治教育、理想信念夯实、态度行为引导、舆论氛围营造等,带来了思政理论、知识储备、机制建设等方面的诸多挑战。

1.7　安全隐患增加

不法分子根据上述灰色空间,会有针对性地对青年学生进行模糊意识形态、动摇理想信念的挑拨渗透,对政治安全、国家发展、民族未来和社会主义建设带来不容忽视的负面影响。

2　高校思想政治教育嬗变的互联网思维及使用路径

以往,部分教育工作者在进行思想政治教育时,往往采取课堂灌输教学的方式,通过对学生的耳提面命,使学生在课堂学习中接收思想政治教育信息。今天,互联网实时互联,相比指点、灌输式教育,结合时代特性后的思维及延伸方式,能更贴近且效用显著地进入学生脑里、心里。面对铺天盖地的互联网信息,我们不是把青年学生从信息洪流中"抢"过来,而是以青年学生需求为中心,内部信息化,外部人性化,提炼问题后切入、链接专题式融入,虚实结合去更好地利用时代平台做好引导、关照和服务学生的工作,使知、情、义相统一,助力思想政治教育的思想性、针对性、意义性与亲和性。

综上,本文鉴于上述提炼的痛点并结合高校思想政治教育的特点,将借鉴选取互联网思维中的平台思维、大数据思维、迭代思维这三个维度,来分析推动高校思想政治教育兼具个性化、人性化、社会化,并形成良性闭合价值环的优势路径。

2.1　平台思维——主流文化跨界发展，亚文化兼容并包

以往内容为王，如今同样的内容在不同的平台却可能有着不同的流量结局，甚至会出现"汝之蜜糖，彼之砒霜"的情况。平台思维的重要性逐渐显露，否则再好的内容也可能付诸东流。随着互联网不同平台发展的分化，开始了众多平台百家争鸣、各成特色的繁荣景象。在各类社交平台中，微博、知乎、抖音——"微知音"流量火爆，成为各自类别内平台的优秀代表之一。这三种平台为何能在众多优秀选手中突出重围？一方面，是内容方面的反应快速、追随热点、新鲜多变；另一方面，是用户在社交/娱乐中获得自我生产的成就感、表达发声的自由感、有网络即可接入的平等感、获得咨询/知识/技能的满足感以及操作方式和审美上的时代感。综上，高校思想政治教育的开展目前已不满足于局限在门户网站、公众平台上的发布，"微博上带话题、领导向""知乎上抛问题、打造热门真知灼见""抖音上发布精悍短小的思政因素短视频"等，都应该成为主流文化跨界发展的重点关注对象。

此外，我们不能忽视亚文化的"奋起直追"。小众群体虽"小"，但却更加抱团取暖，对于小众文化盛行的平台，青年学生的追随忠诚度也高，如"哔哩哔哩"弹幕式视频分享网站。"哔哩哔哩"上涌现的许多热点在铁粉的追随下很多成了现象级话题，主流文化平台也可以援引，在对亚文化平台进行适度认可的同时，既做到了对新鲜亚文化的包容，也借助了亚文化盛行平台的东风，做到了对另一小部分青年群体的引流。再加之线上、线下实践教学的双重套嵌执行，探索建立新时代下高校思想政治教育的孵化平台，让学生在各自如鱼得水的平台中自愿生产、自动交互，在主流思想的引导下开始自驱力更强的自助进步、自我更迭。

2.2　大数据思维——小个体，大数据，提升信息预测力

习近平总书记指出："大数据是信息化发展的新阶段。"大数据价值作为一种战略性资源，不仅在于体量庞大，更在于挖掘和预测的能力，或者说这是一场"数据管理"的革命。"大数据不仅仅是由海量数据组成的庞大数据集合，更是一种在大量数据之中探索规律、发现价值的新兴信息技术。"而在高校思想政治教育中，则要真正做到深入到细节全方位的"小个体，大数据"，维度包含如出勤数据、门禁数据、饭卡消费数据、网络使用数据、低消费群体数据、学习时长数据、学业动态预警、行为习惯数据、职业倾向数据、心理健康地图，经过数据提取分析、质量监控，得出经济指数、自律指数、学习指数、社交指数、健康指数、心理健

康指数、职业指数、习惯指数、发展潜力指数等，从尽可能多的角度认识到学生的价值观走向、情感需要、情绪变化等，并对学生对事物的价值认定进行识别，进行对学生的精准画像描摹、快速定位、因材施教、因需给补、提前预警、尽早干预、时刻督导，并通过建立与学生有共同话语体系的系统，对正向价值观存在误解或偏差的学生，进行有针对性的解构分析，实现动态性、实效性、针对性思想政治教育。

此外，鉴于当代青年现代生活方式的趋同，数据思维的关键还在于打破地域限制，如进行高校间、城市间的数据交流和研讨，进一步提升信息预测力。同时，"理论来源于实践，理论要指导实践"，除了在线上端要做到数据协同，还要在线下端做到预判指导行动的联动，学一学、看一看的同时，走一走、做一做。

2.3　迭代思维——打破圈层壁垒，存利去弊打造闭合价值环

互联网中有这样一句话：不是因为看见所以相信，有时是因为相信所以看见，有目标才能不断向目标靠近。迭代思维，是实现向目标逼近的原动力之一。迭代思维除了要紧跟时代步伐、反应快速之外，还要在信息快速流动的进程中存利去弊，在立体、形态的阶段性迭代后，形成闭合价值环。而自驱迭代需要解决的一个重点难题，是打破圈层壁垒，具体分为纵向和横向两个层面。

2.3.1　纵向层面

纵向层面是不断学习进步，在时间维度上完善递进的过程，在时间的沉淀下不断丰富积累。高校思想政治教育需要不断汲取前人经验教训，加入新时代创新点和新技术，并根据本校学生新生代年龄段的特点，灵活调整教学模式。

2.3.2　横向层面

横向层面的重点除了要在同一领域、同一时段内向优秀同侪对标学习，更应要注意的，是打破由于自身学习惯性、搜索习惯造成的"信息茧房"壁垒。因为当下所处时代的信息极为丰富，加之学生的个性发展多元，相较以往会有很多小众文化门类涌现。为了实现高校思想政治教育的更进一步全覆盖，则需要打破思想政治教育工作者原有的资源获取思维和渠道，否则只会在自己原有的信息接收领域中原地打转。于是，这便对高校思想政治教育者的通用知识、职业能力、专业素养提出了更高要求，也对该群体的政治立场、理想信念是否坚定提出了更高的要求。但通过纵向、横向上的壁垒打破，才能更深一步地做到在质、量、方向上的去弊存利，让价值从单链条上的增益，闭合为立体饱满的价值环。

3　小结

　　高校思想政治教育是严肃的,因其内涵底蕴深厚、关乎国家未来;高校思想政治教育是鲜活的,因为学生们思维活跃且充满着无限可能和强可塑性;高校思想政治教育是充满挑战的,因为要以深刻的思想意识让思维活跃却缺乏足够认识和经验的学生们,从脑、从心、从行动上真正做到树立远大理想、热爱伟大祖国、担当时代责任、勇于砥砺前行、练就过硬本领、锤炼品德修为。这也就更加需要思想政治教育工作者在扎实理论功底的基础上,结合时代潮流,尊重当代青年的成长环境并有机提取、变通使用,遵循思政工作、教书育人和学生成长的规律,借鉴互联网思维中契合思想政治教育的优势路径,展开有高度、有情怀、有温度、有时代特色的思想政治教育。

参考文献:

[1]李雪晶,黄容,黄亮.互联网思维下高校辅导员网络话语权的"三挑战四遵循"[J].山东农业工程学院学报,2020(01):167-171.

[2]梁静.用互联网思维提升高校思想政治理论课学生获得感路径研究[J].高教学刊,2020(09):176-178.

[3]张奕.互联网思维融入高校思想政治教育工作的思考[J].环球市场信息导报,2017(48):84.

[4]邱仁富.把握新发展理念融入高校思想政治理论课的四种路径[J].思想理论教育导刊,2021(04):105-109.

[5]黄金丽,金松兰."大数据+思政"推动高校思想政治教育路径创新[J].中国多媒体与网络教学学报(上旬刊),2020(12):182-184.

[6]王勇胜.大数据时代高校思想政治教育的应对研究[J].作家天地,2020(24):129-130.

[7]陈韬婕,陈海."00后"大学生思想政治教育的创新路径研究[J].湖北开放职业学院学报,2020(24):10-11+14.

[8]韩美芳.在问题意识与互联网思维下打造思政"金课":以"中国近现代史纲要"课程为例[J].教育教学论坛,2020(11):59-61.

[9]徐子珺.互联网思维融合形势下的高校思想政治教育工作新模式探究[J].江西电力职业技术学院学报,2020(02):40-41.

职业规划与就业
创业指导

以就业力提升为导向的校企共建实习基地实践探索

白汝坤

航运经济与管理学院

摘要：

校企共建实习基地对于提升学生的就业力、满足企业的人才需求、促进高校与企业的深度融合、提高人才培养的针对性和实效性等方面具有重要的意义。针对高校实习基地的建设问题，本文首先分析了实习基地的重要性，强调实习基地可提升大学生的专业知识和技能，更好地适应市场需求；然后从机制、投入、互动、评价等角度探讨了高校实习基地建设存在的问题；最后结合大连海事大学具体的方针、政策，提出了高校实习基地建设的实践进路。文中提出的方法可有效提升大学生就业力，直观评估学生实习效果。

关键词：

实习基地；实习评价；校企合作；就业力

引言

社会经济的快速发展大大加剧了市场竞争。企业需要的不再仅仅是受过高等教育的人才，而是理论基础扎实、实践能力强、有创新思维的复合型人才。这导致许多公司经常要求面试者提供一些招聘经验，这已经成为未来毕业生找工作的一个弱点。而毕业后直接参加工作，因为学生没有工作经验，所以出现就业要求与经验不匹配的问题，即学校过于注重对学生专业理论知识的培养，忽视了其实践能力。实习基地为学生提供了积累实践经验和增加实践能力的机会，帮助学生将所学的理论知识应用于实际操作中，提升应用能力和实际操作能力。这些实践经验和实践能力不仅有助于学生更好地适应未来的工作环境，也能够帮助他们在求职过程中更具竞争力，从而提升学生就业力。

1　实习基地的重要性

1.1　实习基地是践行理论的重要场所

实习基地为学生提供了将理论知识应用于实际操作的机会，让学生在实践中体验和感受知识的实际运用。这种结合使得学生能够更好地理解和掌握所学的理论知识，避免理论脱离实际。学生可能会遇到一些书本上未曾涉及的问题，需要运用所学知识进行独立思考和解决。这种实践中的学习和成长能够帮助学生更好地适应未来的工作环境。

1.2 实习基地是沟通职场的桥梁

实习基地为学生提供了一个融入职场圈的机会,提供了与职场人士接触和交流的机会。身处实习基地,学生可以切身感受和了解职场文化。通过实习,学生可以了解到企业的价值观、工作方式、管理风格等方面的实际情况,从而更好地适应未来的工作环境。实习基地不仅提供实践机会,还注重培养学生的职业素养。在实习过程中,学生需要遵守企业的规章制度、承担工作职责、与同事合作等,这些经历有助于培养学生的职业道德、团队合作精神等职业素养。通过与同事、上级、客户等不同角色的沟通,学生可以提升自己的沟通能力,培养良好的沟通技巧和表达能力。此外,学生需要独立完成工作任务,这有助于培养学生的自我管理能力。他们需要学会合理安排时间、制订工作计划、解决问题等,这些能力对于未来的职业发展至关重要。通过实习表现优秀的学生,有可能获得留用机会或者被推荐给其他企业,从而拓宽了他们的职业发展路径。

1.3 实习基地是了解市场需求的前沿

实习基地还可以帮助学生了解市场需求和就业趋势。实习基地通常与行业内的企业建立了紧密的合作关系,能够及时获取到最新的市场信息和行业动态。学生通过参与实习基地的工作,可以深入了解到企业的运营模式、产品研发、市场营销等方面的实际情况,从而对市场需求有更加直观的认识。在实习基地中,学生需要参与到具体的工作任务中去,这使得他们能够更加深入地了解和掌握专业知识和技能。同时,实习基地也能够提供给学生更多的实践机会,帮助他们提升自己的实践能力,更好地适应市场需求。实习基地的导师通常都是来自企业界的专家,他们有着丰富的实践经验和行业背景。通过与导师的交流和学习,学生可以了解到更多的市场信息和行业趋势,从而更好地规划自己的职业发展。实习基地还可以为学生提供就业信息和机会,帮助他们更好地实现就业。同时,实习基地也能够为企业选拔和培养人才提供支持,促进企业和高校之间的深度融合。通过实习基地的实践机会,可以为学生提供更加直观的市场信息和行业动态,帮助他们提升自己的专业知识和技能,更好地适应市场需求。

2　高校实习基地建设存在的问题

2.1　基地建设投入力度不足

高校基地建设投入力度不足主要表现为以下几个方面:首先,投入资金不足,高校基地建设需要大量的资金投入,但有些高校可能由于经费紧张或其他原因,导致基地建设进度缓慢或质量不高。其次,高校实习基地的数量相对较少,不能满足学生实习的需求。这主要是由于高校与企业之间的合作机制不够完善,缺乏有效的政策和措施来推动实习基地的建设。最后,一些实习基地的质量不够高,不能满足学生的实习需求。这些实习基地可能存在管理不规范、设备陈旧、技术落后等问题,导致学生无法获得有效的实践经验和技能提升。

2.2　学校与基地之间的互动性较弱

学校与实习基地之间的互动性较弱是一个值得关注的问题,它可能会影响到学生的实习经历和职业发展。学校和基地之间形成了一种单向关系,学校成为计划的提出者,而基地较少主动表达自身的需求,往往被动地回应学校的安排。然而,这种单向关系难以长期维持,基地的日常工作经常受到干扰。当基地感到疲惫并停止处理问题时,其自身利益和需求也便无法得到满足。一些实习基地的实习内容与学校的教学计划脱节,导致学生无法将在学校学到的理论知识应用到实践中,也无法在实习中获得充分的锻炼和提高,这将对学校与基地之间的合作产生负面影响,阻碍双方深入合作与发展。

2.3　基地运行管理机制不健全

高校实习基地建设需要有一定的管理机制来保障其正常运行。但一些高校在实习基地建设过程中缺乏有效的管理制度和监督机制,导致学生的实习过程缺乏有效的指导和约束。学生在实习过程中可能无法获得有效的实践经验和技能提升,也无法感受到实际工作的氛围和要求,导致实习效果不尽如人意。

2.4　实习评价标准不统一

在实习过程中,对于学生的评价是至关重要的环节。但往往由于评价标准不统一,导致评价结果存在一定的主观性和片面性。一些企业导师可能只注重学生的工作表现而忽略了其他方面的能力评估,而学校指导教师可能更注重学生的理论知识掌握情况而忽略了实践能力的评估。这就导致了评价结果的不准确和不全面。

总之,高校实习基地建设存在的问题是多方面的,需要学校、企业和社会共同努力解决。只有加强合作、加大投入,完善管理机制和统一评价标准等措施的实施,才能更好地发挥实习基地的作用并为学生提供更好的实践机会和实践体验。

3 就业能力培养下高校实习基地建设路径

3.1 以加大投入为保障,确保基地建设

人才和资金支持是开展实践教学的必要条件。在实践教学中,教师的作用至关重要。他们需要具备丰富的理论知识,同时也需要具备实践经验,以便能够指导学生进行实际操作。优秀教师的缺乏可能会限制实践教学的效果。学校可以通过提供培训和职业发展机会来培养现有的教师队伍,提高他们的实践教学能力。同时,学校也可以通过招聘具有实践经验的外部人员来增加实践教学的人力资源。为了鼓励教师投入更多的时间和精力到实践教学中,学校可以建立相应的激励机制,如增加教学工作量计算、提供额外的津贴等。实践教学需要相应的设备和技术支持,而这些设备的购置需要资金投入。如果资金不足,可能会影响实践教学的效果和质量。还有通过与企业合作,可以利用企业的资源和技术,为学生提供更贴近实际工作的实践教学环境。然而,这种模式也需要资金的支持。总的来说,人才和资金支持是开展实践教学的必要条件。学校可以通过多种方式来获得这些支持,包括培养和引进人才、寻求资金来源、创新教学模式等。这些措施的实施将有助于提高实践教学的效果和质量。

3.2 以助力计划为方针,完善实习指导

"校友助力计划"是大连海事大学为全面贯彻新时代党的教育方针、充分发挥校友育人作用而开展的校友专业定向帮扶系列活动,通过校友亲身讲授职业经验帮助学生梳理未来的发展方向,以期加速建立健全学校与校友协同育人体系和"三全育人"工作机制。航运经济与管理学院各级校友积极响应学校号召,

积极报名同学院联络开展交流活动。目前共有 29 名来自全国各行业的优秀校友作为助力导师,实现了高年级 33 个班级全覆盖指导。校、院二级校友工作网络的建立,将进一步盘活校友资源,实现校友资源的高利用率,更有效地促进学生就业创业。

3.3　以实习项目为引领,扩展实习基地

为了让大学生积累求职经验,加强校地、校企对接,大连海事大学与 30 余家企业合作,开展实习项目。

第一,大连海事大学与中通快递集团联合举办 2022 年暑期实习活动,通过前期学院通知以及企业多轮面试,2022 年 8 月 1—21 日,航运经济与管理学院11 名同学赴中通快递集团上海总部参与为期三周的暑期实习活动,实习同学覆盖多个年级,实习岗位为业务类暑期实习生,分为服务质量部门和网络运营部门,实习生主要从事中通快递客户体验衡量指标的定位与设计、提升中通"标快"全链路时效优势、如何提升增值快件的末端服务、装载提升优化项目等 5 个课题的研究学习,最终课题答辩取得了圆满成功并得到了企业的认可。

第二,大连海事大学与安永公司开展的实习项目,为在校学生提供了一个难得的实践机会,让他们可以在实际工作中锻炼自己的专业能力和综合素质。这个实习项目共有 150 人参与,这是一个相当可观的数量。这说明安永公司非常重视与大连海事大学的合作,也表明这个实习项目得到了广泛的认可和支持。通过实习,他们还可以锻炼自己的沟通、协调和团队合作能力,这些都是在职场中非常重要的技能。

第三,大连海事大学与厦门国贸纸业开展的实习项目,共有 6 名学生参与实习。这是一次很好的实习机会,可以让这些学生将所学的理论知识与实际工作相结合,提高自己的实践能力。同时,这也是一个很好的交流平台,可以让这些学生更好地了解纸业的现状和发展趋势,为未来的职业发展打下坚实的基础。

3.4　以评价体系为手段,量化实习效果

在大学生实习效果评定方面,学校采用综合评定打分的形式,具体的评价内容包括:

(1)实习成果:评价学生完成实习任务的情况,包括工作质量、工作效率、工作态度等方面。

(2)职业素养:评价学生的职业素养,包括职业道德、团队合作、沟通能力等方面。

（3）创新能力：评价学生的创新能力，包括发现问题、解决问题的能力等方面。

（4）自我管理能力：评价学生的自我管理能力，包括时间管理、自我规划等方面。

评价方式包括以下几个方面：

指导教师评价：指导教师根据学生的实习表现和任务完成情况进行评价。

企业评价：企业根据学生的工作表现和工作成果进行评价。

高校评价：高校根据学生的实习报告和职业规划指导进行评价。

学生自评：学生根据自身的实习体验和成长进行评价。

综合得分，采用雷达图法实现综合评定，如图1所示：

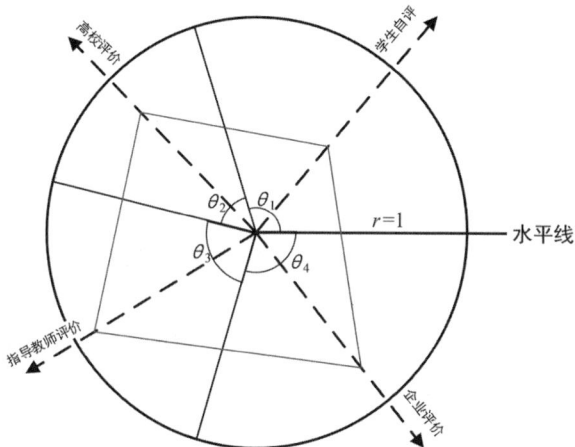

图1 学生实习效果综合评价

具体实现过程包括：

（1）经过调研和专家分析，确定指导教师评价、企业评价、高校评价、学生自评四个评价指标所占权重。

（2）根据评价内容，给出每个指标的分值。

（3）计算指标所围成的四边形的面积。

（4）计算四边形面积与大圆面积的比值。

（5）实习效果评价采用0—100数值表示，上面计算比值需乘100表示最终实习的分值。

采用如上评估方法，可以更直观地表征学生的实习成果，对实习情况更全面地把控，有利于深刻了解实习现状，对日后的实习调整改进起到积极作用。

总之，建设高校实习基地是提高学生就业能力的重要途径之一。高校应积极与企业合作，建立稳定的实习基地，完善实习教学体系和加强指导监管等方面的工作,提高实习教学的质量和效果。同时还需要不断探索和创新,以适应不断变化的市场需求和社会发展形势的要求。

4　结语

综上所述,在就业能力培养视角下,高校实习基地建设需要在建立校企合作机制、制订实习计划和标准、加强师资队伍建设、丰富实习内容和形式、加强实习管理和监督以及建立实习评价体系等方面进行不断地探索和实践。这些措施的实施可以提高学生的实践能力和就业竞争力,提升就业率。

参考文献:

[1]刘良.实习基地建设对大学生就业能力的培养研究[J].湖北开放职业学院学报,2023(06):25-26+33.

[2]徐智聘,曹涛,卢奕泽.石油工程专业校内外生产实习基地有效结合的教学探索[J].科学咨询(科技·管理),2023(06):253-255.

[3]龚咏梅.聚力校地共赢 创新实践模式:高校城市管理专业校外实习基地建设[J].未来与发展,2022(01):106-109+105.

[4]刘徐益.校外跨境电商实习基地建设面临的困境及对策分析:基于地方师范类高校国贸专业[J].现代商贸工业,2021(34):37-38.

[5]聂永刚.高校校外实习基地建设模式与运行机制问题探讨[J].财会通讯,2020(23):163-165.

[6]赵永超,姜松.本科院校化工校内实训实习基地建设实践与探索[J].广州化工,2022(09):261-263.

[7]卢乙贵.实习实训基地对饲料产业创新创业的推动作用[J].中国饲料,2023(18):100-103.

[8]夏金莱,杜承铭,王俊烨.法学专业实习基地建设的问题及完善[J].中国大学教学,2021(10):73-78.

高校信息类专业毕业生就业探微：现状、困境和进路
——基于 A 高校 2018—2022 年就业数据

邓春远

信息科学技术学院

摘要：

本文对 A 高校 2018—2022 年的信息类专业毕业生就业状况进行分析,数据显示出毕业人数增加、就业率降低、毕业去向分布不均等特点。结合数据分析,信息类专业毕业生存在毕业去向结构性失衡、慢就业现象凸显、就业技能薄弱等短板,提出"过程化涵育""精准化帮扶"等解决对策,从而提升高校信息类专业毕业生就业质量。

关键词：

信息类专业;毕业生;就业;数据分析

引言

高校毕业生的就业事关党和国家的发展,习近平总书记高度重视高校毕业生就业问题,将其作为重大民生工作任务。随着信息化、智能化、数字化的蓬勃发展,社会对信息类人才的需求在数量和质量上都在不断增加。分析高校信息类专业毕业生的就业趋势,对于信息类专业学生的职业选择和人才培养具有一定的意义。

A 高校开设通信、电信、软件、计算机类等多个专业,具有本硕博三个学历层次的学生,每年毕业生有千余人。以 A 高校信息类专业本硕毕业生为例,对其 2018—2022 年的就业数据进行统计和分析,深入挖掘和对比新形势下的高校信息类专业毕业生的就业变化趋势,以期为信息类专业毕业生就业工作做好职业规划、就业指导和服务工作。

1 现状：信息类专业毕业生近年就业情况分析

A 高校 2018—2022 年近 5 年信息类专业本科生毕业人数分别为 698 人、726 人、697 人、751 人、759 人;研究生毕业人数分别为 156 人、230 人、282 人、295 人、303 人。其中,本科生就业率分别为:95.11%、97.25%、85.94%、89.21%、88.80%;研究生就业率分别为:98.08%、100%、99.29%、95.59%、95.05%,近年来信息类专业学生的就业整体情况良好,研究生就业率整体好于本科生就业率,趋势图如图 1 所示。

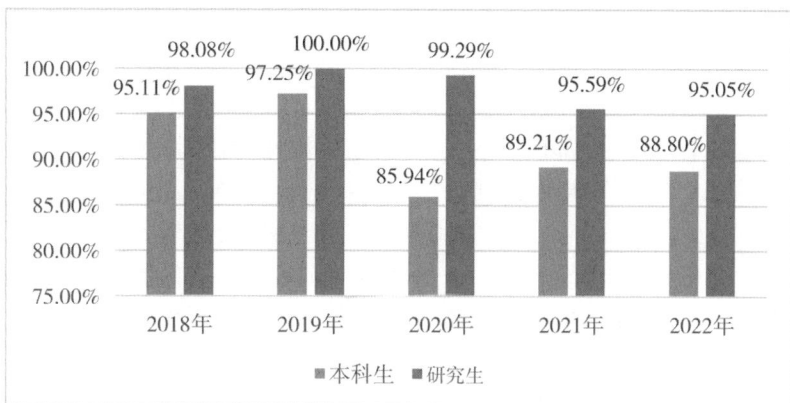

图 1 为 2018—2022 年信息类专业毕业生就业率情况图表

本科生就业率：2018年 95.11%，2019年 97.25%，2020年 85.94%，2021年 89.21%，2022年 88.80%

研究生就业率：2018年 98.08%，2019年 100.00%，2020年 99.29%，2021年 95.59%，2022年 95.05%

图 1 2018—2022 年信息类专业毕业生就业率情况

1.1 升学率趋势

A 高校 2018—2022 年信息类专业本科毕业生选择升学深造（包含国内外攻读硕士研究生）的占比分别为 37.70%、38.15%、34.29%、34.89%、36.63%，其中出国深造的比例分别为 5.90%、6.47%、3.30%、3.33%、1.45%。2018—2022 年信息类专业硕士研究生选择升学深造比例分别为：3.03%、5.21%、4.96%、7.11%、3.30%，整体升学率较低。由图 2 可见，信息类专业本科毕业生升学深造率趋于稳定，但是出国深造率不断降低。

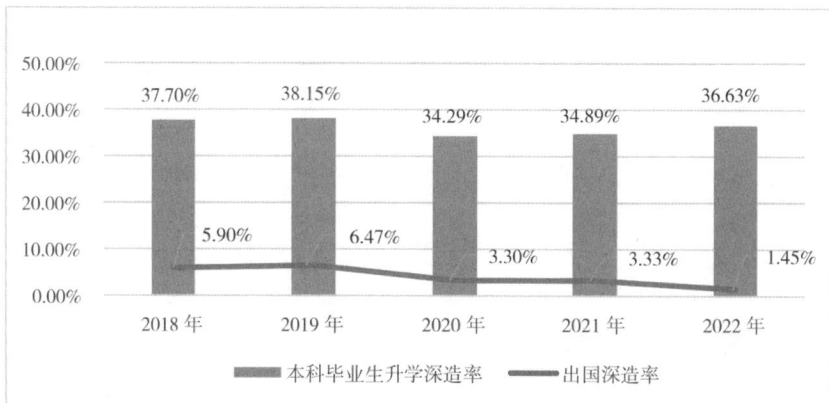

图 2 为 2018—2022 年信息类专业本科毕业生升学深造情况图表

本科毕业生升学深造率：2018年 37.70%，2019年 38.15%，2020年 34.29%，2021年 34.89%，2022年 36.63%

出国深造率：2018年 5.90%，2019年 6.47%，2020年 3.30%，2021年 3.33%，2022年 1.45%

图 2 2018—2022 年信息类专业本科毕业生升学深造情况

1.2　就业去向趋势

A 高校地处辽宁,是部属重点大学,辽宁生源比例较高,基本保持在 10% 左右。2018—2022 年,在省内就业的本科生比例依次为:59.61%、59.21%、44.24%、44.78%、44.66%;在省内就业的研究生比例依次为:24.18%、18.70%、17.86%、19.50%、13.54%。通过对比,本科生和研究生留省内就业的比例大体在逐年降低,且研究生留省内就业人数比例远低于本科生。

在近 5 年的毕业生去向中,本科生留省内占比最大,接近 50%;而研究生就业去向中,北京地区占比最大,分别为 32.29%、24.82%、30.70%、42.17%、35.00%,如图 3 所示。其他占比较大的地区有山东、广东、河北、江苏、上海、浙江、天津等。

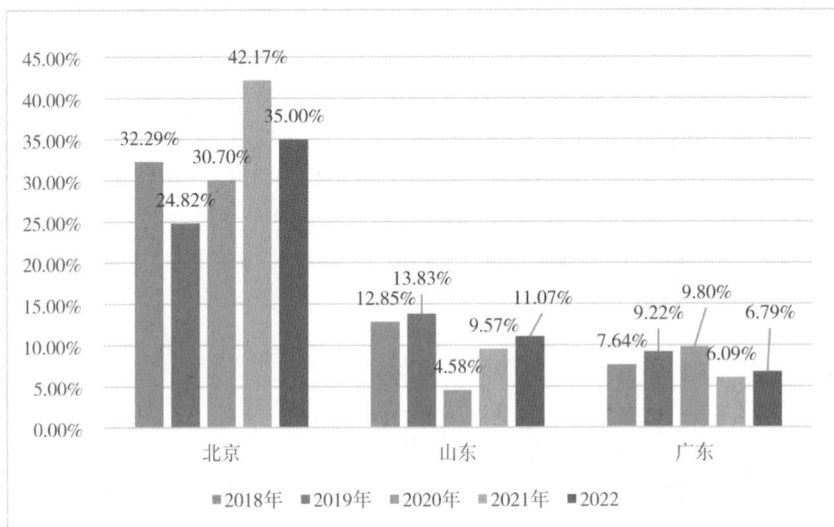

图 3　在省外地区就业的 A 高校研究生人数比例

1.3　就业单位性质趋势

一般情况下,信息类专业毕业生选择从事信息传输、软件和信息技术服务性质单位的较多,其次为制造、金融、交通运输、电力、热力、燃气及水生产和供应业等。近 5 年来,A 高校本科毕业生从事信息传输、软件和信息技术服务性质行业的比例基本稳定维持在 60% 左右,研究生毕业从事信息传输、软件和信息技术服务性质行业的占比逐年降低,但仍保持在 50% 以上,具体数据如图 4 所示。

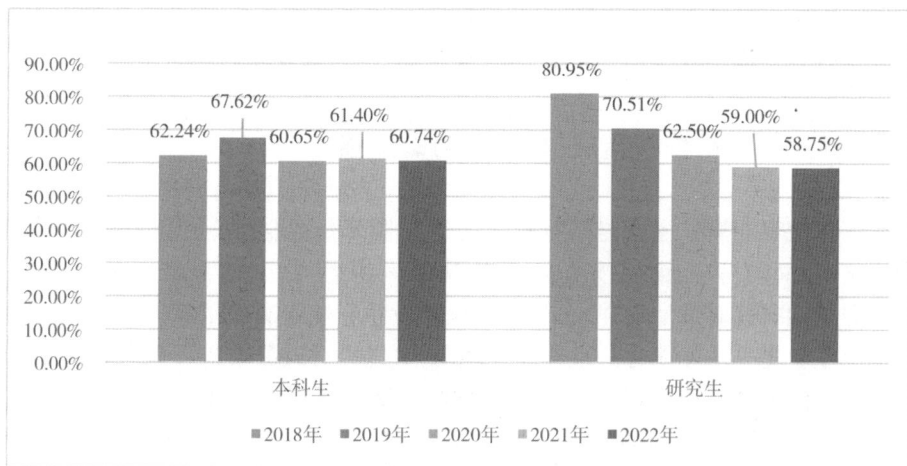

图 4 毕业生从事信息传输、软件和信息技术服务性质行业的比例

2 困境：信息类专业毕业生就业存在的问题分析

2.1 社会环境干扰不间断，升学意向率增加

新形势下，毕业生对就业的薪资期望、择业期望、职业规划、工作地点随"内卷""裁员"等发生改变，严峻的就业形势使得"拟考研""拟出国"学生的比例逐年增加，"考研热"持续升温。在考研的群体中，存在一定数量的毕业生找不准自身定位，随波逐流迷失在"考研热"的洪流中。通过数据对比可以发现，在报考人数逐年增加的情况下，信息类专业本科毕业生近5年的升学比例虽稍有下降但基本趋于稳定，而出国读研的人数在逐年降低。

2.2 就业地区分布不均匀，去向结构性失衡

信息类专业毕业生的就业去向具有鲜明的地域性特征，本科毕业生近5年平均接近50%的人员会选择在学校所处的省份就业；研究生的就业地域选择往往趋向北上广深等经济发达的地区，北京占比尤为突出。近5年，省外就业的本硕毕业生，京津冀经济圈、长三角经济圈、珠三角经济圈是他们选择的主要地区；而选择西北、西南、东北等地区就业的毕业生占比较低。据数据统计，信息类专

业毕业生流向各类企业的人数超过 5 成,但是加入党政机关、事业单位等的人数较少,参加"三支一扶""大学生志愿服务西部计划"等基层项目的人数更少。

2.3　就业指导帮扶不精准,求职能力需加强

信息类专业毕业生普遍具有较强的专业素养和专业技能,但是求职综合能力不足,在简历排版、面试技巧、政策法规理解、仪容仪表、语言表达等方面能力的培养亟须有针对性地加强。目前,高校开设职业规划课程和就业指导课程,是帮助毕业生提升求职能力的重要途径之一,可以广泛地覆盖到每个毕业生,但课程教育无法实现职业规划和就业指导的精细化;高校学生工作干部的日常管理和指导,可以分层次和分类别做到精准帮扶,但无法实现职业规划和就业指导的专业化。因此高校在就业指导、职业规划的精细化和专业化方面,与学生求职能力的提升需求处于不平衡的状态。

2.4　社会实践比例不突出,就业能动性不足

信息类行业对毕业生的实践能力有较高要求,更看重毕业生实习或项目参与经历。而当下信息类专业学生尤其是本科生,缺乏相关的实习和实践经验,分析和解决实际问题的能力有限,其创新能力和专业能力不足制约了毕业求职中的角色转换。究其原因:一是大学生本身的"惰性"越来越明显,具有强烈的依赖情绪;二是大学生缺乏主观能动性,就业危机意识薄弱;三是大学生对于社会实践的热情度普遍不高。这些都是导致信息类专业毕业生无法独立胜任项目或工程中代码调试、程序开发、平台搭建等基础性工作,与用人单位所要求的就业能力存在一定差距的原因。

3　进路:信息类专业毕业生就业的建议对策

3.1　社会层面:政策支持是导向,优化环境是重点

信息类专业毕业生就业区域不均匀的背后是政策导向下的经济不均匀,信息类专业毕业生大多选择发达的东部地区,到欠发达或西部地区工作的人员少之又少,因此基层单位、中西部地区存在较大的信息类专业缺口。一方面,政策

的支持对于高校信息类专业毕业生的去向具有导向作用,应鼓励和引导信息类专业毕业生到城乡、基层、中西部就业,加强社会主义现代化建设。另一方面,对大中小型互联网企业分治分管。对中小型互联网企业以扶持为主,适当放宽政策,强化企业生存力和竞争力;对大型互联网企业要加强监管,杜绝无故裁员、超出劳动法规定的加班时长等情况。

3.2　企业层面:打通校企合作通道与壁垒

企业要为人才提供就业环境和机会,校企合作是一种双向奔赴、双向反馈的渠道,也是一种有效和高效的企业宣传渠道。用人单位可以与高校建立实习、实训基地,建立双向培养机制,与信息类专业学生签订培养协议,主动发力参与到选人、培养人、用人的全过程中。用人单位的相关技术人员也可以参与到职业规划、就业指导、就业技巧的授课课程中,丰富就业课程的多样性和实践性,实现学生、高校、企业三方共赢的效果。同时,用人单位可以积极参与到信息类专业学生毕业设计中,一方面,企业技术人员可以担任学生校外毕业设计指导教师;另一方面,用人单位可以为学生毕业设计提供项目或案例。

3.3　高校层面:以"三化"提高服务水平

第一,分类分级过程化涵育就业知识。除了职业规划和就业指导课程之外,高校或二级单位应将信息类专业学生分类别、分年级进行指导,并在低年级和高年级日常管理中宣贯就业政策和就业市场,分就业意向帮助学生科学地分析市场、科学地认识自己。第二,提供就业创业精准化指导帮扶。信息类专业学生在表达、沟通等方面缺乏求职技巧和择业技能,而且信息类专业学生的就业指导主观参与度有待提高,高校应当加强对信息类专业就业难和就业慢的学生的精准指导,提高就业服务质量和服务水平。第三,加强就业指导团队专业化建设。高校就业课程教师的缺口较大,目前大多由学生工作干部担任,课程的设置和教学缺乏创新性和专业性,要进一步优化就业创业课程教师队伍结构,专业化建设就业团队和课程体系。

3.4　学生层面:增强综合素质与核心竞争力

第一,专业素养是信息类专业学生的立身之本。专业性强与课程难度大是信息类专业学生的专业特点,就业率高和薪资可观的背后是专业支持和技术支持,信息类专业学生的专业本领过硬是其未来择业、就业的硬实力。第二,提升综合素质,增强就业核心竞争力。信息类专业学生的综合素质是其择业、就业的软实力,需要在大学期间提升科技创新能力、人际交往能力、语言表达能力、动手实操能力、团队合作能力等,增强就业的竞争力和自信心。第三,重视社会实践能力培养,增强择业技能。借助社会实践,尤其是企业实习、项目实习等经历,将专业知识运用于实践,在实践活动过程中打磨自身业务能力,不断提升自身的价值。

4　结语

随着信息化和现代化建设的发展,相较于其他专业,信息类专业毕业生有着较为广阔的就业前景和可观的薪资水平。但在新形势就业环境下,信息类专业毕业生同样也面临着用人单位缩招和竞争"内卷"的压力。对于高校要围绕团队建设、课程体系、实践教学等方面做好过程化、精准化、专业化的指导服务工作,培养出符合用人单位需求的复合型和应用型人才。对于信息类专业学生要紧紧围绕专业素养、综合素质、实践能力提升核心竞争力,以从容自信的姿态面对竞争与挑战。

参考文献:

[1]杜云明,田静,刘义.地方高校信息类专业学生就业能力培养研究[J].经济师,2017(08):245+247.

[2]卢国强.提高信息类专业少数民族学生就业质量途径探索与实践[J].计算机产品与流通,2020(06):200.

[3]罗佳.应用型本科信息类专业"3+1"校企合作培养模式探索与实践[J].中国新通信,2020,22(08):125-127.

[4]董本清.信息技术类专业大学生就业能力研究[J].软件工程,2017,20(12):46-49.

新形势下高校大学生就业能力培养策略探索研究

焦兴华

公共管理与人文艺术学院

摘要：

纵观国际国内形势,一方面,高速发展的时代对高校大学生的综合素质和工作能力提出更高的要求,海内外企业对人才的需求在质量上有了显著的提高;另一方面,高校大学生正面临市场需求与学生素质不一致的新形势,毕业生规模不断增大,而其综合素质和工作能力没有得到明显的提高。这两者之间的矛盾,导致就业市场层面高质量人才供不应求、大学毕业生数量市场层面供大于求的局面。本文从大学生就业难的本质出发,在展示高校大学生就业能力现状和存在问题的基础上,深入分析大学生就业的误区,提出培养高校大学生就业能力的途径,并阐述培养其就业能力的重要意义,为大学生就业提供方向性参考。

关键词：

就业能力;学校教育;大学生就业;就业市场

引言

近年来随着高等教育招生的规模不断扩大,以及部分产业的不景气和高校就业理念的改变,高校本科生的就业形势仍十分严峻。高校大学生是推动我国经济社会发展的新生动能,如果高校大学生的就业能力不能很好地提升、就业问题没有很好地解决,势必会影响经济发展和社会进步。在国家不断提供就业促进保障措施的基础上,要持续推进大学生就业,转变高校大学生就业观念,提高大学生就业意愿的内生力,加强对其就业指导和生涯规划,努力提高高校大学生的就业能力。

1 高校大学生就业能力培养现状

大学生就业是我国就业问题中带有战略性意义的核心问题,目前本科生"慢求职""难求职"和"不就业"已经成为中国一系列人才就业难题中几道特殊的关键问题。在当前就业形势日益严峻的当下,提升就业能力可能已经成为促进高校大学生就业的最主要路径。而高校大学生就业能力培养存在的问题主要表现在以下几个方面。

1.1 对大学生的就业能力认知不足

高校大学生受当前就业形势和自身素质的影响,就业能力欠缺、就业意愿死板、就业观念盲目乐观，已经跟不上现代化社会对人才需求的脚步。但是高校并没有对大学生的就业能力有清晰的定位。许多学生入学后，学习不努力，上课不认真听讲，不知图书馆如何借阅资源，沉迷于游戏世界，对考试更是敷衍了事，最终导致不学无术，找不到工作。同时，大学生因缺乏对就业市场的了解，缺少实习实践和职业生涯规划，无论学生还是学校对其的就业能力的认知几乎停留在学科绩点上，因此导致拿着优异的成绩单的学生也很难找到满意的工作。

1.2　校就业能力培养的重视程度不够

现阶段各高校就业指导教育体系正处于探索和实践阶段，虽然目前就业指导教育在各高校逐渐引起重视，但由于起步较晚，未能获得足够的资源和支持。目前我国部分院校对学生就业能力培养的重视程度不够，校指导专项工作资源分配不合理，对相关就业能力培养课程未能开展有效考核，如授课内容、教师的教学方法及教学思路等。

因此，一方面，高校课程没有形成完善的体系和内生驱动力，比如部分院校开设就业指导课程仅仅是停留在选修课阶段，或者所修学分为最少的学科，也并未形成配套的实践体系。另一方面，目前高校普遍没有就业指导课程的专职教师，大多数授课教师是由学生条线专职副书记或辅导员来兼任的。虽然各高校普遍设立了毕业生就业指导工作部门，但就业部门需要处理日常繁杂的事务性工作、对接就业市场，加之兼任教师本身需要处理岗位本职工作，因此就业指导部门很难对授课的兼任教师进行专门系统的培训，导致就业指导教师缺乏扎实的授课理论基础，不能真正有效地发挥对学生就业的指导作用。

1.3　大学生就业能力培养体系的不完善

高校大学生就业能力培养体系主要是大学生就业能力培养过程中的具体制度、方法以及有关就业能力培养过程中的制度化和系统化的一项方法和结构，涉及整体的组织结构体系、课程设置以及文化氛围建设。校就业能力培养体系缺乏培训体系改革，缺失对大学生有针对性的训练，缺少主业师资队伍引导学生自主拓展就业能力，因此只有完善就业能力培养体系，才能为提升大学生就业能力做好基础工作。

2　影响高校大学生就业能力培养的因素

事实上，影响中国高校大学生就业率的原因有许多，主要包括以下几个方面。

2.1 社会经济形势变化

国际国内经济形势变幻莫测,加大了高校大学生就业的难度。从国际国内形势看,主要有以下几点影响:

2.1.1 贸易摩擦的影响

目前中国早已进入了国际贸易摩擦高峰期,外界对中国商品的反倾销范围逐渐扩大,主要产业也由纺织扩展到电子,再加上人民币升值使得中国很多出口产业的经济效益并没有高速发展,从而导致了这些产业对高等院校毕业生的需求量明显减少。

2.1.2 国际国内环境的变化

受国际国内环境变化的影响,全球经济增幅大大下降,市场震荡,冲击产业链和供求链,正常的生产贸易受到影响,各行各业发展呈现下行趋势,导致近几年高校大学生的就业形势不容乐观。

2.1.3 产业分工系统调整

全球产业分工体系或将重新调整,导致就业市场对人才需求出现许多变数,因此对大学生技能的需求不断提出新挑战。

从国内形势看,当前国内经济恢复仍然不稳固、不均衡,对稳定经济的困难挑战也不断加大,尤其是前三季度部分重要经济指标的下滑,进一步增加了国家宏观调节难度。从就业本身而言,总体问题仍然很大,结构性问题尤为明显。

在这样的经济新常态下,大学生结构性就业矛盾主要体现在三方面:一是人才供应和需求中的各类结构性问题。如专业技术类人才"产能不足",导致各类用人单位出现专业技术型人才"用工荒";与此产生强烈对比的是,理论学术类人才"产能过剩",导致高校大学生在毕业市场上"就业困难"。二是社会供给和需求之间的各层次结构性问题。现在"考研热""热门专业"和"唯学历论"等社会风气盛行,高层次的理论学术型人才无法满足区域经济发展对专业技术型人才的需要,既浪费了教育资源,又无法真正带动经济发展,间接影响高校大学生就业前景。三是供给与需求的专业结构性矛盾。经济发展的速度越来越快,导致部分专业人才需求在短时间内迅速增长,而高校人才培养需要周期和过程,因此就会出现人才供给难以适应市场需求和产业结构更新换代的要求,从而出现"结构性缺失"。

2.2 高校就业能力培养形势

随着中国高等教育的逐渐大众化,使得各院校的学科专业相应扩大,而学科设置的合理性待深入论证。

此外,中国高校大学生的就业指导及管理相关制度还不健全。一方面,许多院校也提供了就业指导类的教学,有助于学生了解自己,制定职业路径,训练职业技能。而有的院校只单纯以课程为基础,课堂教学流于表面,学生兴趣不大。另一方面,当前我国大学生在课堂教学中,很少与社会接触、与实践融合,使得大学生无法了解到社会、企业对人才的需要。

2.3　学生就业形势认知原因

一方面,学生自身对"就业"这一概念不重视,高校大学生主动进行就业能力提升的意识淡薄,大学生对就业能力提升的理念没有深入普及,没有准确掌握自己的就业能力水平与潜在职业风格,对职业能力的概念认知粗浅,被动地接受了课堂上传授的理论知识,既没有唤醒对就业能力提高的意识,也未能将意识上升到行为上来。认为目前自己是大学生这样的身份,无须提前规划自己无法预知的事情,甚至觉得毕业再考虑就业就来得及。而且,就业指导、职业生涯规划等这类课程考核形式简单、所赋学分很低,不需要花时间和精力在这些课程上。这些思想误区直接导致其从观念上不重视就业,不想听取就业指导,不想进行职业生涯规划,更不想提升就业能力。

另一方面,在严峻的就业形势下,大学生在毕业后更多选择升学,或出国留学,或读国内硕士研究生,以避开不利的就业市场,然而之后的竞争似乎更加激烈。根据教育部统计,2022 年,中国高校毕业生已达到 1 076 万人,为历年最高值。根据 2021 年各行业城镇新增就业人数,2022 年各行业城镇新增就业人数预估仅有 1 100 万,这意味着有大量应届毕业生无法实现毕业就有工作。

此外,在就业地域、就业稳定性等方面,大学生也过于理想化。有些大学生就业准备不充分,只认定大城市和沿海的一线、二线城市;有些大学生只准备考公务员或选调生,认为持久战也可以;有些大学生只去国有企业和事业单位,认为稳定才是最重要的……这些现象直接反映出大学生对自己就业能力认知不足,无法准确把握自身特点,更没有在大学四年期间提升就业方面的专项能力。

2.4　家庭教育潜移默化的影响

从接触到的学生来看,大多数大学生在入学填报志愿的时候,就夹杂着家长的意愿,家长把自身未完成的心愿寄托在学生身上,学生因此也无法主动思考就业方向,无法明确自身的就业兴趣,因此更无法提升自身就业能力。

3 提升高校大学生就业能力的培养路径

习近平总书记在视察天津人力资源发展促进中心和天津职业技能公共实训中心时指出："就业是民生之本,也是世界性难题,要从全局高度重视就业问题。没有一定增长不足以支撑就业,解决就业问题,根本要靠发展,把经济发展蛋糕做大,把就业蛋糕做大。"因此,要采取各种行之有效的手段,培养高校大学生就业能力。

面对新形势下的就业环境,结合就业指导和生涯规划方面的现状,从高校大学生就业能力亟须提高的原因出发,高校必须着力打造学生就业能力培养平台,构建切实可行的就业指导体系,努力探索出培养高校大学生就业能力的途径。

3.1 强支撑——完善高校就业指导教育体系

加强就业指导全过程教育体系建设,夯实不同专业、不同阶段学生就业指导工作基础。

3.1.1 完善课程体系建设

根据不同学科、不同年龄段的学员,可侧重设置不同模块的职业类选修课,逐步形成富有学院特点的职业精品课程,形成贯穿学院整体的就业指导课程体系。同时,适当改变学分体系的教学评价方法,增强学校对就业指导专业教学的关注力度,提高学生对就业指导类课程的重视程度。

3.1.2 跟进全流程活动管理

面对新形势下用人单位对人才需求的变化,高校应高度重视对学生专业技能的培养。把就业指导工作前移并贯穿在大学教育的始终,根据各年级特点有针对性、分层次地进行指导,帮助学生规划其职业生涯,因此需要其在不同阶段,配套丰富的就业类活动。

(1)对于大一新生,要引导其理解所学专业、认识自我特点,制订在校期间学业计划。

(2)大二阶段要开展自我探索和职业认知活动,尽快树立职业意识,有方向地培养学生的职业理想,为将来的生涯规划做好充分准备。

(3)学生进入大三年级后,应参加各种职业规划竞赛、求职模拟大赛等项目,客观为自身定位,并利用社会实践、专业比赛等项目充实其知识结构,为提高就业决策力奠定基础。

(4)对于毕业班学生,要引导其树立正确的就业观,开展求职前辅导活动,为其就业选择保驾护航。

3.1.3 持续深化创新创业教育改革

引导大学毕业生积极参加"互联网+"创新创业竞赛,以实现大学生创新驱动就业的倍增效果。一方面通过各种竞赛提高大学生对创造性思维的认知,并且进行创造性思维的培养。指导教师需要适当传授创新创业等方面的知识,定期组织学生开展与创新创业相关的课题研究。另一方面,通过各种竞赛和创业项目培养大学生的创业精神,大力宣传创新精神,让学生意识到具备相关专业知识的重要性,并且通过各类创新创业活动学会如何合理运用专业知识提升未来的就业能力。

3.2 拓渠道——精耕细作校企合作研学模式

3.2.1 充分发挥市场化岗位吸纳就业的主渠道作用

组织开展"访企""拓岗""促就业"等专项活动,与企业签订合作协议,千方百计开拓市场化就业渠道。

3.2.2 提升企业对本校人才需求黏性

在企业建立"产学研"合作基地,让学生走进合作企业中,在转变角色的过程中,既发挥所学专业特长,又提升就业实战能力。着力开展外环境建设,继续加强就业实习基地、就业协作单位的发展工作,提高高校关联就业创业的学生就业实习实训基地的质量和层次。

3.2.3 探索"订单"就业培养模式

人才"订单"培训是高校进行与企业衔接、改善教育教学质量、提高培养效果的主要渠道,在一定程度上保证了学生就业的"定向"性。

3.3 优指导——用心用情打造就业指导空间

为培养高校大学生就业能力,提高就业指导水平,需要打造一支业务能力精、思维能力强的就业指导团队。

3.3.1 建立良好的就业工作机制

建立学员就业管理工作引领组织,以发挥学校的主管领导、辅导员、班主任等群体作用,逐步建立"学校统筹、学校负责、功能部室联动、有关单位协助、毕业班级层层落实"的管理工作体制。

3.3.2 培养专业化的就业指导团队

就业指导教师专业化建设,可以遵循专兼职相结合的发展思路。一方面,在保证经费的基础上,认真做好专家和专任教师的招聘与遴选;另一方面,加强了对兼职就业指导老师的培养力度,切实提高团队整体实力。

3.3.3　成立就业指导工作室

秉承"以生为本"的服务理念,像心理咨询室一样,开设更为阳光的就业指导工作室,接受学生就业能力提升、职业生涯规划等方面的咨询,并提供个性化指导意见,针对不同学生个体,解决其遇到的困难和问题。

3.4　重帮扶——加大重点群体就业指导力度

3.4.1　宣贯就业创业政策

在原创业人员培训补助、创业场地补助、求职创业人员补助和创业担保贷款支持政策基础上,为初次办理创业担保贷款成功的毕业生再颁发一次创业补助金,对创新孵化基地企业的新入驻毕业生予以重点扶持。同时,畅通就业政策、就业信息等宣传渠道,扩大辐射面。

3.4.2　简化毕业生就业手续

为帮助重点群体毕业生顺利签约就业,成立就业手续工作小组,一对一为其提供就业手续办理等服务。

3.4.3　关注困难毕业生群体

努力为符合条件的困难毕业生争取一次性求职创业补贴,为其寻找岗位适配度高的用人单位,力争解决每一名困难毕业生的问题。

3.4.4　建立健全就业帮扶机制

对脱贫家庭、低保家庭、零就业家庭以及残疾毕业生等开展精准帮扶,以提高困难群体的就业竞争力。建立和完善对家庭经济困难和就业困难毕业生的精准就业创业帮扶制度,推进校院两级就业创业帮扶体系建设,打好就业创业帮扶组合拳。

受当前世界贸易摩擦、国际国内环境变化和宏观经济下行等因素影响,高校大学生的就业形势十分严峻,努力提升其就业能力势在必行。这既关系到大学生能否实现个人价值,更关乎经济社会的稳定发展。培养大学生就业能力,离不开社会、学校、家庭及大学生本人的共同努力。所以,高校大学生只有主动适应新形势下经济社会的发展趋势,才能活跃劳动力市场、扩大社会财富,推动我国经济社会又好又快发展。

参考文献:

[1]谭泓."专业—产业—职业—就业"的四业贯通:促进高校毕业生高质量就业的路径突破[J].中国劳动关系学院学报,2023,37(03):54-62.

[2]安俊达,李维,蒋晓蝶.我国高校毕业生更加充分就业的双重困境及其对策

［J］.黑龙江高教研究,2023,41(11):141-146.

[3]李奕聪."三全育人"理念下高校学生就业创业能力的提升[J].就业与保障,2023(10):115-117.

[4]陈捷.大学生职业规划现状及其影响因素[J].黑龙江科学,2023,14(17):98-100.

[5]张淑艳.积极心理学视角下大学生就业与心理疏导研究:评《大学生心理疏导促就业》[J].领导科学,2023(06):149.

[6]潘楚.高质量导向下高职院校学生就业能力提升策略研究[J].公关世界,2023(01):110-111.

[7]赵俊红.基于社会需求的大学生就业能力研究[J].黑龙江科学,2022,13(23):100-102.

[8]郑春燕.全方面跟进就业能力培养[J].人力资源,2022(22):98-99.

[9]曾海军,刘圆芳.高校体育专业学生创新创业教育改革路径研究[J].投资与创业,2023,34(07):31-33.

[10]袁佺.新形势下高校毕业生就业观现状分析及培育对策研究[J].长江丛刊,2018,416(23):182.

[11]李思静.大学生职业生涯规划教育的现状与对策思考[J].现代职业教育,2023(30):161-164.

互联网时代背景下大学生就业指导工作探究

邵强
交通运输工程学院

摘要:

随着互联网和现代信息科技的高速发展,大学生的工作和生活与互联网的联系日益密切,其就业创业之路也深受互联网的影响。基于这一时代背景,高校辅导员在就业指导工作模式上也必须推陈出新,充分发挥"互联网+教育"新模式的独特优越性,适应互联网时代下大学生就业发展日益多元化的需要,提升大学生就业指导工作的质量。文章还对后网络时期高校辅导员应怎样探索创新大学生就业指导的工作模式等展开了深入探讨,并据此提出了一些新办法、新途径。

关键词:

高校辅导员;就业指导;互联网时代

引言

就业是民生之本,习近平总书记称它为"永恒的课题"。习近平总书记在考察宜宾学院时强调,当前正是高校毕业生就业的关键阶段,要进一步挖掘岗位资源,做实做细就业指导服务,学校、企业和有关部门要抓好学生就业签约落实工作。习近平总书记在给中国石油大学(北京)克拉玛依校区毕业生的回信中也强调,各级党委、政府和社会各界要切实做好高校毕业生就业工作,采取有效措施,克服新冠疫情带来的不利影响,千方百计帮助高校毕业生就业,热情支持高校毕业生在各自工作岗位上为党和人民建功立业。

1 互联网时代对大学生就业指导工作的冲击

1.1 互联网时代学生接收过多信息难以筛选

互联网时代为当代大学生就业创业提供了海量信息与资源,虽然大学生只需要在互联网进行相关搜索,即可随时随地获得大量参考信息,但却难以从中筛选出真正有价值的所需信息。一方面,各类广告、虚假网站和不实招聘信息无处不在,层出不穷,而大学生的信息甄别能力相对较弱,极有可能在求职过程中被不法中介或公司迷惑,进而上当受骗造成时间、经济等的损失。另一方面,大学生的自我保护意识不足,在求职过程中有可能会泄露个人信息,若被不法分子借机盗用个人身份,极有可能危害到学生及其家人的财产甚至生命的安全,造成更大的祸端。

1.2　不良信息可能影响学生价值观的形成

互联网时代信息纷繁复杂、质量良莠不齐,各种不同的思想充斥其中。大学生在通过互联网等渠道获取就业创业信息的同时,也会接触许多片面的、具有误导性的信息和思想。一方面,由于互联网的普及使得大学生长时间处于从网络获取资源的状态,因此对网络资源接受程度较高。另一方面,对于刚步入大学的大学生而言,他们对社会了解较少,心智尚不坚定,在面对互联网上的信息时无法有效地甄别是非,缺乏自我正确的判断。因此,面对互联网上的不良信息,大学生极易受其影响,产生消极的、错误的思想,从而形成错误的人生观、价值观,甚至有可能会走向一种错误的个人发展路线。错误的人生观、价值观一旦形成,学生就很难自我改正,也给今后进一步的升学、就业等带来了困难。

1.3　互联网时代加剧学生就业焦虑

互联网时代大学生的社交网络被极大程度地拓展,同时借助互联网这一推手也让大学生更容易看到无数外表光鲜、颇有成就的成功人士的形象,并可以在短时间内快速通过短视频或文章了解到他们从默默无闻到功成名就的奋斗之路。不可否认,这些信息一定程度上可以激励大学生就业创业,但同时也会让大学生们不自觉地将自己与他人进行比较,产生"为什么他/她可以如此成功,而我却屡屡碰壁"等消极想法,进而大大增加大学生就业创业时的挫败感。事实上,这些励志文章或视频给大学生带来的正面引导作用并不大,大学生并不能真正从中学到技能或是获得可以参考的求职经验,反而会带来更多的对未来的迷茫与焦虑。

2　互联网时代大学生就业指导工作优势

2.1　可用资源增多,拓宽工作视野

互联网时代,辅导员获取就业指导素材的途径增多,可利用的资源愈加广泛。其不仅可以在互联网中大范围搜集自己所需的相关素材,还可以发掘、借鉴其他高校在互联网平台上共享的优质就业指导资源。结合所在高校的学生特

点、专业特点等进行归纳与整合,精准提炼出兼具实用性与个性化的就业指导工作素材,以此来构建更加有深度和广度的就业指导资源体系;同时,互联网时代使就业指导工作的趣味性增强,一改过去枯燥、单调的刻板形象,可以吸引学生主动地接受就业指导,调动学生参加就业指导的积极性,更好地发挥就业指导的教育意义;并且,互联网上的海量资料更有利于高校辅导员自身的学习,稳步提升自身专业素养,夯实理论基础,进而提高就业指导工作水平。

2.2　打破时空限制,拓宽工作渠道

传统就业指导工作的方式方法具有一定的局限性,例如:需要辅导员与学生面对面交流,集体活动的开展需要学生同时同地出席等。随着互联网时代的高速发展,就业指导工作可以通过线上平台随时随地开展,打破了传统方式、方法中时间和空间上的局限性。同时,就业指导工作的主体也不再局限于某一名辅导员,在优化线上、线下的各类就业创业资源(包括线上直播、网络会议平台等)的同时,可以利用优质的校友资源、校企合作就业支持等,邀请优秀校友与企业家向学生分享就业求职经验,从企业角度有针对性地解答学生疑问,拓宽其就业创业的选择面。

2.3　实施精准教育,因人因时施教

一方面,利用大数据分析工具,可以在充分了解每个同学的情况和动态后,实施精准就业指导,这既是对就业指导工作体系的丰富,又能让辅导员以更加客观的视角看待学生的思想动态、个性化需求。另一方面,互联网时代的新媒体技术,更有利于辅导员向学生传达党和领导的新思想、新指示,面对社会热点问题和网络舆情能够及时引导学生辩证地看待事件,起到积极的导向作用,落实立德树人的根本任务,帮助学生树立正确的、良好的就业观。

3　互联网时代高校辅导员就业指导工作模式创新途径

3.1　搭建高质量就业信息平台,实现多方信息实时传递

互联网时代为高校搭建高质量的就业信息平台提供了更加便利的条件。一

方面,高校应积极制定发展规划,依托互联网做好就业指导工作的顶层设计,实现就业信息、技术应用、互联网平台、就业转化共融互通,将就业指导工作纳入学校年度工作要点,重视学生未来的职业发展规划,提升就业指导工作的质量。另一方面,现代社会信息是生活、工作、学习中不可或缺的部分,掌握充足的信息资源和获取信息的方法是走向社会、走向职业,乃至走向成功的关键。因此掌握准确、有效的信息是大学生求职成功的重要前提,而提升就业信息平台的信息质量,指导学生筛选海量信息,规避虚假信息等也是就业指导工作的重中之重。高校可以利用微信公众号、微信小程序、学校就业网站、各类求职 App、微博、抖音等社交媒体平台全方位为大学生提供各类高质量的就业信息,在确保信息的真实、准确、优质的基础上,满足大学生求职时的个性化需求。

此外,学校还可以通过网络平台等形式将企业与大学生联系起来,通过"空中双选会"等方式,有助于降低学生求职的时间、经济等成本,拓宽大学生的求职渠道与路径。

3.2 创新就业指导模式,实现全程精准指导

互联网时代下,大学生所接收到的信息较以往更多元、更丰富,进而形成的个性特点也呈现多元化发展态势,反映在求职过程中则是个体需求与倾向也是多元的。因此,传统就业指导方式已经无法满足当代大学生的个性化需求,高校就业指导工作亟待创新与优化。高校应借助互联网平台实现求职前精准识别学生个性化需求、求职中精准推送定制化服务、求职后精准核实就业质量。首先,高校需结合大学生的个性化特点,创新设计就业指导模式,借助互联网技术构建针对大学生性格、心理状况、兴趣爱好及求职偏好等的大学生个性化特征求职数据库。同时,高校应加强就业指导教师队伍建设,并不断增强其业务能力,提升学校整体就业指导服务水平与质量。在此基础上,优秀的师资力量可以依托互联网技术构建的大学生个性化特征求职数据库,为大学生提供更具有针对性的就业指导课程,使大学生职业规划、就业指导更加有的放矢,也更容易取得显著成效。其次,高校应借助互联网技术满足大学生求职中的个性化需求。基于现有的学校就业网站拓展定制化服务,例如,学生通过在网站上设置个人就业偏好,即可定期获得定制化就业信息推送等。最后,在大学生完成就业后,互联网仍可以助力学校与已毕业学生的实时交互,为其提供便捷的交流平台,学生可以反馈意见,高校可借此对就业结果进行跟踪分析,看其是否满足学生的期望等,并以此反思就业指导工作中存在的不足,以获取工作改进思路,进一步提升就业指导工作服务质量。

3.3 构建就业指导体系,引导学生主动就业

大学生就业质量不仅影响学生的个人发展,也是评定高校教学质量的重要因素。大学生就业关乎千百万个家庭,也是整个社会关注的热点问题。高校在大学生就业指导中不仅要最大限度地为其提供帮助,也要在就业指导过程中帮助学生树立正确的就业观。一方面,要适当结合学校的思想政治教育,积极引导学生转变择业观念,不要一味追求一线城市,仅仅将薪资作为择业的第一标准,而是要结合个人理想,到祖国最需要的地方去;同时利用各类社交媒介,发挥学校已有优秀就业事例的先锋模范作用,增加大学生对基层工作的认同感。另一方面,对于有"等、靠、要"此类思想的学生也要及时沟通,引导学生积极主动就业,鼓励大学生利用互联网创新创业。就业指导不只是传授理论知识,实施创新创业也属于高校就业指导范畴;高校借助互联网平台开展就业指导,以创业沙龙等方式来鼓励大学生积极进行创新创业,培养大学生的自主创新精神与独当一面的能力。

4 结语

大学生就业对于学生个人发展、学校的社会认可度,乃至整个社会的人力资源分配和国家发展都有重要作用。高校辅导员务必重视大学生就业指导工作,为学生搭建高质量就业信息平台,创新就业指导模式,构建就业指导体系。互联网时代给就业指导工作带来了新的挑战,但通过合理利用互联网技术不仅能让学生在思想和行动上主动就业,同时也能充分为学生提供就业保障。

参考文献:

[1]神彦飞.社会主义核心价值观视域下大学生就业价值取向引导[J].思想理论教育导刊,2018(10):82-85.

[2]许磊,陈九如.从规约到自律:高校辅导员职业守则内化与职业人格的完善[J].学校党建与思想教育,2017(03):86-88.

[3]王鹏,李昕,郭龙龙.互联网背景下高校大学生精准就业服务的困境与出路[J].河南工学院学报,2021,29(03):73-77.

[4]石晶."互联网+"时代大学生就业创业指导工作创新路径探析[J].就业与保障,2022(06):124-126.

[5]覃吉春,王静萍.高校辅导员职业能力结构与提升路径[J].思想理论教育导刊,2018(02):145-148.

理论和实践研究

新时期研究生宿舍管理质量提升路径探析

张肃　肖峰

信息科学技术学院

摘要：

研究生宿舍管理是高校学生管理工作中重要且复杂的组成部分,需要从理论与实践层面加以系统剖析研究。面对研究生宿舍管理的特殊性和工作难点,辅导员应当秉持"本研相通""本研一体""硕博有分"的理念,同本科生辅导员、研究生导师形成合力,构筑安全、卫生、风貌三条工作线,健全研究生宿舍各项功能,不断强化新时代高校宿舍管理的服务育人功能。

关键词：

研究生;宿舍管理;质量提升路径

引言

党的二十大报告中指出,育人的根本在于立德。要全面贯彻党的教育方针,落实立德树人根本任务,培养德智体美劳全面发展的社会主义建设者和接班人。宿舍是大学生日常学习和校园生活的重要场所,也是高校思想政治教育的重要阵地。高校宿舍管理工作要紧紧围绕育人使命,不断适应新时代学校改革发展和广大学生日益增长的对美好生活的新要求、新期待,充分发挥自身的独特优势和不可替代的育人功能,以"更好质量、更高效率、更强能力"的管理和服务,进一步探索新型育人实践路径。而作为学生管理工作重要组成,宿舍管理集合了人与物、个体与集体、制度与感情、私利与公益等诸多因素,历来是高校学生管理工作中的重点,也是难点。

随着研究生在校生规模的不断扩大,研究生管理工作日益得到关注与重视,逐渐摆脱"散养"管理局面,教育管理责任更明晰,机制体制更健全,管理力度呈现"加强上劲"态势。但有关研究生群体宿舍管理工作的专项研究,目前还较为有限。结合多年一线工作经验与思考,本文聚焦新时期研究生宿舍管理工作,从理论与实践两个维度有针对性地回应现状及问题,探寻其质量提升路径。

1　研究生宿舍管理的特殊性与工作难点

1.1　研究生宿舍管理存在诸多特殊性

1.1.1　学生人数多,师生配比不均衡

据一线工作观察,目前研究生学生数量与研究生管理力量之间存在增长不

同步的问题。相当比例的学院研究生体量逐年递增至突破 500 人,甚至超过千人,但负责研究生管理工作的专职辅导员始终只有一人,并未得到及时补充。师生配比的失衡,对研究生宿舍管理的力度提出了考验。

1.1.2　研究生管理人员工作负荷较重

负责研究生群体教育管理工作的辅导员多为学院团委书记、学工办主任。对照本科生辅导员,一般具有更为丰富的一线工作经验,但也存在着多重工作角色所带来的更大工作压力。既需要统筹学院专项工作,又需要具体负责学生工作中的人和事。工作精力多被各类工作事务和学生到访所挤占,难以抽出时间深入宿舍并开展工作。

1.1.3　群体内部构成复杂,特性鲜明

从学历层次角度看,研究生群体可划分为博士研究生和硕士研究生两个子群体。两个子群体各自具有非常鲜明和独立的特性。就成长背景而言,研究生来自不同本科高校、分属不同科研团队,存在着学科与管理两条线相对独立,工作关系交集少,现实关联却又交叉多的现象。这种复杂性映射到宿舍管理领域,就出现了特殊性多、个体性问题杂等现象,传统"一刀切、统一动"的管理模式效果有限。

1.1.4　个体独立性较强,缺乏聚合力

研究生群体由于年龄普遍偏大,具有较为独立的认识与思考。不同于本科生主体以班级为上课单位、宿舍分配主体为班级相邻、各类活动以班级为单位展开,研究生培养计划完全由导师制订,主要学习时间是在各自实验室,各类集体活动较少,研究生群体对于班级的集体观念相对淡漠。研究生宿舍内部聚合力不强,宿舍成员之间情感、学业和生活联系不够紧密。对外呈现的更多意义上是若干个独立学生个体,而不是一个宿舍的小集体,也给宿舍管理工作增加了一定复杂性。

1.1.5　存在"重学术、轻管理"观念

在当下的研究生培养制度下,导师作为研究生"第一责任人",负责研究生的日常科研、学习,在研究生学术成果、按期毕业等核心事项中发挥着决定性作用。与之相对的是,辅导员负责的思想品德、行为管理等方面工作,往往处于软性、次要的地位,有时存在"没事想不到,出事一人扛"的局面。而基于过去本科院校所接受和形成的片面甚至是错误的认识,有研究生认为辅导员不是老师,对其教育管理工作配合度不高。

1.2　研究生宿舍管理中的工作难点

1.2.1　学生数量庞大

由于研究生群体体量较大且大多分布在不同宿舍区域,辅导员日常宿舍巡检需要付出极多的时间和精力。一旦无法保证对实际情况的动态掌握,研究生

宿舍管理就很容易出现管理与实际脱节的情况,导致对一些风险因素欠缺及时干预阻断进而使风险因素不断累积。

1.2.2　住宿分布复杂

研究生存在学制不同、毕业时间不同等客观因素,导致宿舍无法做到整体性毕业退寝周转。一旦不能做好床位集中整合,在宿舍资源紧张的情况下,就容易出现新生入住时只能插入老生宿舍的现象,导致出现不同年级、不同专业,甚至不同学院的学生混住的局面,为后续宿舍管理工作增加复杂因素。

1.2.3　成长背景不同

受制于不同成长经历与本科教育背景,研究生群体对于学生工作的统一管理意见不一、态度迥异。在开展宿舍管理工作时,辅导员的职业权威和职责行使也会遇到阻力,甚至是挑战。

1.2.4　心理问题凸显

研究生群体可能遇到的心理健康问题主要集中于就业困难、人际关系紧张等方面。在学习方面,多数研究生尽管具有一定的应试能力并能够顺利完成学分修读,但在论文写作和发表的过程中容易滋生焦虑沮丧、自我否定等情绪。在人际关系方面,多数研究生的社交重心在课题组内,参加班级或社团集体活动不够积极。根据马斯洛需求理论,多数研究生正处在社交需求和尊重需求的交叉阶段,不仅希望能够拥有良好的人际关系,还希望个人能力和表现能够得到认可,当这两个方面没能达到预期值时,便易引发一些心理问题。在就业方面,研究生普遍希望能够通过提高学历获得一份更满意的工作,但由于就业心理障碍等因素导致研究生存在眼高手低的就业误区,最终导致就业困难。

1.2.5　同辈管理不足

当下研究生的管理层级呈现出明显的扁平化、集中化特点。由于研究生学习及科研压力较大,入学之初竞聘学生干部的基数可能并不充分,使得研究生干部竞聘激烈程度不高,实践中还可能出现想当干部只要报名就能当的情况。由于研究生普遍年龄较大,同辈管理的力度有限,依靠同年级研究生学生干部进行管理,一般只能负责统计、填报等日常事务性工作。对于有"定分止争"性质的矛盾调处、突发事件应对、个案处理,都需要研究生辅导员亲力亲为。

2　研究生宿舍管理育人效能提升理论路径

2.1　树立"本研相通"工作理念

与本科生群体相比,研究生群体有其特殊性。但究其本质,仍是学校在籍学生群体,欲实现管理提升,建议从相近相通的视角,将共性置于特性之前。

本科生宿舍管理已经积累了相当成熟的经验,形成了相对稳定的传统,也开展了一定深度的理论研究和实践探索。从研究生宿舍管理的角度看,适当向本科生宿舍管理看齐,这本身就是一种提升。从本科生宿舍管理的角度看,其具备的部分经验、传统和研究成果,也可以复制、迁移至研究生宿舍管理中。

2.2 建立"本研一体"工作模式

在实践中,的确存在许多工作对象仅涉及本科生,研究生无须关注的情形。但在宿舍管理领域,相同的学校公寓楼宇、宿舍房间,同样存在工作风险点,不应仅仅因为入住的是本科生或者研究生,就出现工作模式的显著差异。而如果将研究生宿舍管理工作完全单列,不仅管理力量稍显薄弱,管理效果也将较为局限。建立"本研一体"工作模式,旨在弥合本研之间的管理级差,从学校、学院的层面,将全体学生的宿舍管理工作融为一体,统一谋划、统一定标、统一行动。

2.3 建立"硕博有分"工作机制

研究生群体中的硕士研究生多为本科应届毕业生考研升学,年龄段相对集中,背景相对简单,学制相对整齐,绝大多数为校内住宿,具有加强宿舍管理的工作基础。博士研究生年龄跨度较大,在职、脱产者皆有,毕业年限不等,相当比例为走读。硕博研究生之间的显著差异性就表明研究生管理要高度重视两者不同工作机制的构建。简而言之,对于硕士研究生,其学生属性无疑是第一位的,而对于博士研究生,应尊重其社会属性。如果说,在本科生宿舍管理中,"管"的比例更高一些;面对硕士研究生群体,"理"的比例则要更高一些;而对于博士研究生,注重社会交往的平等视角和关心帮助的态度,才是有效推进工作的捷径。

3 研究生宿舍管理育人效能提升实践路径

3.1 两支力量形成合力

3.1.1 增强研究生管理力量

前文阐述了对于"本研相通"工作理念和"本研一体"工作模式的建议,针对当前研究生师生配比严重失衡的现状,加强研究生管理力量是必然要求。首先是在称谓上,打破研究生辅导员和本科生辅导员的划分,而统一为学生辅导员(本科生中队)和学生辅导员(研究生中队);其次是在岗位上,按照或者参考本科生中队师生配比,设置足够数量的辅导员岗位以进行研究生中队管理。

3.1.2　发挥研究生导师力量

研究生导师作为研究生管理的第一责任人,对于研究生的教育管理空间不应仅仅局限于实验室。学科团队和学工团队各有工作重心,但应当注重呼应、沟通、补位。导师所带的学生所住宿舍在哪里,学工团队应当周期性汇集整理发送;了解学生在宿舍的生活状态,学工团队可以邀请导师共同前往走访。

3.2　构筑起三条工作线

3.2.1　守好安全工作底线

安全隐患的利益攸关方不仅仅是个人,而是整个群体。面对基础相对薄弱、情形相对复杂的研究生宿舍管理现状,只有以安全工作作为管理首要突破点,上力度、提标准,才最容易获得群体性理解与支持。要将安全工作作为宿舍管理工作的重中之重,杜绝研究生宿舍管理的安全盲区,照亮灰色死角,既为当下工作顺利开展提供底线保障,又为接续性发展奠定良好基础。

3.2.2　抓好卫生工作主线

本科生宿舍管理有较为严格和细致的内务标准和要求,强调统一整洁。在研究生宿舍管理中,由于学生没有新生入学军训等强化统一性的契机,也没有统一被品配发等建立统一性的基础,很难实现视觉呈现上的整齐划一。笔者建议从健康角度出发,以卫生作为工作主线,以整洁作为工作标准,扎实开展宿舍管理工作。

3.2.3　提升整体风貌水平线

宿舍是一个"阵地",也是学生管理工作效能的一个浓缩。将一个"阵地"守护好,要确保安全、做到整洁,更重要的是做好"阵地"中人的因素管理。"阵地"之所以具有工作投入的意义,核心还是在于人。加强宿舍管理,目标在于育人。一项宿舍管理,集合安全稳定、身心健康、学风科研等因素,也展现了学生管理的综合成效。在研究生管理工作体系中,将宿舍管理提格,置于育人效能观测点的定位,将研究生在宿舍的状态风貌置于综合素养水平线的高度,予以充分重视,采取切实行动,才能更好完成教育管理职责。

3.3　健全宿舍各项功能

3.3.1　改善宿舍条件

设施建设是高校宿舍管理工作的重要一环,各个高校应当在考虑未来发展目标的基础上,加大资金投入,加强硬件设施的建设力度。可以设置图书室、心理咨询室等公共场所,为研究生提供开展文化活动的场所,放松身心,提高自身文化素养。

3.3.2 优化住宿区域

各高校应当加强研究生住宿区域的建设,为研究生宿舍管理工作提供必要的支持。可以在宿舍楼内为研究生提供工具箱、针线包等,帮助学生解决实际困难,让他们能够感受到"家"的温暖。此外,还要积极了解研究生的服务需求和对住宿环境的意见,充分利用"大数据"等手段对已有资源进行整合优化。

综上,当下研究生宿舍管理是目前学生工作中的薄弱环节,提升研究生宿舍管理能力是高校学生工作在新形势下的必然选择与现实亟须。高校辅导员必须以创新精神和扎实作风,深刻洞察研究生宿舍管理的特点与难点,从理论与实践的角度出发,共同寻求改进研究生宿舍管理的新模式,真正实现高校培养人才的工作目标。

参考文献:

[1]扈蓓.基于书院制的学校建筑宿舍布局与学生管控研究[J].工业建筑,2022, 52(12):238.

[2]王如.新时代高校学生管理工作的探索与创新[J].中学政治教学参考,2021 (03):101.

[3]李永山.高校辅导员宿舍辅导职业能力论析[J].学校党建与思想教育,2019 (02):81-83.

[4]阿不力克木·艾则孜,孙兰英,阿拉法特·克依木.高校宿舍人际关系及宿舍管理研究[J].中国职业技术教育,2016(09):92-96.

[5]潘华泉.基于书院制模式的学生公寓管理创新与实践[J].学校党建与思想教育,2016(04):53-54.

[6]廖善光.高校宿舍管理权和学生权利的博弈与平衡[J].教育理论与实践, 2015,35(33):15-17.

[7]张华.研究生宿舍文化建设刍议[J].学校党建与思想教育,2014(10):34-35.

新时代高校宿舍管理的法治进路

商非　王婷婷　陈峥

环境科学与工程学院

摘要：

新时代高校学生向往自由的生活制度,高校宿舍管理工作为保证学生安全稳定,自然有学生自由被压缩、制度刚性的特点,容易引发舆情事件,并导致学生对宿舍管理措施的不理解。对此应全面落实《普通高等学校学生管理规定》中"依法治校,科学管理"的要求,通过加强法治宣传、鼓励学生民主参与、坚持比例原则等方法,全面加强高校宿舍管理工作效能。

关键词：

宿舍管理;法治思维;法治方法

引言

宿舍是大学生学习、生活、休息、社交的重要场所。同学们在此分享学习心得,开展讨论交流;抛开家长的庇护与替代,培养独立生活能力;追求健康、高雅的个人爱好,获得心灵上的闲暇与自处;展示本真自我,在性格的磨合碰撞中建立亲密的人际关系。高校学生宿舍管理在大学生教育以及高校实现育人目标中扮演着举足轻重的角色。近两年来,各高校都在探索调整学生工作布局,以此为契机,高校宿舍管理工作呈现出一些新的特点,并面临着崭新的制度挑战,迫切需要以法治思维重新审视宿舍管理工作,全面增进高校宿舍管理的法治化程度。

1 新时代背景下宿舍管理工作的新特点

1.1 学生自由有约束

相较于教学楼、操场、食堂等公共场所,宿舍属于私人场所,赋予了学生一定可供支配的自由空间。与此相适应,长期以来高校宿舍管理工作也一直试图减少对学生宿舍生活的干涉,除去宿舍安全等事项外,尽量依靠学生自我进行管理。尽管如此,高校为保障宿舍卫生安全,除了隐私和自由外,同时也必须加强管理力度。一方面,在学生宿舍学习、生活等方面,在其不打扰他人的情况下,允许学生的自由时间和自由活动。另一方面,学生在宿舍的一切活动必须以安全稳定为前提,养宠物、私拉电线等必须受到严格管理和限制。

1.2 宿舍管理有制度

近几年来,高校不断制定出台新的宿舍管理规则,加强了制度刚性。前些年,伴随着高校学生工作理念由强制型管理向服务型管理的转变,不少高校开始对宿舍管理进行适度松绑,在重要的规则制度外保留了一些弹性空间,一定程度上缓解了学生与学校管理机构之间的矛盾。但是,由于学生安全稳定的重要性,这种依靠学生自觉的弹性空间很难继续运行,开始向刚性的规则制度转变。特别是为了满足宿舍卫生要求和排除安全隐患,高校只能不断制定修改包含宿舍管理内容在内的各种管理规定,以规范学生行为。这种规则化的工作倾向加大了高校宿舍管理的制度刚性,容易诱发学生对"白纸黑字"规则的抵触。

2 新时代背景下宿舍管理工作的新挑战

2.1 严格管理容易引发舆情事件

网络时代,原有的存在于高校与学生之间的管理关系容易被公开化,这虽然有助于高校管理的透明化,但客观上也产生了潜在的舆情风险。例如,2021 年 8 月,吉林某高校要求学生限期搬迁至装修完毕的宿舍公寓,遭到学生对空气质量的强烈质疑,此事通过微博等网络平台迅速发酵,并引发社会关注。而对于当前的各项宿舍管理措施与规章制度,因其事关学生最切身利益,也极易在网络上引起热议讨论,甚至遭到刻意的放大抹黑。这就对高校宿舍管理决策的科学性与合理性提出了更高要求。

2.2 学生对宿舍管理工作的不信任感增强

学生为了追求所谓的自由生活,使得他们丧失了对自身行为是否符合校规校纪的合理预期,容易对规则产生不信任感。与教学、科研、财务等领域相比,学生宿舍管理领域极为琐碎,一旦转化为事无巨细的规则,极易造成学生的厌烦。这样使得学生很难对学校宿舍管理建立起真正的认同,更多的是一种高压态势下的无可奈何与敷衍了事,并且一旦与自身利益发生切实冲突,将可能引发强烈的抵触与对抗。

3 新时代背景下宿舍管理工作的法治进路

2017年教育部对《普通高等学校学生管理规定》进行修订,将过去的"依法治校,从严管理"理念调整为"依法治校,科学管理",着力构建新型学校与学生关系。坚持法治思维与法治方法,应成为新时代背景下加强高校宿舍管理工作的出发点与根本仰仗,在维护学生正当权益的同时增强管理举措成效。

3.1 加强宿舍管理的法治宣传

学生在宿舍中追求自由与无拘无束的天性与宿舍管理作为公共场所的规则意识本就存在一定程度的抵触,而法治则是加强管理科学性与合理性,增进学生对管理措施理解的重要手段。借助学生对国家法律的天然尊重与敬畏,各种宿舍管理措施能够得到更为有效的实行。当然,这离不开高校对法治的积极宣传与教育。诚然,当代大学生在一系列高校思政课程中已经培养了基本的法治意识,但是将这些应用于具体的高校治理活动中,仍具有不小的难度。比如,不少高校学生其实并不理解高校所实行的一系列看似不近人情的宿舍管理措施其背后的立法初衷与法律依据;也不明白高校在很多情况下其实只是根据《中华人民共和国传染病防治法》属地管理原则在服从当地人民政府所发布的防疫决定与命令。这就需要高校在宿舍管理中应进行大量的解释与宣传工作,不仅宣传与高校预防措施相关的法律规定,也要宣传自身各项管理举措的法律依据与制定目的,使学生了解高校宿舍管理的合法性与正当性。

3.2 加强学生对宿舍管理的民主参与

《普通高等学校学生管理规定》第六条明确强调了学生对学校与自身权益相关的事务享有知情权、参与权、表达权和监督权。实施民主参与是高校治理法治化的内在要求,是提升高等教育质量和高校管理水平的群众基础和保障。同时,大学生在校期间所接受的民主生活引导与学习,也是日后走向社会积极履行政治权利与公民义务的必要训练。反思现有的高校管理制度,其未能受到学生的完全支持,甚至遭到网络上的抵制与攻击,在很大程度上是源于制度的适用对象——学生未能有效参与到规则的制定过程中,学生的意见未能得到充分的采纳与吸收,民主程序的缺失造成了学生与制度之间的二元对立。当然,出于安全稳定的考虑,实施一些较为紧迫的宿舍管理措施,可能并不具备事前广泛征求意见、进行充分讨论的时间条件,学生也可能不具备充分理解规则意图的知识背景。但这并不妨碍学校在规则实施后对规则实施效果、可能引起的问题等关乎学生切身体验的管理问题征求学生意见,并随时根据实施情况进行调整修正。应当将学生对宿舍管理规则的民主参与视为一项涵盖规则制定全过程的持续性活动,而不是仅仅停留在规则制定阶段,在规则发布后就一发了事。鼓励学生参与学校宿舍管理能够培养学生的"主人翁"精神与社会责任感,并在学校舆情事件中主动发声进行澄清,避免舆论误读。

3.3　宿舍管理应符合比例原则要求

比例原则是行政法的基本原则,要求行政机关对于行政相对人所做出的行政行为不能违背行政目的,尽可能采取对人民利益影响最小的手段,并使得对人民利益造成的损害轻于目标达成所获得的收益。高校虽不属于行政机关,但在宿舍管理等面向学生的管理行为中,同样应遵循比例原则要求。对于宿舍封闭管理等措施的实施应考虑其是否适度且必要,是否保障了学生于宿舍环境中的基本权利与隐私,是否积极解决了一些特殊情况下给学生造成的实际困难。

4　结论

随着宿舍管理的不断制度化和法治化,各高校开始检视并改变过往被实践所固化的一系列学生管理措施。而宿舍作为与学生日常生活、学习、休息最为密切的空间,其任何管理措施的有效实施都需要得到学生发自内心的理解与支持。这离不开法治的保驾护航,通过法治宣传、民主参与、比例原则等法治思维与方法,能够在很大程度上缓解学生的抵触情绪,避免学生与高校管理之间的二元对立,保障学生的基本权利,最终彰显大学人文关怀,全面贯彻依法治校理念。

参考文献:

[1]阴菲菲.高校学生宿舍管理与服务现存问题的思考与分析[J].大众标准化,2021(22):213-215.

[2]梁金辉,王帅铭,段梦琪,等.疫情防控视角下高校学生宿舍管理对策研究[J].大学教育,2022(05):264-266.

[3]万春梅,王鹏程.民主参与和有效监督:高校内部治理法治化的基石[J].安徽警官职业学院学报,2018,17(02):113-117+128.

[4]郁惠玲.高校学生宿舍管理问题和研究策略[J].大众文艺,2022(15):181-183.

大学生违纪处分规范化研究

谭冰　刘贺　姜智颖

法学院

摘要：

近年来,大学生违纪现象逐渐引起了社会各界的广泛关注,特别是部分高校发生涉及学术不端、偷窥偷拍等违纪行为。大学生违纪处分是高校落实立德树人根本任务的重要载体,大学生违纪处分规范化应充分考虑学生违纪的个人因素、家庭因素、学校和社会因素,遵循合法性原则、合理性原则、自由裁量的审慎原则和程序健全性原则,坚持合理性与合法性相统一、教育性与惩戒性相统一和预防性与发展性相统一。

关键词：

高校;学生违纪;规范化

引言

随着我国教育改革的深化和高校学生法治观念与维权意识的提升,学生管理工作正面临着新的问题与挑战。在此背景下,高校处理学生违纪处分程序的合法合规性显得尤为重要。首先,其是进一步规范高校学生管理工作,推动依法治校的必然要求。学生管理是高校实现立德树人根本任务的重要环节,然而在过去的管理过程中,处理、处分学生时依据不足、程序缺失等现象屡见不鲜。随着我国法治进程的推进,高校学生管理法治化已成为共识,学生违纪处分程序的合法合规性成了迫切需求。其次,其是切实保障学生合法权益的关键。一方面,学校为维护教学秩序和教育环境,有权对违反校规的受教育者进行处分,这是学校办学自治权的体现;另一方面,当学校的处分失实或失当,学生合法权益受到侵害时,应能够有效救济。因此,不断完善高校学生违纪处分程序,既是对高校学生管理权力的规范,也是切实保障学生合法权益的必要条件。这有助于提高学生管理工作的公正性和效率性,进一步推动我国高等教育的健康发展。

1 高校大学生违纪原因分析

通过对学生违纪事件的综合分析,我们可以发现,学生违纪行为的发生往往是多元因素共同作用的结果,其中包括家庭、社会、个人以及学校教育等多方面的因素。主要导致学生违纪的原因在于学生现实需求与规章制度之间的冲突,以及学生对即时满足需求的要求与学生管理工作的时效性之间的矛盾。深入探究这一原因,我们可以发现学生在道德认知方面存在边界模糊和失范的问题,如个人与集体、个人与他人、是与非、得与失等道德认知的混淆。因此,从学术角度来看,学生违纪行为实质上是一个道德层面的问题。为减少学生违纪事件的发生,我们应重视并加强学生的道德教育和价值观教育,以正确引导学生树立健康的人生观和价值观。通过这样的教育引导,我们有望减少学生违纪事件的发生,促进学生的健康成长和全面发展。

1.1 个人因素

现代大学生在多方面诱惑下容易失去自我约束,特别是遇到不良社交影响时。然而,更为关键的是,若他们理想信念不坚定,缺乏明确的人生目标,更易受外界干扰,走向违纪违法的歧途。因此,强化大学生的理想信念教育,树立正确人生观,是减少违纪行为、促其健康成长的关键。

1.2 家庭因素

家庭对于一个人的初步成长具有深远的影响,父母作为第一任老师,他们自身的素质和教育方式方法对子女的成长成才起着至关重要的作用。在特殊家庭中,由于父母自身的多重因素,导致子女在监护和培养教育方面的责任缺失。这种缺失往往引发子女在性格和感情发展上的扭曲,呈现出单一的发展状况。更为关键的是,由于缺乏理想信念的培育,这些子女在成长过程中缺乏明确的人生目标和价值观,导致他们自身认知能力和自制能力相对较弱。在这种情况下,他们极易受到不良因素的诱导,最终走上违法违纪的道路。因此,在特殊家庭中,尤其需要关注子女理想信念的培育,以帮助他们树立正确的人生观和价值观,增强他们的自我认知和自我约束能力,从而预防他们走向违纪违法的道路。

1.3 学校和社会因素

学校作为学生从家庭走向社会的过渡场所,其教育理念和教师的教育方式方法对于塑造在校大学生的世界观、人生观和价值观具有举足轻重的影响。然而,在现今社会中,不良风气的蔓延,如弄虚作假、争名夺利、损人利己等行为,以及享乐主义、拜金主义、个人主义等错误思想的盛行,对大学生的理想信念产生了巨大的冲击。这些不良社会思潮的侵蚀,导致一些大学生在理想信念上产生动摇,不坚定,甚至扭曲,使得他们容易受到社会负面因素的影响,从而走上违纪违法的道路。因此,我们必须正视这些社会因素对大学生理想信念的影响,积极引导大学生树立正确的价值观,坚定他们的理想信念,以此作为防止他们违纪违法行为的重要途径。

2　高校学生违纪处分制度规范化构建原则

高校在进行学生违纪处分时,主要依据的是校内自行制定的学生管理制度。该制度的合法性与合理性,直接决定了高校在处理违纪处分程序中的合法合规性。因此,高校自行制定的学生违纪处分管理制度至关重要。在制定这一制度时,高校应遵循以下四个原则,即合法性原则、合理性原则、自由裁量的审慎原则和程序健全性原则。

2.1　合法性原则

高校在制定学生纪律处分制度时,应当严格遵守《中华人民共和国教育法》《中华人民共和国高等教育法》《高等学校校园秩序管理若干规定》《高等学校学生行为准则》《普通高等学校学生管理规定》(中华人民共和国教育部令第41号)等上位法的相关规定。高校的管理制度不能违反国家的法律,必须在法律框架内进行制定和实施。这是高校管理制度最基本的要求,也是确保学生权益和学校权益的重要保障。

2.2　合理性原则

高校在制定学生违纪处分管理制度时,其根本目的应着眼于提升教育和管理效率,维护校园内的教育教学秩序。同时,制度的设计不应带有任何形式的歧视,避免剥夺任何特定学生的权益。在制度构建过程中,高校必须兼顾教育目标的实现与学生权益的保障。当制度可能对学生权益构成潜在影响时,应以最小必要原则将这种影响限制在最低限度。因此,遵循合理性原则,高校需精心平衡其教育目标与学生权益保护之间的关系,以确保制度的公正性、合理性和可操作性,从而在维护校园秩序的同时,最大限度地促进学生的全面发展。

2.3　自由裁量的审慎原则

高校具有自行制定管理制度的权利。然而,从促进学校民主的角度考虑,建议高校在涉及学生切身利益的制度制定过程中,积极邀请学生参与讨论。此举不仅能更充分地反映学生的意见,使制度更加接地气、符合实际情况,还能在制度实施时减少学生的心理抗拒。但在此过程中,高校应当审慎行使自由裁量的权利,确保学生的参与不违背合法性原则和合理性原则。因此,在追求学校民主的同时,高校应当对自由裁量权进行慎重考量,确保在制定管理制度时既尊重学生的意见,又维护了学校的秩序和学生的权益。这种平衡的做法体现了自由裁量的审慎原则,有助于促进学校制度的公正与合理。

2.4 程序健全性原则

高校制定学生违纪处分管理制度时,须遵循程序健全性原则,确保制度的制定过程严谨、全面。从起草工作开始,起草部门应对制度进行必要性和可行性论证,并广泛听取其他职能部门、教职员工和学生的意见,发扬民主精神。审查阶段应明确审查标准,并邀请法律专家进行咨询论证,确保制度的合法性。审议和决定阶段则须经校长办公会议等专门会议审议,并在全校公布,同时保障教职员工和学生的知情权。此外,高校还应加强制度的清理工作,及时修改、撤销或废止不适应或与实际情况不符的制度,并注意校规校纪无溯及既往效力。程序健全性原则的遵循确保了制度的全面性、规范性和民主性,维护了高校的秩序和学生的权益。

3 学生违纪事件处理的具体规范化要求

3.1 合理性与合法性相统一

学生违纪事件处理既是一项行政任务,也是一项教育活动。因此,高校在处理学生违纪事件时,必须确保其行为同时符合合理性和合法性的要求。要做到这一点,首先需要完善与高校学生违纪处分相关的管理办法和实施细则,使其与国家法规、规章及高校规范性文件保持一致。同时,在制定这些规定时,必须充分征求师生和专家的意见,以确保制度的广泛接受性和可操作性。

3.2 教育性与惩戒性相统一

高校的学生违纪处分,既要体现惩戒的作用,更要突出教育的目的。在对学生进行处分时,高校应综合考虑学生的过往表现、悔过态度等多方面因素,确保处分与教育目的相适应。同时,为了确保处分的公正性,高校必须合法、有效地收集证据,如考勤表、谈话笔录等,以降低因处分引发的法律风险。

3.3　预防性与发展性相统一

为了从根本上减少学生违纪事件的发生,高校应注重预防性工作,其中入学教育是预防违纪行为的第一道防线。通过完善入学教育和日常管理工作,高校可以在源头上阻止违纪行为的产生。同时,对于已经违纪的学生,高校在给予必要惩戒的同时,更应积极寻找其他更有益于学生发展的处理方式,旨在引导犯错学生真正认识并改正错误。在这个过程中,家庭教育和增强学生自身的守法意识也是不容忽视的环节,这三者共同努力,为大学生的健康成长创造一个良好的环境。

参考文献:

[1]陈玉.高校学生违纪处分办法修订原则与路径探究:基于10所高校新版处分办法的比较剖析[J].高教论坛,2018(09):93-96.

[2]刘尧.清华处分研究生违纪行为的效应几何?:从清华11名研究生违纪被处分谈起[J].上海教育评估研究,2017,6(06):46-49+66.

[3]黄道主.论高校处分违纪学生之裁量权的行使偏差[J].复旦教育论坛,2017,15(05):35-41+112.

[4]姜波.试论高校学生违纪处分程序的建构[J].学校党建与思想教育,2015(18):53-55.

[5]申素平,陈瑶.美国高校学生违纪处分制度的内容与特点:基于宾夕法尼亚大学的资料分析[J].复旦教育论坛,2015,13(04):16-20+24.

新时代高校劳动教育存在问题及对策研究

崔舒然

信息科学技术学院

摘要:

《关于全面加强新时代大中小学劳动教育的意见》对新时代下高校的劳动教育提出更为系统化、科学化的要求。本文从劳动教育相关概念入手,对新时代下高校劳动教育所存在学生个体劳动观念薄弱、劳动教育形式单一化、劳动教育体系保障不足的问题进行分析,并从发挥个体主观能动性、增强劳动教育适用性、提升保障体系有力性角度开展对策研究。

关键词:

学生管理;高校;劳动教育

引言

2020 年 3 月,中共中央、国务院印发《关于全面加强新时代大中小学劳动教育的意见》,对新时代下高校的劳动教育提出更为系统化、科学化的要求。相关文件的出台对高校开展劳动教育起到指导性的作用,同时将劳动教育置于高校对学生教育培养的重要位置。鉴于此,本文将分析劳动教育相关概念及新时代下高校劳动教育研究现状。

1　相关概念

1.1　劳动及劳动教育相关概念概述

1.1.1　劳动相关概念

劳动是人的存在方式和本质活动,通过劳动,人类改变现实世界、书写自身历史、创造灿烂文明。追溯"劳动"一词的历史,最早可查于德语中单词 Ardeit,被用于表达隶属、劳役等含义,而后其含义逐渐扩展延伸,一般的劳动工作均可用劳动来进行表达。随着人类社会的进步和发展,人类所处的社会环境不断改变,人类对生产生活的需求和对生态资源的探索能力以及对社会资源的调配能力的不同,"劳动"一词的含义也随之不断变化。

"劳动"一词在我国的概念也随着时代的变迁不断改变。在我国各个时期的文献著作中也都不乏详细阐述,如《三国志》:"人体欲得劳动,但不当使极尔。"《萍洲可谈》:"但人生恶安逸,喜劳动,惜乎非中庸也。"早期的各种劳动大多数只是用来指代早期人类作为满足其日常生活上的需要所不断进行的简单性和慢的体力劳动;而后其中的含义不断被丰富,所有人类为了获取、创造各种物质财富和精神财富而不断进行的各种体力活动和各种脑力活动都可以被描述为劳动,例如《劳者自歌》:"我平生习于劳动,劳心劳力,都不以为苦。"

1.1.2 劳动教育相关概念

劳动教育重点体现在"育"字,意为按照一定的目的长期地教导和训练。在人类的发展过程中,则体现在为使个体更好地适应社会而进行的必要的、多方面的培养和教育。夏征农在其《辞海》中将我国劳动教育划归到道德课程范围下,认为我国劳动教育侧重于培养广大学生真正热爱劳动、崇尚劳动的科学正确的观念。在《教育学原理》中成有信则明确定义劳动教育是"培养学生具有现代工农业生产的基本知识和基本技能的教育"。马克思则认为:"生产劳动和教育的早期结合是改造现代社会的最强有力的手段之一。"随着现代社会对生产力和教育水平的要求不断提高,人类唯有学会将劳动与教育相结合,掌握将所学理论知识落地于实际的生产生活中,才能适应社会的变化与发展,同时推动自身的进步与成长。

1.2 高校劳动教育内涵及特点

《关于全面加强新时代大中小学劳动教育的意见》中特别明确提到大学劳动教育相关工作建设是我们加快建设具有中国特色的高等教育体系的一个重要组成部分,直接关系到影响我国社会主义建设者和接班人所具备的劳动精神面貌、劳动价值观的正确取向和是否具备劳动基本知识和职业技能。劳动教育工作不仅是我们加快构建现代国民教育教学制度的一个重点组成内容,也是我们促进广大学生身心健康茁壮成长的一种必然发展途径,具有树德、增智、强体、育美的综合育人价值。高校承担着立德树人的根本任务,正如习近平总书记所言"高等教育是一个国家发展水平和发展潜力的重要标志",在我们培养什么样的人、如何培养人、为谁培养人的重要问题上要将劳动教育摆到重要的位置上。高校所开展的劳动教育主要体现在培养学生正确健康的劳动观念,磨砺学生积极向上的劳动风貌,教授学生丰富实用的劳动知识,让学生熟练掌握多项劳动技能四个方面。劳动教育的实施既丰富了高校教育的内涵,也极大地提升了所培育学生的劳动能力和综合素质,为满足我国对优秀人才的需求提供进一步的保障。

2 新时代高校劳动教育问题分析

通过完善的高等教育建设和教学体系,促进学生全面提升自身的综合能力和专业能力,成为社会生产活动的中坚力量,这是当代高校的主要职能之一。尽管当前我国在高校劳动教育方面已开展相关研究并取得一定成果,但仍存在一些问题,下面将对新时代高校劳动教育存在问题进行分析。

2.1 学生个体劳动观念薄弱

从现在的大环境看,大学生在进入大学之初的劳动意识就是缺失的。从小学开始,学生德智体美劳的全面培养和发展一直都是提高学生整体综合素质的重要内容。然而,由于在高中阶段,学生全力备战高考,劳动和体育教育就出现了严重的缺失,以至于学生没有形成自主劳动、自愿劳动、积极劳动的意识,这使得学生在进入高校之初,就没能做好接受良好的劳动教育的准备。因而对于这些在中学阶段没有主动劳动过的大学新生,到了大学阶段,非常有必要对学生的劳动教育意识进行加强,将劳动意识短板补齐,让学生认识到,要通过在劳动中学习知识,要主动体验社会大生产的过程,而现有的高校劳动教育对提升学生劳动意识显然不够。

学生个体劳动观念薄弱,还体现在大学生没有意识到劳动的价值。劳动的价值在于通过社会生产实践,直接生产出集体生产资料或者通过提升社会生产力水平间接提供生产资料。当代大学生个体普遍缺乏主动劳动的意识,很可能是教育和生产的脱节所导致。如今大学生的培养过程仍然处于一个以上课考试为主的教育状态,考试取得分数的高低成了评价学习能力的重要指标。这直接导致大学生对劳动的价值缺少理解,更多地局限于书本上有限的知识,甚至远离社会,沉迷在贪图享乐、放纵自我的大学生活中,也就更加无法建立健康完备的劳动意识。

2.2 劳动教育形式单一化

令人欣慰的是,高校的劳动教育尽管存在严重的缺失或者不足,但是并非空白。绝大部分高校已经开展一定程度的劳动教育,但存在劳动教育形式单一的现象。以机械类专业的理工科教育为例,其对学生的劳动教育方式之一就是金工实习。金工实习作为高校对机械等专业进行劳动教育的组成部分,应该充分与实践相结合,让学生理解真实生产场景的工业加工过程。而现在大部分高校中的金工实习使用的是非常落后的教学内容,这些内容没有随着生产力的进步而得到更新,以至于学生学到的内容比较落后。

此外,生产实习也是劳动教育的重要组成部分。然而大部分学校组织的生产实习过程,都以参观为主,没有让学生在真正的生产实践中实际操作,这样的教育形式无法让学生真正体会到劳动的价值,就必然是低效率的。因此,高校的劳动教育形式单一化是一个严重问题,它无法让学生真正强化劳动意识,更不能起到在劳动中提升学生的工作能力的作用。

2.3 劳动教育体系保障不足

一方面,在单一的劳动教育形式之外,高校的劳动教育体系还存在保障不足的问题。众所周知,劳动是存在风险的。尤其对于没有劳动经验的大学生而言,直接进入社会生产场景从事劳动,具有一定的风险,甚至可能会受伤等。

另一方面,很多高校没有为学生提供硬件条件的保障。比如,劳动必需的生产工具、劳动场所等。高校还有必要对学生进行社会教育,传授学生更多地处理人际关系、法律意识、各种社会资源使用等方面的经验,这就需要配置一些具有足够社会经验的教育工作者,但多数高校都缺乏这样一支教师队伍。

3 新时代高校劳动教育对策研究

3.1 发挥个体主观能动性

要想充分调动学生的劳动积极性,首先,需要增强其个体主观能动性。大学生对劳动的概念体会不深,对劳动的价值缺少理解,因此对学生的宣传引导是非常必要的。宣传引导是劳动意识教育的开始,不是目的。在宣传引导的过程中,需要对宣传内容和宣传方式做出合理的规划,提高宣传的效率。

其次,需要注重劳模精神教育。要想将劳动意识根植于每个学生心中,必须营造劳动最光荣的校园文化。可以从全国的劳动模范中选取合适的劳动者,用这些劳动者的光荣事迹教育大学生,提升大学生对劳动最光荣这一观念的理解。

最后,要结合思想政治教育,加强劳动概念的教育和普及,让学生建立劳动意识。经常性开展集体劳动,并开展劳动表彰活动,从内部集体中选出深入人心的优秀劳动者并给予嘉奖,以鼓励劳动行为,让劳动最光荣这一观念深入人心。

3.2 增强劳动教育适用性

要增强劳动教育适用性,必须针对现有的劳动教育现状,积极做出改变。由于现有的劳动教育形式单一化,开展深入的劳动教育改革就十分重要。劳动教育的改革首先需要为劳动教育添加丰富的内容。劳动可以分为很多方面,例如开展社区志愿服务,开设校内义务劳动岗位,以及进行企业实习性质的劳动等。既要能够让学生在服务社会的过程中,更深地理解劳动的意义,又要让学生在从事劳动的过程中理解劳动的价值。

劳动教育的改革还需要设置丰富的劳动场景,主动安排交叉劳动机会,让学生在不同的劳动场景中,体会不同的劳动形式对社会的不同价值。除此之外,需要尊重学生的自我意愿,让学生依据自己的爱好和特长自主选择劳动类型,既有利于调动广大学生的劳动积极性,又有利于学生日后更好地服务社会。

3.3　提升保障体系有力性

高校需要建设完备健全的劳动教育保险制度,降低学生接受劳动教育的风险成本。主动为学生构建劳动所需的生产资料,保障学生劳动的机会,并在预算范围内,为参与劳动教育的学生提供一定的资金支持,使得没有经济能力的大学生在劳动中能够更加专注地从事生产实践。

广泛吸纳人才,构建一支开展劳动教育的专业化的人才队伍。实现从学校、学院到专业、班级的劳动教育覆盖模式,充分发挥学校的育人力量。发动家庭及社会企业的力量,实现家校社三方联动,营造全方位劳动教育氛围。

4　结语

综上所述,随着劳动及劳动教育概念的不断延伸拓展,劳动教育已经成为高校学生教育管理中不可或缺的一方面,但由于现阶段新时代下高校劳动教育存在的学生个体劳动观念薄弱,劳动教育形式单一化,劳动教育体系保障不足等方面的问题,需要各高校进一步提升其在高校劳动教育方面的价值和能力。

参考文献:

[1]何云峰.马克思劳动幸福理论的当代诠释和时代价值:再论劳动人权马克思主义[J].上海师范大学学报(哲学社会科学版),2018,47(05):30-39.

[2]曾永安,冉叶凡,覃梦涵.论新时代劳动教育研究的理论框架[J].智库时代,2020(12):260-261.

[3]胡斌武,沈紫晴.劳动教育研究70年:回顾与展望[J].浙江工业大学学报(社会科学版),2019,18(04):442-446.

[4]赵建芬.论新时代加强劳动教育的战略意义与推进策略[J].思想理论教育,

2020(06):16-21.

[5]刘向兵,李珂,彭维峰.深刻理解新时代加强劳动教育的重大意义与现实针对
性[J].中国高等教育,2018(21):4-6.

[6]高晓丽."五育并举"背景下加强高校劳动教育的内在依据与策略[J].思想理
论教育,2020(10):97-101.

[7]田鹏颖,刘康."劳模精神"融入高校思想政治教育的路径[J].学校党建与思
想教育,2010(08):49-51.

[8]Hendrik Lackner,陈颖.论德国双元制高等教育的未来发展[J].应用型高等教
育研究,2020,5(03):32-38.

[9]傅小芳,周俪.德国基础教育中的劳动技术教育[J].比较教育研究,2005
(02):35-40.

[10]梅汉成,江燕.俄罗斯构建终身职业教育体系述评[J].外国教育研究,2006
(06):70-75.

[11]宋丽荣,姜君.俄罗斯劳动教育课程改革:《工艺学》的改革举措及特点[J].
基础教育课程,2020(05):74-80.

宿舍思政

——学生教育的「第三课堂」

杜雨珊　杨滨旭

人工智能学院　图书与档案馆

摘要：

习近平总书记指出："好的思想政治工作应该像盐,但不能光吃盐,最好的方式是将盐溶解到各种食物中自然而然吸收。"高校的思想政治教育工作,也应当像盐一样,以润物无声的方式渗透到学生中去。学生宿舍是大学生在校学习生活的重要场所,是学生教育的"第一社会、第二家庭、第三课堂",具有稳定思想、治愈情感的功能。将思想政治教育工作引入、深入学生宿舍,能够有效帮助辅导员牢牢把握高校思想政治教育的"第三课堂"。

关键词：

思政;宿舍;第三课堂

引言

青年学生思想引领的首要任务就是引领学生牢固树立正确的政治方向,学生教育的"第三课堂"——宿舍,是思想引领的重要阵地。无论是学习、工作、休息还是沟通交流,宿舍都是必不可少的一部分。传统式宿舍管理领域忽略了对学生的思想政治及心理健康等方面的引导和教育,教育要跟上时代的步伐,要积极开拓非常规思想政治教育的阵地——宿舍,深化宿舍在思想政治教育中的载体作用,配合学校思政育人,"这是进一步加强和改进新时代青年学生思想政治工作,更好培育有理想、有本领、有担当的时代新人的题中应有之义"。

1 思想政治教育工作融入宿舍的意义

"教育者,养成人格之事业也。"习近平总书记强调在思想政治工作中加入人文关怀和心理疏导的内容,会使人的思想修养、道德素质得到提高,培养出乐观豁达的精神,有利于调节人的情感和心理。这进一步明确了思想政治工作的目标和任务。高校宿舍管理作为学生管理的重要组成部分,学生宿舍作为育人的主要阵地,必须引入彰显人文关怀的思想政治教育,营造服务育人的氛围基调。高校辅导员应当树立起学生在哪里,我们的工作就在哪里的思想政治教育工作理念。

1.1 将思想政治教育"引入"学生的"第一社会"

高校学生宿舍是意识形态、三观塑造的重要场所,学生由于社会经验不足,容易迷失自我,陷入焦虑。辅导员将思想政治教育工作引入学生宿舍,用学生喜闻乐见的方式方法进行引导,帮助学生树立正确的世界观、人生观和价值观。以第三方的身份帮助学生分析问题、提出建议,与学生之间逐渐建立起亦师亦友的良好关系;以客观的角度引导学生发现问题、解决问题,帮助学生逐步实现自我思想和能力的提升。

1.2 将思想政治教育"深入"学生的"第二家庭"

培养综合型人才,除了成绩优异、体魄强健,还要有高尚的人格品质。宿舍作为大学生在校活动的主要场所,环境是否和谐、健康关系到学生的学习和生活,深刻影响学生人生观的塑造。辅导员将思政工作深入学生宿舍,用换位思考的方式,消除学生内心的抗拒,拉近与学生的距离,保护学生的隐私,给学生充足的安全感,使学生能够和辅导员敞开心扉,进而获得学生的认可与信任,有效化解师生之间的矛盾和冲突。

1.3 将思想政治教育"扎根"学生的"第三课堂"

思想政治教育工作走进学生宿舍,能够拓展教育工作的发展空间,符合"全方位育人"的教育宗旨。通过学生宿舍将思想政治教育工作落到实处,落到学生关心的焦点问题,落到学生的日常生活、学生的心理,开辟了师生互动的新渠道和新形式。辅导员将思想政治教育工作渗透到学生宿舍中,在学生宿舍开展思想政治教育活动,学生更加容易接受,也愿意积极参与进去,辅导员和学生之间、学生与学生之间,能够加深彼此的理解和尊重,融洽校友情谊,推动学生思想成长。

2 思想政治教育工作融入宿舍存在的问题

2.1 宿舍管理模式"刚性"化,学生存在不适感

辅导员与学生的角色在大部分情况下是管理者和被管理者的关系,学生宿舍日常管理工作中比较注重卫生、人身和财产等物的管理,忽视了对人的关怀,这折射出当前高校宿舍管理陷入了重物轻人、重硬性管理轻柔性管理的误区。当学生出现差错时,辅导员的批评过于直接,"在这种'刚性管理'侧重相关制度

的模式下,学生抵触和排斥的情绪日益强烈,两者关系日渐疏远"。实际工作中,辅导员可以将宿舍作为思想政治教育工作的"第三课堂",但不可将其当成唯一目标,应当试着走出宿舍管理的误区,从根本上解决其中的矛盾。

2.2 宿舍文化建设受限,学生主动参与度低

高校开展的关于宿舍文化建设的活动主要包括"宿舍文化周""文明活动月""学霸宿舍评选"等,这些活动内容形式单一,受众群体有限,缺乏立意创新,无法形成品牌活动进行普遍推广,具有较大的局限性。此外,学生对这类活动的关注度和参与度较低,部分活动甚至存在被动参与的现象,导致很难取得预期效果,无法达到通过活动育人的目的。

2.3 辅导员队伍人才流动,管理力量年轻化

根据《普通高等学校辅导员队伍建设规定》,高校应按照不低于 1∶200 的师生比设置专职辅导员。但由于辅导员队伍有实干能力和卓越的执行力,在高校管理中是不可或缺的一股力量,所以队伍人才流动较快,这种流动现象给高校管理体系带来了新的挑战。辅导员队伍呈现年轻化趋势,虽然年轻的管理者可以为队伍注入新的活力和创新力,但也面临着其缺少工作经验,在开展思想政治教育工作的过程中存在一定的胆怯心理,管理技能尚未充分发展等问题。辅导员想以润物无声的方式占领"第三课堂",开展思政工作难度较大。年轻化的管理者在面对复杂的学校管理任务和学生思想引导的需求时,可能需要更多的培训和支持。

2.4 制度管理支撑不足,缺少人文关怀

"宿舍管理中,制度是宿舍管理的基础,也是宿舍管理的依据,更是宿舍思想政治教育取得实效的保证。"现行的宿舍管理规定中,以处理学生违规违纪的惩罚条例居多,奖励机制较少,而在处理方式上过分追求制度的工具性和管控性,要求学生参照条例服从与执行,让学生无法从心理认同、在行动上接受,在一定程度上淡化了对学生的人文关怀,导致在宿舍开展的思想政治教育很难深入学生心中,落地生根。

3 "第三课堂"工作开展的优化途径

3.1 转变角色,尊重学生

目前高校在校生均为"90后""00后",他们个性张扬,有独立见解,自主性不断攀升,自主表达意愿不断增强。新时期,面对高等教育形式的不断发展,传统的说教模式已不适用。辅导员和思想政治教育工作者应当重构自身思想政治教育知识体系,积极学习,吐故纳新,提高自身的专业素质,转变角色、转换思维,试着从管理者逐步转变为服务者,引导学生从思想政治教育工作的被管理者转变为参与者;充分尊重学生的个性独立和个人选择,了解学生的不同心态,与学生建立良好的关系,在情感沟通的基础上教育人、尊重人,引导人、鼓舞人。

3.2 转变思路,理解学生的多元、多样

在生活日趋多元、多样化的当今社会,学生接受着来自不同领域的各类文化,容易造成道德认知的困惑和道德规范选择的艰难,要运用好学生教育"第三课堂",这个抓手,让学生从其根本了解、理解"第三课堂"的意义。迎接多元文化的挑战,要运用中国传统文化"和而不同"的思维方式。尊重学生的独特性,每个学生的兴趣、爱好、动机、需要、气质、性格、智能、特长等是各不相同的或各有侧重。所以,不能"一刀切"用规定动作统一要求来培养学生,应因材施教。因此,在多元文化背景下,作为当代思想政治教育工作者应该理解学生的价值观冲突,必须公正、全面、客观、如实地评价每一个学生。要从一个新的视角来重新发现学生,老师不但是学生的师长,还应该成为学生的朋友。只有教师关爱学生,关注学生的情绪生活和情感体验,关注学生的道德生活和人格养成,才能把他们的认识引向正确方向,让学生拥有幸福感、获得感。

3.3 转变管理方式,发挥"朋辈"作用

学生是思想政治教育工作的主体。工作中,思想政治教育工作者应充分调动学生积极性,引导学生自主参与事务管理,实现自我约束、自我服务。可以通过引入"朋辈"宿舍机制,转变帮扶助手,让高年级学长参与到宿舍思想政治教育工作中来。以宿舍为单位结成友好互助宿舍,既可以相互监督,又能够辅助辅

导员做好"第三课堂"的思政工作,发挥"朋辈"作用。学生和辅导员之间存在许多方面的巨大差异,因此应当认清这些差异,灵活运用价值引导和自主构建相结合的价值观教育方式,把"学生看作学生",学会从学生的眼中看世界。

3.4 转变热度,保持"恒温"状态

36.5度是人体最佳温度状态,过热会"发烧",过凉会"变冷","第三课堂"教育应如人体温度,不蹭流量、不蹭热度,保有初心、由始至终,贯穿教育的全过程。创新讲道理的方式方法,更好地把道理讲深、讲透、讲活,让学生入学就感受到温度,在毕业时亦是如此;让辅导员有"己所不欲、勿施于人"的体贴,也让学生懂得将心比心的温暖。

4 结语

习近平指出,"思政课的本质是讲道理"。"思政课不仅应该在课堂上讲,也应该在社会生活中来讲"。整合各类资源,把"思政小课堂"和"社会大课堂"结合起来。在全国高校不断加大对学生的思想政治教育的大环境下,学生宿舍"第三课堂"的思想政治教育不应缺席,宿舍文化加入课堂思政、文化活动等育人体系,实现和风细雨、润物无声的育人效果。上有顶峰,湖有彼岸,坚信慢慢思政路,付出皆有回甘。

参考文献:
[1] 骆郁廷,高裕.新时代青年学生思想引领有效性的提升[J].思想教育研究,2022(04):140-145.
[2] 宋玉红.大学生思想政治教育融入学生宿舍管理的实效性探析[J].吉林广播电视大学学报,2020(08):138-139+142.
[3] 王斌.高校宿舍管理视域下的思想政治教育[J].和田师范专科学校学报,2014,33(01):10-13.

德育视野下高校指导员开展学生工作的『两重点三高地』

李安诺

理学院

摘要：

高校指导员作为高校育人体系中最接近学生日常生活的最小工作单位，应立足立德树人根本任务，在守好德育视野下开展学生工作的"最后一公里"，认清自己的站位与身份，明白"两重点"——指导员于大学生是"思想政治教育"的导师，是"健康人生发展"的挚友；创新发展"三高地"——学生工作要不断探索思想政治教育、逆商培养、就业管理方面的新思路，形成可借鉴的高校一线指导员育人办法。

关键词：

高校指导员；德育；学生工作

引言

高校指导员作为最接近大学生日常生活的最小工作单位，是高校育人体系中至关重要的一环，是开展大学生思想政治教育的骨干力量，其工作环境的特殊性决定了其身份特殊性——大学生"思想政治教育"的导师与"健康人生发展"的挚友，承载着为社会主义现代化建设事业培养合格建设者和可靠接班人的光荣使命和重大职责，普通高等学校辅导员队伍建设规定更明确指出了辅导员的9项工作职责。本文将重点关注于其中开展高效性、可持续性的思想政治教育、逆商培养、就业管理这三大学生工作高地，注重对于高校辅导员在思想理论教育和价值引领方面发挥重要作用的思考与提升。

结合《中共中央关于制定国民经济和社会发展第十四个五年规划和二〇三五年远景目标的建议》明确提出的建设高质量教育体系的目标任务，强调德育为先，五育融合是新时代高校立德树人根本任务开展的必然选择。本文将在德育视野下，基于高校指导员特殊的工作环境与身份，着重探讨高校指导员开展学生工作的"两重点三高地"，探索形成可借鉴的高校一线指导员学生工作开展新思路。

1 做好"思想政治教育"的导师

"十大教育体系"中明确指出高校应切实强化管理育人、不断深化服务育人、积极优化组织育人；"三全育人"中着重强调全方面育人，将思想政治寓教其中。作为高校指导员，应积极响应党的号召，开展相关工作，做好大学生"思想政治教育"的导师，引导大学生通过全面小康、脱贫攻坚、一带一路等伟大成就与事业,深刻体悟党的领导、领袖领航、制度优势、人民力量的关键作用,锚定党和国家事业发展目标,积极投身经济社会发展的生动实践,认清历史使命,强化责任担当。

1.1 高举思想政治教育大旗,在实践中树立正确三观

当前高校正在培养的大学生将成为新阶段中国特色社会主义道路发展的生力军、突击队。他们即将奔赴各行各业的一线,挑起中华民族伟大复兴的大梁,参与实现第二个百年奋斗目标,全面建成社会主义现代化强国。一代人有一代人的长征,每一代青年人都肩负着时代的使命。高校指导员应仿效"育种培土"之势,高举思想政治教育的大旗,培养青年学生爱党爱国、勇于奉献的精神,树立正确的三观。以实际行动浇灌理论的花才能够收获进步的果实,高校指导员的任务不仅是培育青年人的红色思想,还在于通过行动感召青年学生,实现青年学生的多重认同。通过联系学生党员、预备党员与入党积极分子组成牵头团队,带动更多学生了解参与相关服务工作,在社会实践服务工作中,感受党在许多方面取之人民,用之人民的脚踏实地,以及自身价值被肯定的喜悦。

1.2 奠定思想政治教育基石,在创新中发展网式教育

习近平总书记指出:"好的思想政治工作应该像盐,但不能光吃盐,最好的方式是将盐溶解到各种食物中自然而然吸收。"思想政治教育的积极开展也应当如盐一般融入高校育人工作中被学生自然而然地吸收。如何创新思想政治教育开展路径,形成教育网全面覆盖学生生活,真正做到春风化雨式教育,是一个值得探索的问题。

1.2.1 无微不至,思想政治教育+互联网

习近平总书记指出:"做好高校思想政治工作,要因事而化、因时而进、因势而新。"现代科学技术的飞速发展,"互联网+"时代的到来,催生了大量线上学习平台。网络成为传统课堂之外,大学生获取学习资源的又一重要途径。推动思想政治教育进生活,搭建便携式学习平台,互联网成了必不可少的一环。

基于网络平台实现校园文化的创造性转发和创造性发展,将中华优秀传统文化教育纳入大学课程教育体系,运用网络传播规律,弘扬主旋律,激发正能量,使得社会主义核心价值观的培育和践行深入到教育中去。积极利用已有互联网平台如易班工作站、微信公众平台等发布相应的思政活动与话题,以更贴近大学生的语言风格号召大学生积极参与学习和评论互动,在此过程中深化思想政治教育作用,引导大学生树立正确学习观。以大连海事大学理学院为例,指导员们

主持开展了"开学第一课——云升旗""同上一堂思政课——我和我的祖国"等多项全员参与性活动,组织推送大量有关爱国爱党、为人民服务的感人事迹、英雄人物等内容,以线上思想政治教育工作引导学生明确学习目的和学习目标,培养学生坚定"四个自信",厚植爱国情怀和学习动力,做到爱国、求知、力行的有效统一,以春风化雨、润物无声的方式对大学生进行了卓有成效的思想政治教育。

1.2.2 明星效应,思想政治教育+寝室文化

据统计,当代大学生在大学四年里有近三分之二的时间在寝室内度过,寝室是学生聚集的最小单位。如何借助寝室的高集中性优势,切实"围绕学生、关照学生、服务学生"开展学生工作与思想政治教育,是一个值得积极探索与实践的议题。

充分利用"明星"效应。以大连海事大学理学院指导员学生工作为例,联合学霸寝室、文艺寝室、明星寝室与中队寝室服务部推出思政进生活活动,鼓励各寝室开展思想政治交流沙龙,定期进行寝室宣传活动,组织共看红色经典电影、共读红色经典书籍、共学党的最新思想与指示等活动,还鼓励学生开展了小型文艺交流、学术交流会,在寝室小单元也掀起爱国、爱党、爱人民、爱学习的新风气,将思想政治教育成功融入学生的生活,成为与之密不可分的一部分。在展开工作的同时,还充分考虑到了寝室是学生的高私密性生活空间,在全力平衡好尊重保护学生隐私与深入发展思想政治教育开展日常管理关系的同时,在学生个人隐私得到充分保障,不侵害学生正当权益的基础上开展人性化的育人工作,成功避免了出现舆情与分散学生过多精力,消耗原本的思想政治教育成果。

2 做好"健康人生发展"的挚友

近年来"佛系青年""躺平""摆烂"等网络热词风靡于青年大学生群体,在这些自嘲或自我标榜的贴标签行为背后,折射出的是青年人逐渐模糊自我与理想的现象。逃避挫折与压力,以放低追求来达到自我与生活的"和解",表现出淡漠、低迷的生活态度,群体现状呈现为逆商低于标准。这种态度不仅严重危害了大学生的日常学习生活,甚至其恶劣影响扩展到了其日后的就业上,探索更为行之有效的办法从根源与发展路径上解决该问题,是指导员开展学生工作的重中之重。

2.1 坚持逆商培养四原则,以集体意识唤醒良性发展

当代青年大学生以"00后"为主,成长于经济、文化的大开放的时代大背景

下,全面建成小康社会更是标志着中国家庭的经济水平有整体性的提升。在其成长环境中,家长以提供较好生活为主,普遍溺爱,较多采取生活包办方式,以"知识改变命运"为教育核心,偏重学习成绩,严抓知识教育,忽视孩子自我生活能力、人际交往能力、心理健康等方面的培育;中学时期,以压抑天性为代价,为了升学而学习,为了进入更好的大学而拼搏,封闭且单一的生活造成了严重的"青春期叛逆"滞后问题,未能够及时释放的情绪与对自由的极度渴望,在进入大学后极易爆发为过度强调自我的享乐主义,并有一定可能恶化为及时享乐的得过且过。碎片化的信息更是以极大的破坏力影响着当代大学生耐心做事、潜心钻研的风气,加之"饭圈文化"的盛行,当代大学生的价值体系失之偏颇,越来越表现为热衷"吃瓜",不愿吃苦,对名利趋之若鹜,而对努力无动于衷。

高校指导员作为大学生"健康人生发展"的挚友,应坚持方向性原则,先提高青年大学生有关于逆商的正确认识,充分了解其在心理健康、追求自我、实现价值等多方面的重要意义,补足大学生成长过程中相关知识的缺失,转变思想,把握好根本方向。坚持理论联系实践原则,一方面组织学生参加相关理论知识学习课,使其充分学习逆商基础知识与重要意义,了解逆商提高路径;另一方面积极带领学生在亲身躬行中以实践检验真理,通过更为活泼的教育方式提供给学生一个集体平台,缓解心理压力,提高社交能力,充分认识自我,摒弃原有陋习,在践行中感悟个性化逆商提高路径,做到知行统一。坚持整体性原则,充分联合家长,通过适时谈心转变家长偏颇的教育理念,提高家长对德育逆商的重视,呼吁家长加入联合教育,给予子女坚定有力的支持与肯定,尊重新时代青年的新想法,充分利用互联网,紧跟时代潮流,建设逆商培养品牌,以大学生喜闻乐见的形式推广逆商培养的日常教育,缓解大学生"吃瓜"密度,逐渐引导大学生将更多精力专注于自身发展与个人提升方面。坚持层次性原则,认同百人百性,千人千面,尊重人与人之间的差异,对于群体中必然存在的小群体表示肯定,因材施教,特别注意隐私保护与人格维护。

同时,提高大学生的集体意识,充分结合思政热点以提供正面教育,多管齐下,以党史学习、科技兴邦、经济发展、文化弘扬、国际政治等综合学习教育打通青年大学生政治脉络,提高大学生思想站位。引导青年大学生在中华民族五千年的文化长河中寻找生存本源,在国际视野下的高速发展中探索人生意义,真正立足"到祖国最需要的地方去",将自我价值与我们党、我们国家,甚至全人类的发展结合,确立个人发展最高目标,有理想、有目标,就会有干劲、有拼劲,就能有担当,有责任意识,求实务实,以人生理想与集体意识的高站位支撑高逆商发展。

2.2　发展"1+n"就业管理办法,以学风建设筑基高质量发展

学生工作的开展要充分认识到就业管理工作应结合学科培养和专业技能锻

造,而不是"临时抱佛脚"式打造毕业生简历。因此将就业与互联网结合,推送岗位不断线,并利用类似"考研/就业面试经验分享会简录""毕业生就业情况分析线上会议简记""推免学会专访""考研经验分享"等专题推送,为学生提供更实时的帮助与指导,提高其获取相关信息的自主性;与资助工作结合,为学生提供思想心理资助与视野技能资助,主要通过社团活动、提供实践机会等路径,帮助贫困学生接触"新"事物,拓宽其视野,使其认识到自己可以通过努力做出改变,而不必拘泥于过往,同时设立追踪反馈机制,确保帮扶计划行之有效;与人文关怀态度结合,坚持做好未就业毕业生的信息衔接和服务接续工作,做好毕业生就业意愿的信息采集工作,确保相关学生信息如期移交本地人力资源社会保障部门,坚定支持学生二次起跳。

"打铁还需自身硬",要从根本上解决就业问题,还需以学风建设筑基高质量发展。高校指导员需要明晰企业和社会需求,定位家庭诉求,多方调研后与学生合理规划学生就业性学业发展方向。以大连海事大学理学院指导员学生工作开展为例,利用易班工作站作为计算机语言学习和英语四六级学习两个主要抓手,以"易班+微信公众号"的形式,形成联动闭环,推送计算机语言学习方面的基础知识和英语四六级重难点词汇、长难句解析等内容,共同营造良好的学习氛围,助力学风建设实践。

高校指导员要充分认清自己的特殊工作身份,并充分利用好工作环境便利,做好大学生"思想政治教育"的导师,引导大学生树立远大理想,热爱伟大祖国,担当时代责任,勇于砥砺奋斗,练就过硬本领,锤炼品德修为;做好大学生"健康人生发展"的挚友,带领青年学生一只眼睛看世界,放远目光,为中华民族的伟大复兴贡献力量;一只眼睛看自己,勇于自我革新,挺直中国脊梁,不负党和人民的殷切期盼,让青年学生勇于在"急难险重新"的任务中冲锋在前、追求卓越,用实际行动和业绩践行"请党放心,强国有我"的青春誓言。

参考文献:

[1]徐方舟.新时代高校辅导员提升毕业生就业质量路径初探[J].就业与保障,2022(10):172-174.

[2]丁玮,李嘉欣,丁洁,等.新时代视域下大学生逆商的调查与思考[J].教书育人(高教论坛),2021(15):9-11.

[3]苏靖,杨佳佳.新形势下高校毕业生就业指导工作探析:以北京科技大学为例[J].中国大学生就业,2023(02):71-77.

辅导员视角下高校突发事件应急管理研究

李若诗　陈锐

船舶电气工程学院

摘要：

高校突发事件会造成严重危害，影响学生的安全和正常生活、学习，辅导员需要利用好思想政治教育的软武器，预防和应对突发事件，提升思想政治教育水平以达到化解危机，创建和谐校园的目标。

关键词：

高校；突发事件；应急管理

引言

近年来，高校突发事件频发，大有愈演愈烈之势，如何有效预防和化解危机，利用好思想政治教育的软武器成为摆在辅导员面前的重要课题。

1　突发事件的属性和高校应急管理的独特性

突发事件在人类的发展中具有相当漫长的历史，几乎伴随了人类所有文明的进程。海因里希法则表明：任何突发事件的发生都不是一个孤立的事件，尽管伤害、破坏可能在某一瞬间突然出现，却是一系列事件相继发生的必然结果。在疫情的背景下，突发事件原本包含的属性更加复杂，对处理相关事件的能力要求更高。预防和减少突发事件的发生，减轻和消除突发事件的影响，需要我们正确认识突发事件的内涵和当下突发事件的性质。

通过文献检索查阅，我国对突发事件的公开定义最早出现在《国家突发公共事件总体应急预案》中，是指突然发生，造成或者可能造成重大人员伤亡、财产损失、生态环境破坏和严重社会危害，危及公共安全的紧急事件。其中也规定了突发事件的四个等级，即特别重大、重大、较大和一般。而根据《中华人民共和国突发事件应对法》(2007 年 8 月 30 日第十届全国人民代表大会常务委员会第二十九次会议通过)的规定，突发事件的定义为：突然发生，造成或者可能造成严重社会危害，需要采取应急处置措施予以应对的自然灾害、事故灾难、公共卫生事件和社会安全事件。不难看出突发性、危害性、紧急性是突发事件的主要属性。突发事件往往反映了一种在短时间内聚集大量不利和危险因素的状态，其破坏力不容小觑，需要有关单位和机关联合行动，多方参与，才能在最短的时间内将突发事件的影响降到最低。

校园一贯被认为是学生进行纯粹学术生活的象牙塔，但由于突发事件的本身属性，校园内突发事件的发生不可避免。为了应对突发事件的可能影响，高校的应急管理体系应运而生。突发事件的发生范围使高校内部的应急管理体系也具有了自己独特的属性。高校的应急管理体系主要面对学生,该主体受过教育、普遍活跃,但同时思维不成熟、易受外界环境的影响。在校园内发生的突发事件往往易在社会上引起轩然大波,很轻易会从个人上升到群体,从而造成不可挽回的影响。同时,群体的复杂性和广泛的牵扯加剧了突发事件的处理难度。师生关系和学校的名誉,都在媒体的关注和报道下。这使得突发事件一旦发生,将第一时间挑战高校的处理效率,要求高校的应急管理体系掌握主动权,尽可能减小因突发事件造成的伤害。

2 辅导员在应对高校突发事件中的作用

2.1 辅导员介入突发事件的原因

大学生涉世未深,在之前的生活中很少甚至没有面临过巨大的突发事件,而大学是把他们的重心从学习转移到生活上的重要阶段,在此过程中他们很难再主要依靠父母和老师的帮助去解决问题,需要靠自己的能力去面对突发事件,而没有经验的他们在面对突发事件时可能会产生诸多心理问题。

大学生在经历家庭的突发变故、挂科或者遭受到不公平待遇而感受到无助时,会使得自身情绪低落,从而可能引发一些心理问题。尤其近几年来受新冠疫情影响,学生的情绪无法通过多样化的方式得到宣泄,疫情防控期间大学生情绪波动的基本特征为由稳定到恐慌、由平和到焦虑、由充实到空虚。疫情诱发学生产生不安全感、恐惧感、丧失感等,导致其心理问题增多。因此辅导员要为学生做好思想引领工作。

2.2 辅导员在应对高校突发事件中的作用

2.2.1 利用思想政治引导在突发事件发生时起到缓冲器作用

思想政治教育有着心理干预功能,通过有计划地对当事学生心理施加影响,引导其向积极的目标转向。思想政治教育具有干预功能,一方面是通过当事学生自身的心理调节,克服恐慌、迷茫甚至厌世的情绪,通过抗逆、抗挫实现自身思想的转变,另一方面是通过思想政治工作者、朋辈的帮助避免极端事件、极端情况的出现,引导学生摆脱困境,给学生以强有力的支撑。思想政治教育的整合动员功能可以有效地整合调动校内外各类资源以最大限度地将师生在突发事件中所受心理伤害降至最低。一方面统一师生的思想,力往一处使,心往一处聚,团结起全员的力量,以集体之力治愈师生心理创伤,增强师生的集体认同感,以更积极的态度投入突发事件的应对中来,更高效地还原事件的真相,有助于师生更快地了解事件经过、发展进程,自身责任等;另一方面,突发事件往往伴随着舆情舆论的发酵,在事件中学生们由于社会经验不足易受到谣言、传闻的蛊惑,从而做出不理性的行为,思想政治教育的整合动员,统一师生思想功能可以帮助学生从纷繁复杂的事件中把握正确的方向,不被谣言迷惑,不信谣、不传谣,从而引导突发事件的舆情舆论向积极方向发展。

2.2.2 利用心理引导教育在突发事件发生后起到善后安抚作用

突发事件的发生会对师生产生极大的破坏作用,会给学生造成心理、身体的双重伤害,见到学生因无法走出阴影,从乐观开朗走向了悲观消极让人痛心疾首。

这种伤害如果不能及时有效地化解,后果则不堪设想。心理引导的慰藉功能就是在事后对师生主体进行动态、长期的密切跟踪,对其进行心理创伤抚慰和必要的心理救治。要知道突发事件处理中哪怕是有经验的辅导员都会受到事件的影响,专业的心理救助必不可少。突发事件后的总结审视,善后工作也是重中之重,要找寻事件发生的真正原因,以体制机制的力量避免类似事件再次发生,做好舆情舆论监管,将突发事件的不良影响降至最低。

3 大学生面临突发事件产生心理问题后的解决方法

第一,高校要着力改革心理健康教育模式,加强线上学生心理咨询建设,以方便学生随时随地获得心理援助。例如,高校可重点依托校园网开辟心理咨询专栏,在进一步普及学生心理健康知识的同时,一方面为大学生提供心理健康咨询及援助服务并提升其心理素质,另一方面也可促进心理健康教育在课上与课下的过渡衔接,使大学生受到系统的心理健康教育。

第二,高校要在加强线上心理健康教育的基础上进一步改革线下心理健康教育模式。教师可在心理健康课堂教学中针对广大青年学生中存在的恋爱、人际交往、就业等共性心理问题,开展集体性心理辅导,帮助大学生排解心理困惑、解除心理障碍,切实提升心理健康教育的实效性。

第三,高校要下大力气在全校范围内营造心理健康教育的良好氛围,推动心理健康理念深入人心。为此,高校要定期组织心理健康知识竞赛、心理情景剧表演等活动,预防大学生心理问题的产生。例如,心理情景剧表演可使意志脆弱的大学生感受到意志坚强的体验,伴随其参与次数的增加,坚强意志被逐渐转化为他们的心理动力,升华为大学生的心理素质。

参考文献:

[1]张超,刘幸菡.高校应急管理的治理理念调适:以行政法理论为视角[J].北京工业大学学报(社会科学版),2021,21(02):84-93.

[2]陈永春,王庆生.高校突发事件应急管理的现实困境与解决路径[J].浙江理工大学学报(社会科学版),2022,48(02):238-245.

[3]杜娟.应用型本科院校大学生心理问题现状、成因及解决路径[J].河北能源职业技术学院学报,2021,21(02):43-46.

[4]王晓琦,段丽莉,李铭.大学生心理问题成因与高校心理健康教育的有效途径[J].黑龙江教育学院学报,2009,28(04):84-86.

我国高校辅导员研究的进展、热点、展望
——基于 CNKI（2013—2023 年）的文献计量分析

孙亮　于佳蓉　赵洪吉

信息科学技术学院

摘要：

本文从中国知网中选取了 2013—2023 年 1 088 篇高水平辅导员研究论文为样本数据，通过知网可视化的分析方法对发文量时间分布、期刊分布、核心作者分布、研究力量分布进行了分析，并得出了高校辅导员的热点话题。目前，我国辅导员研究已经成为体系，但是还存在一些问题，结合文献研究和热点话题，对辅导员研究进行了总结和展望。

关键词：

高校辅导员；职业化；进展

引言

高校辅导员是开展大学生思想政治教育的骨干力量，是高校学生日常思想政治教育和管理工作的组织者、实施者、指导者。近年来，关于辅导员研究的高质量论文越来越多，本文从中国知网中选取了 2013—2023 年 1 088 篇高水平辅导员研究论文为样本数据，通过知网可视化的分析方法对发文量时间分布、期刊分布、核心作者分布、研究力量分布进行了分析，揭示了隐藏的有意义的规律。

1 研究来源与研究方法

1.1 数据来源

在中国知网中，选择"高级检索"模式，以"辅导员"为关键词，其中文献来源选择"CSSCI"，检索时间范围选择"2013—2023 年"，进行检索，截止到 2023 年 2 月 17 日，共检索到文献 1 088 篇。对检索到的文献进行精选，去除会议纪要、人物访谈、会议综述、杂志介绍等对本研究影响较小的非研究性论文，最后得到文献 1 039 篇。

1.2 研究方法

现阶段对文献分析的手段主要有 SATI、CiteSpace、知网可视化分析。SATI 支持从中国知网、万方、CSSCI、Wos 等文献数据库导出题目目录。用户可以选择 EndNote、NoteExpress、Txt、XML 等数据格式，此外还可以使用 SATI 专有格式自行生成题目录。SATI 的优点是支持 Web 端的在线分析;缺点是生成的数据模式较为单一。利用 CiteSpace 聚类的高频关键词,能够轻松了解到本专业的研究热点,能够更加轻松地找到本专业领域具有研究价值的创新型选题,更能够生成色彩绚丽、脉络繁复的"宇宙星云图";缺点是操作较为烦琐,需要投入较多的时间和精力。知网可视化分析是在中国知网检索出文献以后,直接就能生成的一系列分析图谱,其优点是操作简单、出图迅速、图谱有针对性,缺点是每次分析的文献需要在 2 000 篇以内。

综合上述 3 种文献分析方法的优缺点,考虑本篇论文的研究内容和文献数量以及需要的效果图,我们最终选取了知网可视化分析方法,对筛选出的 1 039 篇论文在中国知网进行可视化分析,生成一系列的图谱。

2　研究基本情况

2.1　发文量时间分布

图 1 为 2013—2023 年高校辅导员研究性 CSSCI 论文的发表情况,近 10 年共发表了 1 039 篇 CSSCI 论文,总体上呈现下降趋势,其中 2017 年达到峰值。

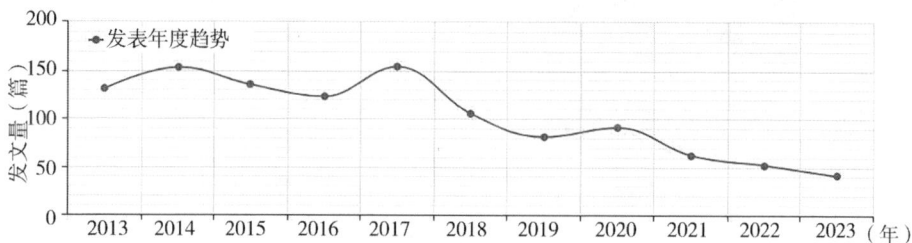

图 1　2013—2023 年高校辅导员研究性 CSSCI 论文的发表情况

在对发文量进行进一步的研究和分析后,我们发现 CSSCI 论文的发表呈现阶段性,其中 2017 年是一个分界点。第一阶段为 2013—2017 年,该阶段论文的发文量较为稳定,年均发文量为 139.2 篇,其中 2017 年达到峰值,为 154 篇。我们分析该阶段,社会上对辅导员的研究已经成为热点,2017 年 9 月 1 日施行了中华人民共和国教育部令第 41 号——《普通高等学校学生管理规定》以及 2017 年 10 月 1 日施行了中华人民共和国教育部令第 43 号——《普通高等学校辅导员队伍建设规定》,使得 2017 年对辅导员的研究达到峰值,此阶段,全国各个高校招聘了大量的辅导员,为辅导员的研究注入了新鲜血液。第二阶段为 2018—

2023 年,这一阶段关于辅导员的 CSSCI 论文发文量呈明显的下降趋势,2023 年达到近 10 年的新低为 41 篇。因为 2019 年,新冠疫情开始在中国蔓延,我们分析在此阶段大多数辅导员投入高校疫情防控的第一线,分配给科研的时间可能会有所减少,故自 2019 年开始关于辅导员的发文量呈明显的下降趋势。

2.2 期刊分布分析

对 2013—2023 年高校辅导员研究性 CSSCI 论文的核心区期刊进行分析,我们发现 1 039 篇论文来自 147 个 CSSCI 期刊,较为分散。其中《吉首大学学报》(社会科学版)发文量最高,为 5 篇,《教育研究》《高等教育研究》发文量均为 4 篇、《中国高教研究》发文量为 3 篇,《西南民族大学学报》(人文社会科学版)、《中国行政管理》发文量均为 2 篇。从图 2 中可以明显看出,辅导员研究期刊较为分散,没有成为体系。2013—2023 年高校辅导员研究性 CSSCI 论文的核心区期刊如图 2 所示。

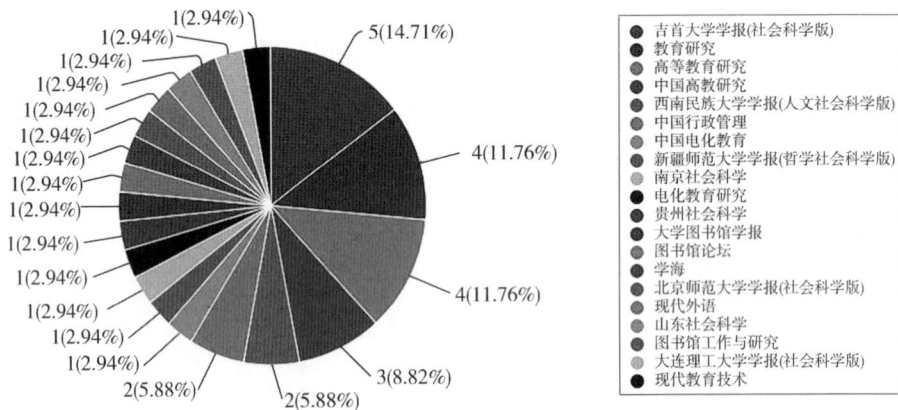

图 2 2013—2023 年高校辅导员研究性 CSSCI 论文的核心区期刊

2.3 核心作者分布分析

2013—2023 年高校辅导员等第一作者以及发文量如图 3 所示,可以明显看出排在前面的作者的发文量远远领先于后面的。其中发文量超过 10 篇的共有 4 人,分别是合肥工业大学的李永山 15 篇、大连海事大学的曲建武 12 篇、安徽师范大学的朱平 12 篇、华中师范大学的刘宏达 11 篇。根据赖普斯定律,我们可以计算出核心作者的最少发文量应为 3 篇,图 3 可以看出发文量 3 篇及以上的共有 30 名作者,发文量共计 146 篇,占总文献样本 1 039 篇的 14.1%。根据相关研究显示,一个领域的核心作者发文量达到 50% 以上,才能表明该领域的核心作者体系成形。研究结果表明对于高校辅导员等的核心作者体系还没有形成,并且差距较大。

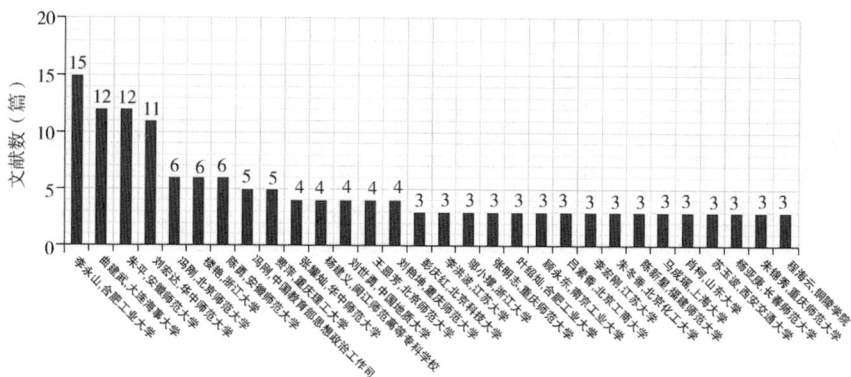

图3　2013—2023 年高校辅导员等第一作者以及发文量

2.4　研究力量分布分析

图4 为 2013—2023 年高校辅导员研究的主要机构,其中华中师范大学发文最多为 31 篇,排名前 30 的还有安徽师范大学 30 篇、北京师范大学 25 篇、武汉大学 20 篇、东北师范大学 19 篇、浙江大学 18 篇、山东大学 17 篇、合肥工业大学 17 篇、华东师范大学 16 篇、河海大学 16 篇、西南大学 14 篇、南京师范大学 14 篇、重庆师范大学 14 篇、江苏大学 14 篇、大连海事大学 13 篇、上海交通大学 12 篇、华东理工大学 11 篇、北京大学 11 篇、清华大学 11 篇、上海理工大学 11 篇、上海大学 11 篇、中国矿业大学 10 篇、北京科技大学 10 篇、福建师范大学 9 篇、华东政法大学 8 篇、南京大学 8 篇、复旦大学 8 篇、西安交通大学 8 篇、华中农业大学 8 篇、大连理工大学 8 篇。其中国家双一流建设高校共有 27 所,占比 90%,表明双一流高校已经陆续成为国内辅导员研究的主要力量。此外,上述 30 所高校均设有马克思主义学院,这表明辅导员的发展已经和马克思等思政学科紧密地联系到一起,2023 年全国共有 72 所高校针对辅导员等思政工作者开设马克思主义理论、党史党建、公共管理、管理科学与工程、发展与教育心理学、应用心理学以及国家安全学等学科的在职博士学位专项计划。培养一支态度端正、工作严谨、作风优良、能力过硬的辅导员队伍已经成为各大高校的重要任务之一。

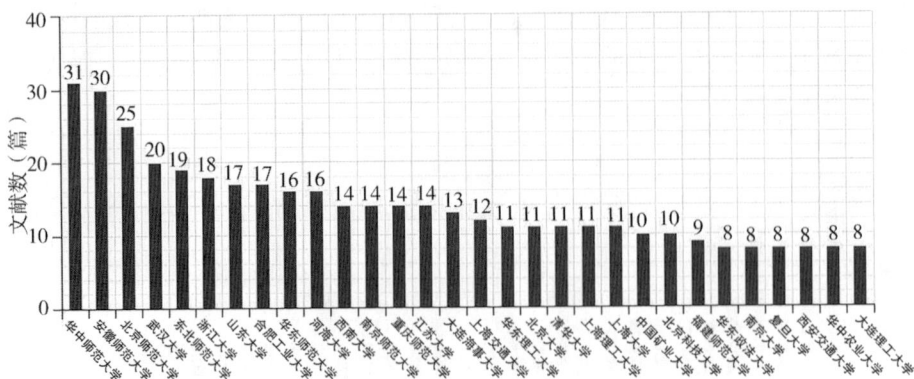

图4　2013—2023 年高校辅导员研究的主要机构

3　研究热点

　　图5 为 2013—2023 年高校辅导员研究的主要主题分布,可以看出以高校辅导员为主要主题的频次为 295 次,占总文献样本 1 039 篇的 28.4%,表明三分之一的作者紧密地联系了高校辅导员这一主题。主要主题出现频率达到 15 次及以上的还有思想政治教育、高校辅导员工作、专业化、高校辅导员队伍建设、队伍建设、职业能力、职业化、高校辅导员队伍专业化、高校思想政治教育、新时代、大学生思想政治教育、高校辅导员专业化、思想政治工作、高校辅导员队伍、协同育人、专业化发展以及研究生。高校辅导员的专业化和职业化是衡量辅导员是否合格的重要因素之一,已经成为一个热点课题。各所高校已经越来越重视辅导员队伍的建设,如何打造出一支死守底线、主动担当、追求一流、协同育人的辅导员队伍已经成为关键。

　　辅导员的职业认同感、职业发展、职业化、职业能力一直以来都是辅导员研究的重难点。近年来,辅导员的培养、发展、转岗已经走向正规化,并形成了一定的体系。但是还存在辅导员队伍的稳定性不够、优秀辅导员转岗现象比较普遍、部分辅导员的职业素养不强等问题。采取有效措施提升高校辅导员的职业认同感和归属感,鼓励更多辅导员实现从被动专业化到主动专业化的转变,引导更多辅导员实现从基础专业化到高等专业化的转变,激励更多辅导员实现从阶段性专业化到常态化专业化的转变,推进高校辅导员队伍专业化、职业化建设向纵深发展。

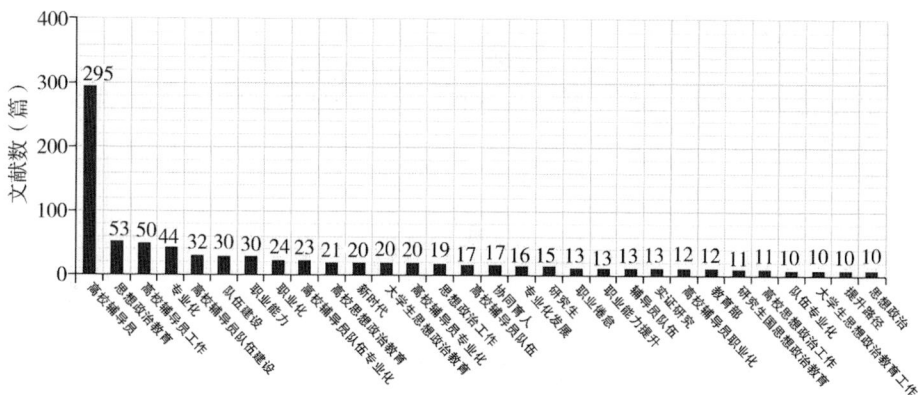

图5　2013—2023 年高校辅导员研究的主要主题分布

4　结论与展望

　　本文采用知网可视化分析方法对 2013—2023 近 10 年的高水平辅导员研究论文进行了分析,包括研究内容与研究方法、研究基本情况、研究热点。2017 年教育部下发了 41 号令、43 号令,辅导员研究论文的数量达到最高点,辅导员研究期刊较为分散,没有成为体系,高校辅导员的核心作者体系还没有形成,并且差距较大,高校辅导员的专业化和职业化是衡量辅导员是否合格的重要因素之一,已经成为一个热点课题。

　　目前,关于高水平的辅导员研究论文主要集中在中东部高校,设有教育部高校辅导员培训和研修基地的高校、省级以上师范类高校是高校辅导员研究的中坚力量。各所高校已经越来越重视辅导员队伍的建设,打造出一支死守底线、主动担当、追求一流、协同育人的辅导员队伍已经刻不容缓。

参考文献:

[1]顾瑾璟.中国高校公共体育研究热点与趋势分析:基于 SATI 的知识图谱[J].江苏高教,2021(12):52-55.

[2]肖明,陈嘉勇,李国俊.基于 CiteSpace 研究科学知识图谱的可视化分析[J].图书情报工作,2011,55(06):91-95.

[3]姜艳,李如密.我国教师教育研究:主题嬗变、热点聚焦与研究展望:基于 2000—2017 年中国知网文献知识图谱的可视化分析[J].现代大学教育,2018(06):58-66.

[4]李友富.高校辅导员队伍专业化职业化建设策略研究[J].思想教育研究,

2019(03):123-127.

[5]李育林,陈汉能,彭亮.我国高校辅导员研究的进展、热点及前沿动态:基于CNKI:2004—2019年的文献计量分析[J].高校辅导员学刊,2020,12(05):81-87.

"三全育人"视域下高校宿舍文化育人功能构建

夏翰林

外国语学院

摘要：

高校宿舍不仅是大学生学习、生活、思想交流的重要场所,也是落实高校立德树人根本任务、提升"三全育人"成效、创新思想政治教育的重要阵地。但是当前在宿舍文化育人阵地功能推进过程中还存在着氛围有待调动、管理有待优化、主体凝聚不足等问题,影响着思想政治教育工作的开展。新时期高校宿舍文化育人功能构建应注重夯实阵地、文化融入、以生为本,以此深化育人内涵、汇聚育人合力,更好实现立德树人、文化育人目标。

关键词：

"三全育人";高校宿舍;文化育人

引言

"三全育人"即全员育人、全程育人、全方位育人,其关键在于实现育人主体、育人过程、育人方位的全面协同推进,达成最大的育人成效。构建"三全育人"协同机制,促进各系统之间的协同配合,是落实立德树人根本任务,培养德智体美劳全面发展的社会主义建设者和接班人的重要途径。宿舍是学生日常生活和学习的重要场所,是新时期、新形势下高校开展学生思想政治教育的重要阵地。因此,高校应以宿舍文化育人功能构建为切入点,拓展宿舍文化融入思想政治教育路径,健全育人格局,实现思想政治教育阵地全覆盖,打通育人"最后一公里"。

1　高校宿舍文化育人功能构建意义

1.1　落实立德树人根本任务的重要阵地

习近平总书记在全国高校思想政治工作会议上强调,高校思想政治工作要坚持把立德树人作为中心环节。高校宿舍作为学生学习交流、增进感情和成长成熟的重要场所,也是课堂之外对学生进行思想政治教育的重要阵地,其氛围和环境潜移默化地影响着学生的行为习惯和道德品质。因此,将正确的思想价值和道德规范融入宿舍文化,有利于提升学生宿舍育人实效,实现与课堂、班级等育人空间在功能上的同向同行。

1.2 提升"三全育人"成效的有效途径

在"三全育人"背景下,应以宿舍为课堂以外的主阵地,锚定这一最小单元,将思想政治教育渗透其中。通过挖掘学生宿舍中的育人载体、宿舍管理队伍中各个岗位的育人元素,努力形成育人工作合力,对学生进行正确价值引领和优秀品质塑造。营造良好的宿舍氛围,在学生层面有利于让其在潜移默化中受到积极向上的熏陶和教育;在高校层面有利于拓宽思想政治教育辐射范围,进一步强化高校的育人使命。

1.3 创新思想政治教育方式的有效途径

习近平总书记在全国高校思想政治工作会议上强调,高校要更加注重以文化人、以文育人,广泛开展文明校园的创建。因此应把宿舍文化建设作为高校校园文化建设的主要组成部分,进而成为展示高校校园文化精神风貌的缩影。加之当前高校大学生普遍为"00 后",他们有着思维活跃、知识面较广、学习能力强和易接纳新事物等特点,但也有依赖网络、社交能力较弱、辩证思维不足等问题。应发挥宿舍在文化育人中的重要作用,拓宽高校思想政治教育场域,使宿舍超越单一的居住功能,创新思想政治教育方法。

2 高校宿舍文化育人功能现存问题

2.1 宿舍文化育人氛围有待调动

首先,宿舍场景与思想政治教育融合不够紧密。宿舍生活占据了大学生生活的三分之一,但高校的思想政治教育仍以课堂为主,与宿舍的融合不够紧密。其次,高校宿舍文化建设区域较为单一。各高校往往重点关注学习区域及生活区域的文化育人功能,居住区域的文化育人功能发挥有限。宿舍楼内楼梯间、宣传栏及学生活动室等公共空间大多处于闲置状态,往往仅在出入口及外围进行简单宣传,没有充分将社会主义核心价值观及思想政治教育融入其中。

2.2 宿舍文化育人管理有待优化

首先,宿舍管理队伍水平有待提高和改进。在日常生活管理中,宿管、维修人员和保洁人员与学生接触最为频繁,但普遍存在着招聘门槛较低,入职后管理、培训、考核机制不健全等问题。宿舍管理队伍文化水平普遍较低、道德品质良莠不齐,在工作过程中也几乎是以服务为主,只是完成自身工作任务,对学生的思想动态关注较少,建设宿舍文化更是无从谈起。其次,公寓辅导员数量不足。部分学校没有配备公寓辅导员,宿舍文化建设的任务落在辅导员身上,辅导员往往更关注内务卫生及宿舍安全,忽视文化内涵建设,甚至会导致学生站在宿舍管理的对立面,导致宿舍思想政治教育推行存在一定困难,难以发挥宿舍文化的育人功能。

2.3 宿舍文化育人主体凝聚不足

首先,宿舍文化营造过程中容易忽略学生主体地位。部分高校在进行宿舍文化建设时内容大多流于形式而轻实质,缺乏深度、广度和影响力。导致宿舍文化建设缺乏深层次的文化认同感,容易引发学生的抵触情绪无法提升教育成效。其次,新生入学时宿舍一般为随机分配,由于宿舍规格限制,部分同学会与其他班级、其他年级甚至其他学院同学混住。加之当前学生个体差异性较强,宿舍成员在性格、个人爱好以及生活方式上都存在很大的不同,可能短时间内无法形成向心力共同进步,凝聚力不强也将影响良好宿舍文化的创建,进而影响宿舍文化的育人功能。

3 高校宿舍文化育人功能建设路径

3.1 夯实阵地,构建多主体协同宿舍文化育人格局

高校应突出学生宿舍作为“第二课堂”的重要阵地作用,积极探寻宿舍文化与思想政治教育契合点,借助全员育人合力实现思想政治教育系统性优化。一是着力构建多主体协同育人格局。以“三全育人”教育工作理念为纲,将课堂、日常、宿舍有机结合,建立思想政治课教师、辅导员、宿舍管理员协同育人工作机制,采用协同育人的教育方法,共同做好学生的思想政治教育工作。二是着力解决宿舍管理服务与思想政治教育相脱节的问题。应树立“每一个工作人员都是学生成长的引导者和指路人”的理念,着力改进宿舍管理员在工作过程中的方式方法。强化对宿舍管理队伍的培训与考核机制,切实提高他们的服务水平和奉献意识。可以定期评比、宣传宿舍管理队伍中的优秀典型事迹,引导全体宿舍

管理队伍更好地树立全心全意为学生服务的思想意识。

3.2 文化融入,弘扬主旋律发挥宿舍文化育人作用

宿舍文化环境和文化氛围的打造是充分发挥宿舍文化育人功能的有力支撑,也是将文化育人贯穿思想政治教育全过程的重要形式。一是要将文化融入环境建设。主要包含宿舍公共区域宣传阵地、宿舍文化长廊、宿舍内活动室、宿舍内部文化建设等。应将社会主义核心价值观、优秀传统文化、校史校情、育人思想融入其中,内外结合教育引导学生树立正确价值观。二是要将文化融入品牌建设。可定期评选"学习型宿舍""党(团)员示范宿舍""志愿服务型宿舍"等先进模范宿舍,打造品牌效应,营造和谐向上的文化氛围,增强宿舍成员间的集体荣誉感和归属感。三是要将文化融入学风引领。学风不仅体现在教学环节,也应体现在宿舍文化建设中。宿舍文化育人功能应以学风建设为纲,营造良好的学习氛围,以此作为宿舍文化建设的核心目标之一。

3.3 以生为本,人性化活动助推宿舍文化育人实效

遵循人本化原则,开展贴近学生生活和文化需求的宿舍文化育人活动,更好发挥活动在文化育人中的实效,拓宽思想政治教育覆盖面,营造全方位育人氛围。一是要做好调查研究,精准开展宿舍文化育人活动。可通过发放电子问卷等形式,了解学生对宿舍文化的现实需求以及开展活动的建议,有针对性地开展宿舍文化育人活动,为学生提供展示宿舍风采的平台。二是要重视育人契机,把握思想政治教育主动权。注重端午节、中秋节等传统节日,以宿舍为单位组织开展活动。在活动中融入优秀传统文化教育,增强学生集体荣誉感和宿舍间的凝聚力。三是要完善辅导员队伍工作,展现人文关怀。高校辅导员要经常深入学生宿舍,及时了解学生的日常学习、生活状态,尽力帮助解决学生的困难。通过良好师生关系的建立,引导学生树立正确价值观,共同营造互帮互助、互相监督、互相鼓励的良好宿舍氛围。

综上,从学校层面来说,加强高校宿舍的文化育人功能对促进优良学风、校风建设,更快实现高校育人目标,更好为国家培养时代需要的新青年有重要意义;从学生层面来说,加强高校宿舍的文化育人功能将使宿舍不仅成为休息场所,还将成为砥砺道德品质、塑造人格品格的优质场所,促进其更好成人成才。

参考文献:

[1]董秀娜,李洪波.高校"三全育人"协同机制构建研究[J].思想教育研究,2020

（08）:148-152.

[2]刘润.论新时代高校学生社区空间育人功能的拓展[J].思想理论教育,2021（04）:108-111.

[3]赵威,张世杰."三全育人"视域下高校宿舍文化建设的现状及提升路径[J].云南农业大学学报（社会科学）,2022,16（03）:55-160.

探讨高校宿舍管理中的思想政治教育方法

徐好天

交通运输工程学院

摘要：

本文旨在探讨大学宿舍管理中的思想政治教育方法。首先,通过文献综述和案例分析,概括总结了目前大学宿舍管理中存在的问题和挑战,如学生的思想道德素质下降、宿舍纪律失控等。其次,从思想政治教育的角度出发,提出了一些可行的教育方法,如开展主题教育活动、推进班级文化建设、设置宿舍卫生日等,以此加强学生的思想道德修养和纪律意识。最后,对这些方法进行了评价和总结,并对未来的研究提出了展望。本研究对于改善大学宿舍管理、提高学生思想政治素质具有一定的实践意义。

关键词：

宿舍管理;思想政治教育;方法策略

引言

2017 年 12 月,教育部发布《高校思想政治工作质量提升工程实施纲要》,构建十大育人体系,其中管理育人明确指出,要强化科学管理对道德涵育的保障功能。宿舍作为高校学生日常学习生活时间最长的场所,也是高校日常管理中最小的管理单元,是辅导员开展思想政治教育和日常管理工作的主要阵地之一。立德树人是高校人才培养的核心和灵魂,日常管理是人才培养最基本的一环,高校安全稳定的校园环境、积极良好的学习氛围、健康向上的生活环境都与宿舍管理密不可分。辅导员在深入宿舍与学生面对面交流的过程中,能够拉近其与学生之间的距离,更直接准确地了解到学生的所做、所思、所想,能够及时发现、解决学生之间的各种问题和矛盾,从而减少突发事件发生的风险。与日常管理相结合的方式开展思想政治教育工作,能够更好地引导学生树立正确的人生观、价值观。

1　宿舍管理的目的和重要意义

1.1　防微杜渐,保障安全底线

高校具有人员密集的特点,学生在宿舍学习生活的时间能达到总在校时间的一半左右,所以做好宿舍管理对保障学生生命财产安全有着重大意义。学生在宿舍使用电磁炉等违章电器、电动交通工具进楼入室违规充电、宿舍以及楼道内堆放易燃易爆物品、私接电线网线等具有消防安全隐患的现象对学生们的安全都会产生巨大的威胁。深入学生宿舍并加强宿舍管理能够及时发现并解决相关问题,保障学生安全底线。

1.2 洒扫厅内,营造良好环境

俗话说:"一屋不扫何以扫天下",做好宿舍管理,保持良好的宿舍环境可以给学生的日常学习生活提供有力的保障。安全是宿舍管理的底线,内务则是宿舍管理的基础。宿舍内务不单纯是卫生环境问题,由此引发的身体健康问题、人际关系问题、心理健康问题层出不穷。干净卫生的宿舍为学生提供健康的生活环境,只有深入学生宿舍才能切实了解学生宿舍实际情况,对开展宿舍内务管理具有重要意义。

1.3 自我管理,养成文明习惯

除了学生的学习、科研、业务能力外,良好的文明习惯也是高校学生从校园走向社会的一个重要评价标准。学生在宿舍生活中的日常表现和习惯,很大程度上反映了其个人整体的文明素养水平。如是否自觉维护公共秩序、保持宿舍干净有序的卫生环境、拥有良好的作息时间规律,不给别人添麻烦等。以宿舍为载体,提升自我管理、自我教育、自我服务意识,打好文明习惯养成的教育基础。

1.4 提升价值,加强思想政治教育

宿舍管理和思想政治教育都是学校管理工作的重要组成部分,宿舍管理得好坏直接影响思想政治教育的效果,而思想政治教育的内容和方法又可以为宿舍管理提供思路和指导。宿舍管理和思想政治教育可以相互配合,共同做好学生的思想引导、行为规范、安全防范等工作,提高管理效率和质量,共同维护校园安全稳定,营造良好的学习生活环境。二者的共同目标都是维护校园安全稳定,营造良好的学习生活环境,宿舍是学生学习、生活、交流的重要场所,也是思想政治教育的重要阵地,通过在宿舍管理中融入思想政治教育的内容和方法,可以更好地引导学生树立正确的人生目标。我认为思想政治教育的基础是要了解学生,发现其矛盾特点,因材施教。辅导员在深入宿舍与学生密切接触的过程中,能够拉近其与学生之间的距离,更直接准确地了解到学生的所做、所思、所想,能够全面地掌握学生的综合信息,及时预防、发现、解决宿舍矛盾,了解学生思想动态和心理活动,预防各类突发事件的发生。只有足够贴近学生,才能更好地引领

学生的价值思想,加强宿舍管理对辅导员开展思想政治教育具有重要意义。

1.5 融入思政,提升综合能力

宿舍是学生在学校生活的重要场所,是学生之间交流、互动的重要平台,也是学校安全管理的重要区域。通过在宿舍管理中融入思想政治教育,可以引导学生树立正确的世界观、人生观和价值观,增强学生的思想道德素质,提高学生的综合素质;可以引导学生树立自我管理、自我服务的意识,提高学生的自我管理能力,增强学生对宿舍管理的认同感和参与度,提高宿舍管理的效率和质量;可以增强学生的归属感和凝聚力,提高学生的集体意识和团队合作精神,加强学生的安全意识,提高学生的安全防范能力,促进校园安全稳定。

2 宿舍管理中思想政治教育现存的问题

2.1 基础工作重视程度不够

在高校思想政治教育的发展过程中,网络思政具有传播快、教育面广等多种特点,在思想政治教育工作中占据着越来越重要的地位,占领网络思政主阵地把握学生思想动态,成为高校辅导员开展思想政治教育的主要手段。而宿舍管理大多时候仅仅停留在消防安全、内务卫生等基础环节,管理职能发挥得较多,服务职能发挥得较少,因此忽视了宿舍管理中思想政治教育的主要功能。

2.2 辅导员缺乏深入宿舍的时间精力

辅导员具有教师和管理人员的双重身份,是大学生思想政治教育的责任主体。辅导员是最能够了解学生思想动态、学习情况、工作能力和生活状态的人,这一切的前提都是辅导员能够与学生加深接触和交流。然而随着辅导员职业化、专业化的发展,辅导员面临的工作职责越来越多,且现代学生个性化的需求和问题层出不穷,辅导员面临的挑战也越来越多,辅导员每天需要花费大量的时间和精力开展各项工作、处理学生各类事务,被"禁锢"在办公室。管理学生较多的辅导员在深入宿舍开展思想政治教育工作的同时,付出的时间和精力也会更多,心有余而时间不足的情况时有发生。

3 宿舍管理中加强思想政治教育的方法策略

3.1 完善制度保障

宿舍管理的制度保障应该从两个方面入手：一方面是面向学生完善管理标准，明确管理要求，让学生了解什么可为、什么不可为，如此才能保障安全有序的住宿环境，在制度层面引导学生培养良好生活习惯，提升文明素养；另一方面是面向辅导员完善制度保障，学校要根据辅导员工作实际和客观问题，适当完善配套制度，给予相关引导和支持，使辅导员工作重心回归基础工作，有时间、有精力深入宿舍开展思想政治教育工作。

3.2 引导自我管理

发挥学生党员、学生干部、各类优秀学生代表等骨干力量在学生群体中的朋辈引领示范作用。通过学生自律组织加强日常管理服务，通过百人迎新服务团进宿舍发挥传帮带作用，通过评比星级模范宿舍实现榜样引领。为优秀的高年级学生提供锻炼和实现自身价值的平台，为宿舍管理工作提供强有力的支持和保障。在发挥朋辈管理作用的同时，建立互助管理机制，淡化管理与被管理的关系，引导学生提高自我教育、自我管理、自我服务意识，充分发挥学生的主观能动性，真正实现科学管理育人。

3.3 创新方式方法

宿舍管理除了安全检查、内务管理的基础工作之外，还应与各种文化、体育活动相结合，寓教于乐，以宿舍为载体开展丰富多彩的育人活动。开展学习经验、生活技巧交流分享活动，营造互帮互助的宿舍氛围；开展宿舍文化创建活动，传播积极向上的宿舍文化；开展行为养成挑战活动，培养学生良好的生活习惯；开展宿舍趣味运动会，增强学生体质，增强宿舍凝聚力。将思想政治教育与各类文体活动、新媒体路径宣传等同学们喜闻乐见的方式相结合，加强宿舍沟通交流，提升个人素质，增强集体荣誉感，实现更好的育人效果。

3.4　加强队伍建设

学校要注重培养辅导员和各类管理人员的素质能力,建立思想政治好、综合素质高、业务能力强的管理干部队伍和服务人员队伍。辅导员更应提高自身业务水平,不断学习理论知识,提高自身政治素养和专业知识,在深入学生宿舍时才能针对各类学生问题,结合实际情况有目的性地开展思想政治教育工作。同时采取相应措施培养和提高辅导员的责任意识,结合日常培训学习,使辅导员充分认识到深入宿舍的必要性和重要性,加大基础学生工作投入力度,积极主动地深入宿舍开展思想政治教育工作。

4　总结

高校思想政治教育要做到因事而化、因时而进、因势而新。随着时代的发展与进步,人们接收信息的渠道和内容越来越丰富,高校学生的自我意识也越发强烈,这无疑给思想政治教育工作增加了难度,因此只有不断地探索创新,真正了解学生需求,才能更好地适应时代发展,更好地服务学生、培养学生。

高校宿舍管理是集多方面工作于一体的系统性工作,宿舍安全稳定、干净整洁是这项工作的基础和前提,在此过程中加强学生思想政治教育是一项复杂且困难的长期工程。各高校在探索这项工作的过程中,一般采用开展各类宿舍文化创建活动、完善宿舍管理体系、提升基础设施建设等方法。由于各高校实际情况不尽相同,宿舍管理中的思想政治教育没有固定的经验模式可循,因此必须在实践过程中不断总结,探索符合本校学生实际情况的宿舍文化建设方法,牢固树立"管理与服务并存"的理念,切实走进学生、了解学生,增强对学生思想政治教育的有效性和渗透力,实现宿舍管理思想政治教育的全员、全过程、全方位育人功效。

参考文献:

[1]陈玲云.新时期高校宿舍安全管理工作的实践性研究[J].就业与保障,2022(12):70-72.

[2]郁惠玲.高校学生宿舍管理问题和研究策略[J].大众文艺,2022(15):181-183.

[3]冯芳,贾文龙.高校学生宿舍思想政治教育路径研究[J].教育观察,2022(13):98-100.

[4]阴菲菲.高校学生宿舍管理与服务现存问题的思考与分析[J].大众标准化，
    2021(22):213-215.
[5]赵媛媛.关于高校大学生宿舍管理工作的问题探究[J].公关世界,2021(17)：
    115-116.

半军事管理制度下学生工作开展研究

于馨

航运经济与管理学院

摘要：

本文以大连海事大学为例，根据现阶段半军事管理下高校学生工作开展情况，通过文献综述和实证研究等方法，对高校的半军事管理进行简单阐述，针对半军事管理下高校学生工作的特点、方法、利弊等方面进行分析，提出完善半军事管理下高校学生工作的建议，为高校教育管理工作提供新思路。

关键词：

半军事管理；高校学生工作；半军事管理下高校学生工作开展

引言

1963 年，周恩来总理亲自批准我校（原大连海运学院）对航海类专业学生实行半军事管理，到今年已实行六十多年。半军事管理制度与普通高校管理制度不同，有其自身规律，我校对航海类专业学生实行半军事管理首开全国之先河，既无前人成功模式效仿，又无现成经验借鉴。六十多年来，在秉持为我国航运事业培养优秀人才的原则，我校逐步摸索出适应现代航运人才培养特点的半军事管理制度，并逐渐形成了半军事管理的特色，在国内外产生了一定的影响。我校实行半军事管理制度，对于培养全面发展的航运人才，提高航海类专业的教育质量，培育良好的育人模式起到了重要作用。半军事管理有其自身的特点和规律，本文将通过对过去半军事管理实行的回望与总结，对未来我校半军事管理下学生工作的开展进行展望。

1 半军事管理的定位

研究半军事管理，必然要对其有清晰的定位。笔者以为，国内部分航海类院校对半军事管理的"半"字理解不够透彻，在实际运行中绝不能因为"半"字就在执行标准上大打折扣，应根据航海类专业人才培养的需求在军队科目中进行适当取舍，即除战时状态下所要求学习的军事科目外的日常养成科目，包括日常管理、课堂管理、训练管理等。

2 我校半军事管理基本制度

随着高等教育的发展和改革的深入，高校学生工作的内涵和外延不断扩大，面临着越来越多的挑战。同时,随着社会的发展和经济的全球化,用人单位对大学生的要求也越来越高,高校学生工作也需要不断提升。因此,如何有效地开展高校学生工作,提高学生的综合素质和竞争力,是当前高校教育管理工作的重要问题。在这些问题面前,半军事管理作为我国高校一种特殊的管理模式,逐渐引起了社会各界的广泛关注。

半军事管理是培养高级航海人才的重要措施和途径。我校实行半军事管理制度六十多年来,在一代代辛勤耕耘的海大人的付出和努力下,形成了较为完备的半军事管理制度:每周一早晨或重大纪念日,学校组织全体学生统一着装参加升国旗仪式,加强学生的爱国主义教育;规范化的军事训练和大型的会操表演,锻造了学生卓越的品质;科学化的航海技能活动和海员素质养成,提升了学生在就业市场的竞争力;建设我国首个航海教育博物馆,讲述百年来中国高等航海教育勇担"挽救航权,振兴国运"的历史使命,赓续红色血脉;开创性的船舶远洋实习和国际交流活动,拓宽了学生的国际视野,为培养高素质航海人才打下坚实基础。目前我校主要半军事管理制度包含如下内容。

2.1 半军事管理组织架构

进行完备的组织架构和岗位设定是对学生进行半军事管理的首要条件。我校半军事管理组织分为纵队、大队、中队、区队四级管理机构,人员涵盖校党委领导、各部门教师、学生干部等各个层次。这种组织架构能够及时发现学生工作中的各类问题,形成了纵向管理、逐层汇报的管理模式,保证了通知及时上传下达,确保了学生工作的有序开展。

2.2 半军事管理一日生活制度

一日生活制度作为半军事管理的核心内容,在学生工作开展中起到了重要作用。该制度稳定实行有利于学生问题的全方位的纠正及学生的素养提升。我校一日生活制度包括着装、早操、上课列队、晚自习、就寝熄灯等生活各个方面。一日生活制度有利于提高学生的纪律性,培养学生良好的学习、生活习惯,同时有利于我校进行学生统一管理和习惯养成。

2.3 半军事管理制度的特色

半军事管理是指参照军事管理的方法实施的一套适合于培养航运技术人才的学生管理制度。半军事管理介于军事管理与普通高校管理之间。我校学生半军事管理不是局限于学习、生活上的制度规定和口号要求,更不是单一通过强制手段来提高学生军事素养和组织纪律性的管理方式。半军事管理模式既有外形和特色,又有内涵和效果。学校以实践管理提升完善半军事管理模式,同时根据人才培养理念开展具有航海特色的半军事管理模式。半军事管理模式涵盖学生的思想政治教育、学生日常事务管理、日常活动开展等,是通过制度与行为构建规范学生的学习生活秩序,使寝室管理标准化、思想教育规范化、日常管理制度化,培养学生专业化。

3 我校半军事管理运行成果及现状

半军事管理制度下,我校已培养一届又一届航海类专业人才,遍布世界各地,分布各行各业,多年来积累的经验与成果也日益精化,形成了我校半军事管理的特色,在学生日常管理、党团及班级建设、学风建设、职业生涯规划与就业创业指导等多方面,对学生综合素质的培养均取得了良好的成效,在国内外产生了深远影响,主要成果如下:

(1)截至目前,我校已出版《高等高校军事教材》《海军军事常识》等书籍,有利于半军事管理制度确定更加明确的理论体系。(2)我校拥有求生馆、游泳馆、射击馆、航海教育博物馆、救助打捞等场馆,记录了航海教育的发展史,为半军事管理制度的实施提供了实践的场地,有利于提升学生对半军事管理制度的了解,为我校培养高素质航海类人才提供了保障。(3)半军事管理制度下,学生日常生活习惯、纪律养成等方面都得到了明显提高,列队上课的规定大幅降低了旷课率、缺勤率,体现出学生健康向上的积极面貌,促进良好学风的养成。(4)半军事管理的一日生活制度对学生寝室内务有着明确要求,一日一查制度督促同学们养成了良好的生活习惯,对我校学生日常管理工作起到了辅助的作用。(5)半军事管理制度下需要学生具备自我监督的能力,其完整的组织架构一方面帮助学生养成自律的习惯,另一方面培养和锻炼了学生干部的工作能力,对学生未来发展奠定了良好的基础。(6)半军事管理下,无论是学习、生活、工作,能做到样样事务有条理、有来源、有依据,使得学生工作中细碎的事务有逻辑、有方法、有保障,保证了学生工作稳定进行,规避了因杂乱无章带来的一些风险。

任何事态的发展都有利有弊,目前我校半军事管理制度下,学生工作开展也出现了部分问题,总结起来有如下几点:(1)半军事管理制度与部分学生的抵触情绪。(2)半军事管理制度下,对学生干部能力要求较高,部分学生干部仍存在差距。(3)随着时代发展,半军事管理制度与学生个性发展之间的问题。(4)半军事管理制度未来的发展趋势与变革问题。

4　制度改进方法及建议

我校半军事管理制度实行至今,已相对较为完善,我校学生对制度已有详细的了解,半军事管理制度深入人心,但仍然存在一些问题有待改进,下面尝试性地提出几点改进建议。

4.1　强调学生纪律性和制度执行力

我校半军事管理制度经过多年改进,已经有了完整的理论及制度体系,需要进一步加强制度的执行力,确保学生的纪律性,我校需进一步创造良好的教育教学环境,做到"有令必行、有禁必止",通过全校齐抓共管的教育和管理把学生培养成待人有礼、谦逊温和、全面发展的新一代大学生,使学风、教风得到进一步加强,为学生成长成才奠定基础。

4.2　将半军事管理制度与思想政治教育和心理健康教育高度融合

做好航海类专业学生的思想政治教育工作和心理健康教育工作,是做好半军事管理工作的有力补充,对强化学生管理工作意义深远。在半军事管理执行过程中,难免出现因升旗早操导致学生睡眠不足、课堂兴趣不高等现象,一些学生学习积极性下降、情绪不稳定,半军事制度下一是要通过加强与学生思想层面的沟通,让他们充分了解航海类专业的职业发展要求和半军事管理制度实行的必要性,让他们从根本上理解和认同;二是做好心理健康教育工作,针对航运业的工作特殊性,要制定出符合航海类专业学生职业发展特点的心理测评标准,邀请心理专家开展心理咨询活动,定期进行心理普查,定期与学生谈心谈话,提供便捷的思想沟通与解答,帮助他们树立自律、自管的决心和意识,实现由他律向自律、由自律到自为的转变。航海类学子作为一名未来的航海家,在茫茫的大海上航行,要拥有健康的心理,不断提高心理素质,增强心理受挫折的承受能力,方能在复杂多变的海洋环境中做出积极而有效的反应。

4.3　加强半军事管理校园文化建设

校园文化管理制度是培养优秀校园文化的关键因素。它通过制定规范和准则,引导学生树立正确的价值观念和思想观念,形成积极向上的校园文化氛围。

如何解决半军事管理和部分学生存在的抵触情绪是当下应该研究的课题。对航海类专业学生加强文化熏陶,发挥文化育人的作用,以文化人、以文育人,做到以理服人、以情感人,可总结归纳历届半军事管理制度下涌现出的优秀校友、优秀毕业生的事迹,通过事迹册、宣传视频、线下校友见面会等各种形式,在我校宣传墙、航海教育博物馆、教学楼、寝室等地进行宣传和讲解,让优秀典型人物深入学生内心,让学生从心底激发出内生动力,向优秀前辈学习。加强校园内半军事管理文化建设,能够促使学生从抵触管理到自我管理的转变。只有实现将管理制度转变为管理文化,才能在校园内进一步形成半军事管理的浓厚氛围,达到高级管理的目标。

5 总 结

经过多年的实践认证,半军事管理对我国航运人才的培养是行之有效的管理模式。从我校多年实行半军事管理制度经验来看,我校航海类专业学生实行半军事管理的重点还是在于师生上下的统一认识和支持,并在思想上和行动上共同做到真抓实干,开拓创新。既要进一步学习部队军事化管理的手段和方法,也要结合航海类专业实际情况,从而制定符合本校实际的管理规章制度。但是,由于时间和水平有限,本文的研究还有很多需要改进和提高的地方。希望未来的研究者能够更加深入地探讨这一话题,为高校教育管理工作提供更多的思路和建议。

参考文献:

[1]冯仰平,单艳伟.论航海院校半军事管理的定位、内涵、环境及组织机构[J].航海教育研究,2012,29(01):89-91.

[2]赵帅,冯大东,王新建,等.新时期航海类专业半军事管理工作现状及发展思路[J].航海教育研究,2019,36(01):30-37.

[3]王乃超,王昭翮,王庆全.海事大学半军事管理回顾与思考[J].航海教育研究,1995(04):6.

基于寝室的高校『三全育人』教育模式构建研究

张悦悦

交通运输工程学院

摘要：

寝室是大学生学习和生活的重要场所，按照中共中央、国务院提出《关于加强和改进新形势下高校思想政治工作的意见》中坚持全员全过程全方位育人的要求，高校应努力推进学生寝室成为思想政治教育的主要阵地，发挥其在"三全育人"中的积极作用。

关键词：

寝室；高校；"三全育人"

引言

2017 年，中共中央、国务院印发的《关于加强和改进新形势下高校思想政治工作的意见》（以下简称《意见》）提出要"坚持全员全过程全方位育人"。"三全育人"要求以习近平新时代中国特色社会主义思想为指导，坚持和加强党对高校的全面领导。《意见》指出，中国特色的高等教育，必须以理想信念教育为核心，以社会主义核心价值观为引领，关键是全面提高人才培养能力，夯实基础、突出重点、树立规范、履行职责，坚持内容齐全、标准规范、科学运行的一体化建设，使思想政治工作体系可以渗透学科系统、教学系统、教材系统和管理系统，形成全员全过程全方位的育人格局。

学生寝室作为大学生学习和生活的重要场所之一，在大学校园文化建设和日常教育管理中占据着重要的位置。大学生生活的三分之一以上的时间会在寝室度过，因此无论从必要性还是可行性角度来看，学生寝室都应该成为高校思想政治教育的主要阵地。

1 以寝室为单位开展教育的可行性和必要性

1.1 符合全员育人的要求

以学生寝室为单位开展思想政治教育符合全员育人的需求。全员育人是指学校的所有部门、所有教职工都负有育人的职能。在大学中，教室、实验室是教师教育的主舞台；各类活动室是辅导员教育的主舞台；办公楼是职能部门教育的主舞台；而以学生寝室为基础单位的生活社区，则可以成为全员育人的舞台。教师、班主任可以走进寝室讲学习、讲专业；辅导员可以走进寝室讲思政、讲党团；

机关职能部门工作人员可以走进寝室讲服务、讲发展。这样开放、包容的环境为全员育人的有效开展提供了便利条件。

1.2 完善全过程育人链条

以学生寝室为单位开展思想政治教育符合全过程育人的需要。《意见》中指出,全过程育人是从时间上说,育人要贯穿学生学习成长的全过程。大学生生活的三分之一以上的时间会在寝室度过,如果放弃了对于学生寝室这一阵地的充分利用,思想政治教育就只能以点状形式存在。如果有效地利用寝室为载体,就能够将大学生成长发展的时间链条补齐,以思想政治教育将大学生学习、生活、个人发展串成一线,推进高校全过程育人,进而更有效地促进大学生成长成才。

1.3 助力全方位育人功能实现

全方位育人是指从空间上强调育人要体现在学生全面发展的各个方面。教室、实验室等活动场所往往更多地起到教育、教学、科研等作用,而寝室是大学中一个特殊的空间载体,能够实现教育、管理、服务三大功能的有效结合,补足大学生思想政治教育空间上的缺失,因此基于学生寝室为单位开展大学生思想政治教育更符合全方位育人的需求。

2 以寝室为单位开展思想政治教育的现状

2.1 寝室原始功能退化

当前学生寝室只是大学生日常休息和个人娱乐的场所。当代大学生个性追求显著增强,更注重个人感受,集体观念淡化,不愿意参与集体活动,网络社交媒体的快速发展导致大学生更愿意通过网络发表意见、建立社交管理体系,寝室原本促进大学生人际交往、引导学生有效交流的功能逐渐减弱。许多大学生即使在寝室也大多依赖网络进行休闲和交际,导致寝室成员间人际关系淡薄,寝室内部交流减少,互相不干涉也不关心,各自为政。同时,整齐规范的寝室设置、缺少个性的寝室社区规划,使得寝室缺少温馨感和归属感,丧失了吸引力,更使得留在寝室成为大学生迫不得已的选择。加之,大多数高校都建立了查寝、安全检查、内务评比等寝室管理制度,过于刚性的制度保证了管理效果,但往往对于教育功能缺少有效的促进,导致学生寝室管理、服务和育人功能脱离。

2.2 寝室新兴功能不明显

高校对于寝室文化的建设和寝室教育功能的挖掘重视程度不够。比如,重视寝室物质空间层面的打造,重视寝室条件的改善、廊道等公共区域功能等的完善,而忽略了寝室文化的建设和其育人功能的发挥。寝室文化建设偏重廊道文化建设,风格刻板、老套、缺乏吸引力,无法吸引大学生的关注。忽视寝室育人过程中学生的主体地位,将"管"和"理"割裂,将"教育"和"服务"对立起来,使得学生处于"被管""被教育"的位置,从而导致学生对寝室环境产生抵触感、对相应的育人活动缺乏认同感。寝室育人过于被动,往往是基于解决问题而非预防问题,将"堵"置于"防"之前,更多地进行事后处理、事后疏导,而非事前教育、事前预防。寝室育人形式过于单一,学霸寝室评选、内务标兵评比等与学生兴趣点匹配度不高,无法吸引当代追求自我、彰显个性的大学生群体的关注。

3 基于学生寝室的高校"三全育人"教育模式构建

3.1 完善育人环境的功能化

有效利用寝室这一载体开展大学生思想政治教育,良好的寝室环境和周边文化建设是基础。要想实现寝室的育人功能,体现文化的"软"实力,就必须保证寝室及住宿区的"硬性"条件。不断完善寝室区的功能性,从寝室周边的社区化建设、功能性区域的设置,到寝室内部的家具和物品摆放都应用"心思",让大环境便利、小环境温馨、外显环境积极向上,才能使得大学生愿意在寝室区域学习生活,才能推动内化文化发挥应有的作用。因此,充分借鉴国内外高校书院制、社区制的学生寝室设置方式,打造更加功能化、个性化、人性化的寝室内饰和软装都是值得尝试的方法。

3.2 推动育人主体的多元化

构建基于寝室的"三全育人"系统要实现育人主体的全面和多元化。首先要保证学生的主体地位,引导更多的大学生广泛地参与基于寝室的教育活动。学生中增设寝室长这一干部层次,构建"普通同学—寝室长—班级干部—中队干部"四个层级的学生体系。同时,深入落实《意见》中关于全员育人的要求,将大学生的思想政治教育工作重心下沉,责任分散,将教育责任从中队、班级进一步细分,将思想政治教育教师、专业课教师、辅导员、机关职能部门的育人责任落实到寝室,使得"寝有人查、楼有人管、区有人教",构建基于寝室的由学生到辅导员,再到教师和学生寝室管理的职能人员的多级、多面、多维的育人主体系统。

3.3　推进教育功能的多极化

构建基于寝室的"三全育人"体系,寝室教育功能就要脱离单一化向教育功能多极化转变。针对当前寝室教育中"管多育少,教管不分"的情况,增设寝室专职管理员和兼职思想政治教育教师或专业课教师,推动形成"管理员管——辅导员、职能部门管教结合——思政和专业课教师教"的育人模式。以有效的管理分工,压实寝室思想政治教育的责任,实现专人专岗专责,在教育管理中保证"件件有人管、项项有人抓、事事有人干",既避免了不同教育主体互相推诿、不作为的情况,又保证教育功能的多极化。

3.4　拓展教育内容的多样化

基于寝室要广泛地开展"德智体美劳"五育的教育活动,保证教育内容的全方位和多样化。构建"五育并举"的寝室育人内容体系,具体包括德育铸魂、智育提质、体育塑形、美育熏陶、劳育筑基几个方向。不只注重发挥寝室在学风建设和日常管理中的育人功能,更要发挥寝室最小安全单位的特点,在思想政治教育、心理健康教育、全面发展等方面发挥更积极的作用。从单纯的寝室内务评比、寝室学习成绩评比,转变为打造科技创新寝室、情商寝室、文体特长寝室、志愿服务寝室、社会实践寝室等德智体美劳全面发展的寝室团体,使寝室成为德智体美劳全方位教育的基础单位。

3.5　实现教育效果评估的科学化

在学生寝室内营造"帮"和"助",寝室间营造"比"和"学"的氛围,构建科学规范的学生寝室评价机制,在营造寝室思想政治教育良好氛围的同时也能够严格把关、有效监督,保证基于学生寝室的思想政治教育的整体效果。一方面,加强对于教育主体的评估,定期评选优秀专项个人、优秀寝室长、优秀管理员、优秀辅导员、优秀驻寝教师等。另一方面,评选特色优秀寝室,根据寝室实际情况,围绕寝室文化建设主题进行评选,对各单项优秀寝室予以宣传和表彰,进一步激发基于寝室开展思想政治教育的各类教育主体的积极性,实现教育效果的最优化、最大化。

4 结语

寝室是大学生学习和生活的重要场所,具有不可替代的育人优势。高校应加强研究,不断创新,持续推进学生寝室成为思想政治教育的主要阵地,使其成为"三全育人"中的积极一环。

参考文献:
[1]王超,黄碧珍,赵晟博."三全育人"背景下高校寝室管理育人工作路径探索[J].高校学生工作研究,2022(01):48-56.
[2]吉莹,代晓丹."三全育人"视域下高校寝室文化建设路径研究[J].科教文汇(上旬刊),2021(04):51-52.
[3]李颖."宿舍文化圈":同辈影响与青年人生目标的实现[J].中国青年研究,2020(04):78-85.
[4]甘霖.切实发挥寝室文化的育人功效[J].中国高等教育,2014(07):46-47.